～ 鸣谢条 ～

■ 教育部人文社会科学研究青年基金
《比较视域下的东亚近代"女性"话语建构》
（13YJCZH051）

■ 教育部留学回国人员科研启动基金
《中日近代"新女性"比较研究》
（S100-C-1001）

■ 中央高校基本科研业务费专项资金资助项目
《近代东亚妇女/社会性别史比较研究》
（WS1322001）

"新女性"的诞生与近代中国社会
——兼论与日本之比较

「新女性」の誕生と近代中国社会
——日本との比較研究を視野に入れて

The Rise of "The New Woman" and Modern China:
With a Comparative Study of Japan

何玮 著

厦门大学出版社 国家一级出版社
XIAMEN UNIVERSITY PRESS 全国百佳图书出版单位

图书在版编目(CIP)数据

"新女性"的诞生与近代中国社会：兼论与日本之比较/何玮著. —厦门：厦门大学出版社，2017.12

ISBN 978-7-5615-6792-0

Ⅰ.①新…　Ⅱ.①何…　Ⅲ.①女性-研究-中国-近代　Ⅳ.①D693.968

中国版本图书馆 CIP 数据核字(2017)第 329918 号

出 版 人	蒋东明
责任编辑	王鹭鹏
封面设计	李嘉彬
技术编辑	朱　楷

出版发行　厦门大学出版社

社　　址	厦门市软件园二期望海路 39 号
邮政编码	361008
总 编 办	0592-2182177　0592-2181406(传真)
营销中心	0592-2184458　0592-2181365
网　　址	http://www.xmupress.com
邮　　箱	xmup@xmupress.com
印　　刷	厦门集大印刷厂

开本	787 mm×1 092 mm　1/16
印张	14.5
插页	2
字数	238 千字
版次	2017 年 12 月第 1 版
印次	2017 年 12 月第 1 次印刷
定价	58.00 元

本书如有印装质量问题请直接寄承印厂调换

厦门大学出版社
微信二维码

厦门大学出版社
微博二维码

作为意象概念的"新女性"在近代中国的建构

晚清以后的中国近代社会,显示了一种全方位的变革,这种变革从观念到政治制度,从政治制度到经济和社会结构,从社会结构到文化传统,从文化传统到日常生活,波澜起伏。女性解放是这种变革的表象呈现,"新女性"则是女性解放的话语之一。但是,谁的"新女性";从什么视角观照"新女性"概念的形成;作为意象的"新女性"概念与新女性形象的表征到底是何种关联? 何玮的力作《"新女性"的诞生与近代中国社会——兼论与中日比较》恰是从这些以往不被人关注的视角对近代社会"新女性"概念的形成进行了独辟蹊径的探索。何玮本人是一位女性研究者,留学日本多年,学养深厚,潜心"社会性别"研究,从本书的框架可以窥见其丝丝入扣的梳理、细腻的分析和犀利的批判性论述。

中国社会的1910年代是新旧体制交替、思想与文化冲突尖锐的时代,1930年代后救国图存成为历史的主旋律,1920年代则显得相对平稳,本书正是以这个时期为时间轴展开分析,恰是这种社会状态,为中国近代"新女性"概念的提出、丰富和传播提供了社会土壤。存在主义作家波伏娃曾在《第二性》中谈到,定义和区分女人的参照物是男人,定义和区分男人的参照物却不是女人。她是附属的人,是同主要者相对立的次要者。他是主体、是绝对,她则是"他者"。波伏娃认为女人并不是生就的,而宁可说是逐渐形成的,这就将"女性"视为一个建构的概念。既然是建构的,就涉及谁来建构,在怎样的语境(社会脉络)中建构,满足何种意象的建构? 这也直接催生"性别"的社会建构的视角。1975 年,人类学家盖尔·鲁宾(Gayle Rubin)提出"社会性别"的概念,此后,"社会性别"研究广泛兴起。勒纳在鲁宾的基础上补充说,"社会性别"一词使我们警觉到一种被给予的、与实际不同的、在生理性别之上有意识构建精神层面的意义[①]。

本书的分析是从 1920 年代男性知识分子阶层对"新女性"的叙述和书写入手,解读介于历史真实、情感传递的媒介与载体之间的"新女性"。当"五四"时期男性知识分子将西方思想引入中国社会时,其对原有的"父权制"社会进行了猛烈批判,勾勒了一种全新的女性形象,以及与之相关的婚姻观念、生活方式和处事方式,对诸如"贤妻良母""男女交际""恋爱婚姻自由""贞操问题""废娼运动""儿童公育""男女共学"等问题进行了激烈讨论,这种言说的基础是反传统,"妇女解放"是通过反传统而实现的。当陈独秀等人在《新青年》杂志唱响"妇女解放"序曲后,众多男性知识分子与之呼应,加入其中,最终汇聚成一股时代潮流。

然而,问题恰在这儿,"新女性"所言说的是男性知识分子们倡导的女性解放,某种意义上满足了男性视野中女性解放的意象,定义和叙述"新女性"的是男性,"新女性"仍是一个波伏娃所称的"他者"形象。何玮本书中探讨的,是男性知识分子如何叙述作为"他者"的"新女性"的,他们在"女性解放"的进程中试图扮演什么角色,他们是否能够建构精神层面的"新女性"意义。这是一项概念考古学的工作,透过这种探讨,她从"社会性别"视角勾勒近代中国"新女性"概念的建构过程,由此揭示了中国近代社会女性发展与女性教育进程中一个重要环节的形成,意义不凡。

是为序。

吴 刚

二〇〇七年十二月

(序者为华东师范大学教育高等研究院教授)

[①] Gerda Lerner, *The Majority Finds Its Past : Placing Women in History* , Oxford University Press, 1979, p. 115.

目　录

PART

导　论

一　研究课题与目的

近年来,随着学界对以往宏大叙事的历史观、历史叙述的反思不断深入,近代报刊资料作为历史重构的重要线索和途径备受瞩目。与此同时,自美国学者琼·斯科特(Joan Scott)于 20 世纪 80 年代将"社会性别"作为具有批判性的分析概念导入历史学研究后,历史学的书写获得新的思维方式和探讨空间,社会性别史研究在世界范围内广泛展开,相关的研究成果随之大量涌现。然而,在社会性别史之前,将女性作为研究对象的妇女史研究已有相当的积累,尤其在东亚地区,对以儒家伦理道德为核心的传统女性观的梳理早已成为妇女史研究的共识。换言之,东亚地区聚焦"女性"的相关研究有其自身的传统和脉络。

立足于既有的研究成果,梳理近代中国社会围绕"女性"问题的思考与讨论,解析"近代"对于"女性"的书写特点,以此为契机探寻思考中国"近代性"新的思维空间,是本书的主要议题。具体而言,揭示 1920 年代中国社会"新女性"被建构的历史进程,思考话语建构背后隐含的男性知识分子的心路历程,剖析其被时代裹挟着步入"近代"时的精神状态,可为我们探讨中国社会的"近代性"问题提供新的路径。要强调的是,本书所谓的"新女性"话语建构,指男性知识分子将受过近代学校教育的女性作为探讨社会问题、针砭时弊、抒发情感等时的思想资源和载体活用的历史过程。

1920 年代的男性知识分子阶层是本书关注的焦点之一。广义的"五四"新文化运动(指1910年代后半期至1920年代中期,以下简称"'五四'运动")作为思想文化"启蒙"运动的高潮及新时代的起点一直深受中外史学界重视,陈独秀、胡适、鲁迅等一批精英作为那个时代的代表性人物备受瞩目,相关的研究积累已相当深厚。作为"五四"新文化运动的旗手,精英知识分子发出的呐喊之声的确不容小觑。然而,另一个不容忽视的现象是:随着近代学校教育的发展及一定程度的普及,一批青年男性知识分子已成长起来,恰逢近代传媒业在东南沿海城市的发展和壮大,历史为他们创造了"发声"的机遇和舞台。青年男性知识分子通过报纸杂志等积极参与各种社会问题的讨论,其见地、观点、感悟等已然汇成一条思想之流,见证了中国迈向近代的思想之旅。尽管他们并非精英中的灵魂人物,也并未承担起时代旗手的领袖重任,其言论可能仅为只言片语,未形成逻辑严密、自成系统的思想体系,有时甚至显得杂乱无章、前后矛盾,对于这条思想之流的探寻也因此难逃平淡无奇、难于梳理之嫌,但是,当我们探究近代"启蒙"的思想之旅最终走向何处、以何种形式嵌入社会现实之际,这条思想之流就显得弥足珍贵。

捕捉女性进入历史的时间及语境,探究其历史呈现的形式及特点,是本书关注的另一焦点。一方面,从1990年前后开始,以近代中国女性为课题的女性史研究在中国、美国、日本、韩国等地广泛展开,这些研究大都延续以往历史书写的惯性,将目光聚集在"五四"时期精英阶层的妇女解放言论上。另一方面,一个值得留意的现象是,近年来探讨"男女共学""经济独立""自由恋爱""产儿制限"等"五四"时期具体的"妇女解放"议题的论文显著增加,有效地拓展了女性史书写的可能性。然而,这些论述大都基本停留在议题本身,对探讨这些话题的行为主体却往往"视而不见"。正因为如此,有意识地将散落在报纸杂志等媒体中的男性知识分子阶层的声音作为一个整体加以关注,探讨其主体性特征的研究还相当匮乏。不仅如此,上述近代中国女性史研究还存在一个共同的特点——将作为叙述主体的男性知识分子对"女性"的描述及建构直接等同于当时"女性"状况本身,一言以蔽之,就是将叙述主体的言论直接等同于被叙述主体的真实状况。

1920年代是本书探讨的时间范围。众所周知,清末民初,在一片学习西方的氛围中,中国社会步履蹒跚地迈上近代化的道路。思想文化层面上,伴随着功利主义、现实主义、自由主义、社会主义等各种西方思潮的涌入,它们与传统的儒家思想发生激烈碰撞。置身于那个转型的年代,以男性知识分子为主体的知识阶层对中国的政治制度、文化传统、教育状况、经济问题等投以极大关注,这一点在20世纪20年代体现得尤为突出。具体而言,民国政府成立之初,围绕着共和制还是君主立宪制的政治纷争与对立十分激烈,思想层面上宣扬"民主"与"科学"的近代西方思想与传统的儒学思想之间的交锋毫不逊色。步入 1930 年代后,"九一八"事变、卢沟桥事变等一系列事件让日本的侵华战争不断升级,中国掀起抗日救亡的热潮。相对而言,1910 年代是一个新旧体制、思想文化冲突与交锋的时代,1930 年代后救亡图存成为时代的主旋律。与之相较,介于两战之间的 1920 年代是一个相对平稳的历史时期。

20 世纪 20 年代,除了济南事件之外,中国与列强之间基本没有发生过大的冲突,是一个国际关系相对比较平稳的时期。同时,国民政府与列强缔结的新关税条约,意味着恢复主权这一努力基本取得成功。国内军阀间的混战虽连绵不绝,但北伐战争的胜利基本上扭转了这种局面,处于分崩离析状态下的中国向统一的国民国家迈出了十分重要的一步。在内外局势相对平稳的情况下,青年知识分子中间蔓延着对未来中国的憧憬,他们渴求一个实现了主权在民、充满民主气息的国家的到来,这正是中国社会向国民国家迈进的重要时期①。不仅如此,近代报刊媒体的发展繁荣也为知识分子的满腔热情提供了前所未有的广阔舞台。知识分子撰文著述,宣泄着对社会现状的不满与焦虑,希望通过自身的努力让中国走出"黑暗",完成向近代社会的转变。同时,也渴望自身能够摆脱封建枷锁的羁绊,实现"个性"解放。这一时期是男性知识分子阶层围绕着中国近代化问题进行多方思考的重要时期。

综上所述,本书将聚焦 1920 年代男性知识分子阶层对于"新女性"的叙述与书写,解析界于历史真实、情感传递的媒介与载体之间的"新女性"话语建构,揭示其作为一个符号、一种隐喻的时代功能,并由此切入洞察 1920 年代男性知识分子阶层的内心世界。

二　文献综述

如前所述,东亚地区的女性史有其自身的脉络和传统,不仅如此,西方的女权运动、后结构主义、社会性别研究理论等为相关研究的推进提供了丰富的思考和切入方式。此外,各种近代报刊、个人传记等史料的挖掘整理,让分析文本更加多元立体,近代中国女性史研究也因而呈现出前所未有的多元化趋势,研究成果可谓百花齐放硕果累累。回顾近年来的研究文献,基本可从以下几条线索进行梳理,限于

---

① 　狭间直树ほか:《一九二〇年代の中国》,東京:汲古書院,1995 年,第 2～27 页。

篇幅,在此仅对有代表性的著述进行回顾和总结。

(一)基于线性历史观的女性史研究

1990年前后,大陆的近代中国女性史研究迎来高峰期,以中华妇女联合会编《中国妇女运动史(新民主主义革命时期)》[①],刘巨才《中国近代妇女运动史》[②]及吕美颐、郑永福《中国妇女运动(1840—1921)》[③]等为代表的妇女运动史书写集中涌现,这些著述为我们把握近代妇女运动提供了宝贵线索,其写作可谓在不毛之地之上的开拓之举。然而,上述研究大都致力于提供通史性的女性史叙述,具体而言,站在线性发展史观的立场上,将近代中国女性史大致按照民国初期的参政权运动(1912—1913年)、"五四"时期的妇女解放运动、国民革命时期的妇女运动(1924—1927年)、土地革命及抗日民主运动中的妇女运动(1927—1937年)、抗日战争时期的妇女运动(1937—1945年)的轴线构建,描绘出女性一步一步迈向"进步"的历史轨迹。

上述研究基本认为"妇女解放"自梁启超、康有为等清末维新派倡导的"废缠足、兴女学"起步,之后在各个时间点上不断向前迈进。具体而言,以清末维新派的主张为分水岭,之前的女性史墨守传统,导致所谓的"黑暗",之后则在追求"自我"、"独立"的道路上不断迎来新天地。这些研究仍站在传统宏大叙事史观上,将女性史视为传统史学延长线上的产物,认为其是对旧有历史书写的补充和添加。这样的知识生产试图用同一模式概括所有女性的生存状态,呈现出整齐划一的近代女性史。换言之,在将"女性"可视化过程中,将其视为了一个均质的、具有普遍意义的集合体。

其一,通过本书的探讨不难发现,"五四"时期男性知识分子所提及的"妇女解放"言说具有十分明确的指涉对象,他们根据女性的学历、阶级、年龄等社会属性的不同,赋予"妇女解放"不同的内涵。将多样性的问题用整齐划一的方式处理,这种历史叙述中的简单化处理不言而喻。

其二,通过《妇女杂志》中众多执笔者对当时社会状况的描述可以看出,围绕着"妇女解放",赞同与反对之声始终并存,男性知识分子在推进这一论调时不断要直面传统,与旧有的习惯迎面而战。然而既有研究展现给我们的却是截然不同的图

① 中华妇女联合会编:《中国妇女运动史(新民主主义革命时期)》,北京:春秋出版社,1989年。
② 刘巨才:《中国近代妇女运动史》,北京:中国妇女出版社,1989年。
③ 吕美颐、郑永福:《中国妇女运动(1840—1921)》,郑州:河南人民出版社,1990年。

景,即当时的"妇女解放"言论受到空前追捧,社会影响力巨大,男性知识分子轻而易举获得了话语权。这样的历史叙述无限放大研究者自身的某种愿景与倾向,对历史进行了简单化、图式化处理。如此一来,"妇女解放"就显得方向性明确且条理清晰,这样的历史叙述中人为"加工"的痕迹十分明显。

其三,回顾"五四"时期有关"妇女解放"的思想史积累,有待解决的课题愈发明晰。当男性知识分子试图将西方思想导入中国社会时,其对旧有的家父长制度进行猛烈批判,并力求创造出一种全新的女性规范。他们的论述中明显存在一种书写策略,即将女性的"过去"、"现在"和"未来"进行了一种富于战略性的叙述。历史研究者如果将其有目的地处理过的时间节点直接用作历史分析的切入点,这种知识生产与其说是历史研究,不如将其视作男性知识分子声音的复制品更为贴切。不仅如此,这样的知识生产还导致了另一问题的滋生,即"妇女解放"愈发成为一个不言自明的存在,思维的惯性让其成为毋需质疑的盲点。

（二）关注近代女性生活状况的研究

与着眼于描述女性进步史的论述相异,从实际生活状况出发探讨近代女性生存状况的研究也是近年来的一大亮点,吕美颐、郑永福《中国近代妇女生活》[①],罗苏文《女性与近代中国社会》[②],周叙琪《1910—1920 年代都会新妇女生活风貌——以〈妇女杂志〉为分析实例》[③],贺萧（Hershatter）《危险的愉悦:20 世纪上海的娼妓问题与现代性》[④],夏晓虹《晚清女性与近代中国》[⑤],杨剑利《女性与近代中国社会》[⑥],侯艳兴《上海女性自杀问题研究（1927—1937）》[⑦],游鉴明《超越性别身体——近代华东地区的女子体育（1895—1937）》[⑧],郑永福、吕美颐《近代中国妇女

---

① 吕美颐、郑永福:《近代中国妇女生活》,郑州:河南人民出版社,1993 年。
② 罗苏文:《女性与近代中国社会》,上海:上海人民出版社,1996 年。
③ 周叙琪:《1910—1920 年代都会新妇女生活风貌——以〈妇女杂志〉为分析实例》,台北:台湾大学出版委员会:1996 年。
④ 贺萧:《危险的愉悦:20 世纪上海的娼妓问题与现代性》,南京:江苏人民出版社,2003 年。
⑤ 夏晓虹:《晚清女性与近代中国》,北京:北京大学出版社,2004 年。
⑥ 杨剑利:《女性与近代中国社会》,北京:中国社会出版社,2007 年。
⑦ 侯艳兴:《上海女性自杀问题研究(1927—1937)》,上海:上海辞书出版社,2008 年。
⑧ 游鉴明:《超越性别身体——近代华东地区的女子体育(1895—1937)》,北京:北京大学出版社,2012 年。

与社会》①,曾越《社会·身体·性别:近代中国女性图像身体的解放与禁锢》②,李从娜《近代中国报刊与女性身体研究——以〈北洋画报〉为例》③等,从各个角度探讨了近代中国女性的实际生存状况。众多的学术积累丰富了研究视野,也迫使我们反思该如何使用史料,所谓的历史书写意义何在,贺萧的著述在这方面尤其富于启发性。

《危险的愉悦:20世纪上海的娼妓问题与现代性》一书使用游记、指南书、小报、医生手记、慈善团体的报告等各类史料,对围绕娼妓的种种记述、描写及讨论进行了解构式分析,试图复原某种特定历史构图并探讨其形成原因,剖析隐含其中的时代情感。作者将娼妓视为一个隐喻,一个被赋予了多重意义的流动、变化的语汇,一面映照这一概念建构主体的镜子,由此我们可以把握建构主体的叙事策略,分类逻辑等等。建立在后结构主义及女性主义基础之上的探讨,使我们深刻意识到文本的构图、其中的人物关系等是探究历史的重要渠道,对不同文本的解构及对比研究是复原历史十分有效的路径。

解构"娼妓"这一语汇时,围绕着她的人物关系、历史场景复杂多样、充满不确定性,不同阶层、不同性别、不同场所及时间会赋予其不同含义,正如作者所言,"每一种社会阶级与社会性别的组合看待娼妓问题都有不同的参照点;由于各自处于不同的位置,娼妓问题对于不同的阶级和性别组合也呈现出不同的意义"④。但是,在具体探讨文本时,作者却未将这一观点贯穿其中,这是令人感到遗憾之处。换言之,贺萧绘制了一幅20世纪以"娼妓"为主题的话语建构的历史地形图,却未对话语建构主体进行更深入的探讨和解析。

受欧美口述史影响,李小江试图另辟蹊径探索近代中国妇女史书写的可能性,从1992年起启动了一个名为"20世纪(中国)妇女口述史"的研究项目。参与者近千人次,整理成册的访问个案达到600余份,历经十年于2003年集结成包括《让女人自己说话:文化寻踪》《让女人自己说话:民族叙事》等四卷本出版。"长期以来,

---

① 郑永福、吕美颐:《近代中国妇女与社会》,郑州:大象出版社,2013年。

② 曾越:《社会·身体·性别:近代中国女性图像身体的解放与禁锢》,桂林:广西师范大学出版社,2014年。

③ 李从娜:《近代中国报刊与女性身体研究——以〈北洋画报〉为例》,北京:中国社会科学出版社,2015年。

④ 贺萧:《危险的愉悦:20世纪上海的娼妓问题与现代性》,南京:江苏人民出版社,2003年,第4页。

女性的话语权利和能力一向被忽视,女性的声音很少得到学术界特别是史学界的关注,我们发掘和记录女性的历史经历,正是试图用女性的表述证明女人的存在,给从来是'无性'或'男性中心'的传统史学提供新的视角……这套丛书记录了女人的经历,却不尽是'女性主义史学',它无意发掘女人的特殊贡献或特别张扬女人的权利。在阅读中你会发现,在绝大多数中国妇女的主体意识中,多的恰恰不是'女性中心',而是承载着过重的国家、民族、社会、家庭负荷,这与一般西方女权主义者确实存在着很大差别。"①用女性的视角切入记录其自身的历史记忆和历史感受,最终形成的却不仅是女人自身的历史,从中我们看到了一部连带着家庭、民族、国家、社会的近代中国社会史。

（三）针对男性知识分子"妇女解放"论的研究

关注近代女性史,"五四"时期的"妇女解放"无疑是不容忽视的思想重镇,国内外的研究积累亦相当可观。日本学者小野和子早在1973年就撰文进行过详细探讨②,此后台湾地区逐渐迎来相关研究热潮。1979年,鲍家麟主编《中国妇女史论集》③,至2009年,已陆续推出八集系列论文集。张玉法、李又宁合编的《中国妇女史论文集》第一辑和第二辑④、台湾"中央研究院"近代史研究所近代妇女史研究编辑委员会编的《近代中国妇女史研究》杂志,均刊载了大量相关论文。

中国大陆自1990年代中期以来有两部探讨"五四"时期"妇女解放"论的专著,分别是陈文联的《冲决男权传统的罗网——五四时期妇女解放思潮研究》⑤及韩贺南的《平等与差异的双重建构——五四妇女解放思潮研究》⑥。论文方面,汪丹《五

① 记者:《让女性的"口述"重现历史——访"20世纪妇女口述史丛书"主编李小江》,《文汇报》2003年2月14日,第15页。
② 小野和子:《五·四運動時期の婦人解放思想——家族制度イデオロギーとの対決》,《思想》第590号(1973),第1175～1192页。
③ 鲍家麟主编:《中国妇女史论集》,台北:稻香出版社,1979年。
④ 张玉法、李又宁合编:《中国妇女史论文集》第1辑,台北:台湾商务印书馆,1981年;张玉法、李又宁合编:《中国妇女史论文集》第2辑,台北:台湾商务印书馆,1988年。
⑤ 陈文联:《冲决男权传统的罗网——五四时期妇女解放思潮研究》,长沙:中南大学出版社,2003年。
⑥ 韩贺南:《平等与差异的双重建构——五四妇女解放思潮研究》,长春:吉林大学出版社,2005年。

四时期妇女解放观的几个层面》①,郭金梅《五四时期妇女解放理论的探讨》②,郭秀文《五四时期的妇女解放思潮》③等研究成果不断问世,据孙耐雪的不完全统计,自1995年以来的十五年中,关于"五四"时期妇女解放运动研究的文章达300余篇④。当然,美国、日本、韩国等地的学者对此话题进行了多方位的探讨。由于篇幅所限,在此不能一一探讨,仅对有代表性的国内外著述进行梳理和总结。

1. 关注具有代表性男性知识分子"妇女解放"论的相关研究

从实证主义的角度探讨"妇女解放"问题,日本学者小野和子在1973年就分析过陈独秀、李大钊、鲁迅、周作人、胡适等刊载在《新青年》《新潮》《每周评论》等杂志上的文章,探讨当时的"男女交际""恋爱、婚姻自由""贞操问题""废娼运动""儿童公育""男女共学"等问题⑤。尽管小野的研究实际上仍站在旧有的思想史框架中对其进行有关女性话题的补充,但作为最早系统关注"五四"时期"妇女解放"言论的论述,其参考价值不言而喻。

王政的著述《中国启蒙时期的女性:口述与文本的历史》⑥,访谈了学校经营者陆礼华、律师朱素萼、曾经担任过《女声》杂志主编的王伊蔚等五位亲历"五四"的女性,将其言论与男性思想家的"妇女解放"论进行比对,从另一个角度审视了"五四"时期男性思想家的"妇女解放"论。通过建构一个受压迫的女性形象,思想家们借此将自身被排斥在权力中心之外的疏离感及不满之情发泄出来,不仅如此,他们也想借此树立自身在年轻人中间的领导者地位。尽管男性思想家们塑造了单一的女性形象,但五位受访者的人生经历展示了一个更为丰富、立体的现实世界,诠释了个体的能动性及多样性。

---

① 汪丹:《五四时期妇女解放观的几个层面》,《天津师范大学学报》(哲学社会科学版)1999年第6期,第45~50页。

② 郭金梅:《五四时期妇女解放理论的探讨》,《内蒙古社会科学》1999年第5期,第101~104页。

③ 郭秀文:《五四时期的妇女解放思潮》,《学术研究》1999年第6期,5~10页。

④ 孙耐雪:《近十五年来五四时期妇女解放运动研究述评》,《党史文苑》2011年6月下半月,第76~78页。

⑤ 小野和子:《五·四運動時期の婦人解放思想——家族制度イデオロギーとの対決》,《思想》第590号(1973),第1175~1192页。

⑥ Wan, Zheng(王政), *Women in the Chinese Enlightenment: Oral and Textual Histories*, Berkeley and Los Angeles, California, University of California Press, 1999.

日本学者坂元弘子的系列研究[①]亦值得关注。探讨清末西方优生学思想经由日本传入中国的历史过程,聚焦周建人、潘光旦等人的优生学思想,认为他们的讨论及论争对优生学思想渗透进中国社会起到了积极作用。不仅如此,优生学思想成为当时"妇女解放"的理论资源,为更多的知识分子接受并活用。从探讨"妇女解放"言论本身到思考支撑该话题推进的理论资源,坂元的研究为我们思考"五四"时期的"妇女解放"提供了方便,将相关问题的探讨引向更深的层次。

此外,孟悦、戴锦华的《浮出历史地表》[②]可谓代表性著述。该书将庐隐、冯沅君、冰心、凌叔华、丁玲等女作家的作品放在欧美后结构主义、女性主义等理论框架下进行解析,试图勾勒出一个时代的女作家的精神轨迹。尽管这是一部文学研究著述,但该书对男性思想家"妇女解放"论的洞察及定位十分精彩。"在这个弑父的时代,在父的礼法、父的家庭、父的语言都遭到攻击和弃绝的时代,妇女问题的提出如果不是势在必然,至少也是理所当然,她牵动着父系文化的每根神经。当然,妇女问题能够进入轰毁父系文化大厦的第一批引爆点,首先得归功于男性新文化先驱者们的疾声呐喊。很难想象,若是没有这样一批逆子们的呐喊,老旧中国女性的命运和少年中国新女性的出路问题,是否会提上文化议事日程;备受凌辱的旧女性与反叛勇敢的新女性,是否会成为现代史上不可或缺的文化成员。"[③]一方面肯定了男性知识分子提出"妇女问题"的开创性,但另一方面又揭示了这一行为与其自身的关联:"实际上,从女子解放、男女平权、家庭改组、女子人格、女权与法律、贞操问题、女子社交能一系列问题被提出和讨论时起,女性就掉入了一个心理的、更是话语的陷阱:这些问题既是,又不是带有特定性别针对性的问题。从字面看,它们包含的是妇女解放之意,具有鲜明的性别针对性,而从历史语境看,它们又与'打倒孔家店'、'科学与民主'、白话文、'劳工神圣'、'抵制日货'、恋爱自由共同源自一个'反传统'的语义。此刻它具备的首先是意识形态的和历史的针对性。对男性而

①　坂元ひろ子:《中国民族主義の神話:人種・身体・ジェンダー》,東京:岩波書店,2004年;《恋愛神聖と民族改良の"科学"——五四新文化ディスコースとしての優生思想》,《思想》第894号(1998),第4～34页;《中国民族主義の神話——進化論・人種観・博覧会事件》,《思想》第849号(1995)、第61～84页。
②　孟悦、戴锦华:《浮出历史地表——现代妇女文学研究》,郑州:河南人民出版社,1989年。
③　孟悦、戴锦华:《浮出历史地表——现代妇女文学研究》,郑州:河南人民出版社,1989年,第一部分第8～9页。

言,这两种针对性是可以合而为一的,正是为了反封建的历史目的他才提出女性问题。"①

男性知识分子之所以将"妇女问题"提上日程,首先是基于"反传统",反对旧有权力秩序的目的。对于男性而言,二者具有同源性,也正因为如此,这一话语隐含着对女性误导的可能。作者从女性主义批判的立场出发,对男性知识分子的"妇女解放"话语进行了批判。如何解读"五四"时期的"妇女解放",之前的研究早已贴上"进步"的标签,《浮出历史地表》的问世为我们思考该问题提供了全然一新的视角。开拓了新的路径和思考空间,从这层意义上来说,这部著述具有划时代的意义。

2. 聚焦更为宽泛的男性知识分子阶层的女性书写

与早期的研究相异,近年来关注更为广泛的男性知识分子阶层"妇女解放"言论的研究逐渐涌现,其中村田雄二郎编著的论文集《从〈妇女杂志〉看近代中国女性》②、白露(Tani E. Barlow)的论文《探析妇女:妇女、国家、家庭》③、《政治与"妇女"规范:重塑民族国家妇女》④、陈姃湲的论著《东亚的贤妻良母论——被创造的传统》⑤、许慧琦的《"娜拉"在中国:新女性形象的塑造及其演变(1900s—1930s)》⑥、余华林的《女性的"重塑":民国城市妇女婚姻问题研究》⑦等具有代表性。

日本学者村田雄二郎编著的论文集《从〈妇女杂志〉看近代中国女性》,集结了包括日本、中国、美国、韩国等各地的学者,对《妇女杂志》的收集、整理做了大量工作,并在此基础上以《妇女杂志》为主要分析文本,对1920年代的废娼问题、自由离婚、节制生育等问题进行全面探讨。该论文集挖掘、关注那些以往为思想史研究忽

---

① 孟悦、戴锦华:《浮出历史地表——现代妇女文学研究》,郑州:河南人民出版社,1989年,绪论第43页。

② 村田雄二郎编著:《〈婦女雜誌〉からみる近代中国女性》,東京:研文出版,2005年。

③ Barlow, Tani·E, "Theorizing Woman: Funü, Guojia, Jiating(Chinese Woman, Chinese State, Chinese Family)", Zito, Angela & Barlow, Tani (eds.), *Body, Subject, and Power in China*, Chicago, University of Chicago Press, 1994, pp. 253~289.

④ Barlow, Tani·E, "Politics and Protocols of Funu: (Un)making National Woman", Gilmartin, Christina and Hershatter, Gail et al., (eds.), *Engendering China: Women, Culture and the State*, Cambridge, Harverd University Press, 1994, pp. 339~359.

⑤ 陈姃湲:《東アジアの良妻賢母論——創られた伝統》,東京:勁草書房,2006年。

⑥ 许慧琦:《"娜拉"在中国:新女性形象的塑造及其演变(1900s—1930s)》,台北:鸿柏印刷事业有限公司,2003年。

⑦ 余华林:《女性的"重塑":民国城市妇女婚姻问题研究》,北京:商务印书馆,2009年。

视的史料,对众多默默无闻的男性知识分子的言论进行了梳理和探讨,这一点与历来的研究及思维定式形成鲜明的对照,其意义和价值也正在于此。

美国学者白露关注到"妇女""女性"等中文语汇被赋予的不同语义,尝试从话语分析的角度进行解析。在她看来,语汇是文化、社会建构的产物,"妇女"一词充斥着前近代的儒学色彩,而"五四"时期已降出现的"女性"是从西方引进的新语汇,强调的是作为性别的个体,带有浓厚的性别主体性色彩,这是一个彰显了近代性的新语汇[①]。这种对于语汇的分析读解方式贯穿于白露其他的论文中,其分析的合理性曾受到罗久蓉[②]等学者的质疑,尽管如此,对因使用母语而导致麻痹,对语汇本身缺乏能动的探索意识的中国学者而言,这种切入方式开辟了一个新的思考路径,为近代中国女性史的重构提供了可能。

韩国学者陈姃湲的论著《东亚的贤妻良母论——被创造的传统》,援引埃瑞克·霍布斯鲍姆(Eric J. Hobsbawm)"被发明的传统"这一观点,认为"贤妻良母"所指涉的近代中国女性形象及文化内涵并非恒久不变,它经历了不断被"创造"和阐释的历史变迁。"五四运动"前以西欧女性形象为蓝本,"贤妻良母"代表着一种理想,一种对美好未来的渴望和愿景。随着"五四"新文化运动的到来,为了树立一个全新的"新女性"形象,就必须勾勒出一个背负批判之名的"旧妇女"形象,于是乎富于独立人格的"新女性"呼之欲出,将女性的舞台局限于家庭之内的"贤妻良母"就被限定在"旧妇女"的范畴之内。1920年代中后期,随着复古主义的抬头,"贤妻良母"所承载的内涵和文化色彩再次被重新书写。陈姃湲使用《妇女杂志》作为主要分析文本探讨"贤妻良母"语汇的变迁过程,解析"新女性""旧妇女"被赋予的语义及时代内涵,这对本书探讨的课题有很好的参考和借鉴意义。然而同时,这些近代史上的思想轨迹蕴含何种意义,作为新文化建设的主体,男性知识分子的思索呐喊映衬何种内心诉求,其中呈现的历史景观又该如何梳理和把握,对此,陈姃湲并未进一步探究。

---

① Barlow, Tani·E, "Theorizing Woman: Funü, Guojia, Jiating(Chinese Woman, Chinese State, Chinese Family)", Zito, Angela&Barlow, Tani (eds.), *Body, Subject, and Power in China*, Chicago, University of Chicago Press, 1994, pp. 253~289。

② 罗久蓉就曾对白露的论文 *Politics and Protocols of Funu: (Un)making National Woman* 中有关"妇女""女性""女人"分别被赋予的历史语义及文化内涵的解读提出质疑。参见罗久蓉:《书评 *Engendering China: Women, Culture and the State*》,《近代中国妇女史研究》1995年第3期,第263~275页。

综上所述,近代中国女性史的研究基本遵循两条脉络展开,一种是建构在线性历史观基础之上的女性史论述,另一种是更倾向于实证主义的历史书写。从结果来看,后者为我们进入历史提供了更直观、多元的路径,同时,也将一个具体的研究课题呈现出来,即不应将探讨停留于"妇女解放"言论本身,关注建构主体并对其进行系统、详细的梳理,是将相关研究推向深入的必由之路。具体而言,作为近代学校教育发展的结果,一代不同于以往的新青年阶层——近代男性知识分子阶层开始走向历史前台,换言之,更为宽泛的男性知识分子阶层作为一个社会群体活跃在1920年代,同时,接受过近代教育、有别于传统的"新女性"也出现于这一时代。近代媒体的发展向近代男性知识分子提供了发表个人言论的广阔舞台,他们对"新女性"的想象得以充分展示。聚焦近代男性知识分子阶层的"新女性"话语,解读由此折射出的男性知识分子的心路历程,剖析这一社会阶层的时代属性及特点,以往的研究鲜有对上述课题做系统研究。基于此,本书将对上述课题进行探讨。

三　研究方法·视角·研究对象

针对前述参考文献对近代中女性史研究所做的贡献及遗留下来的课题,本书将1920年代中国社会"新女性"话语建构设定为研究课题,为此主要使用"社会性别"作为分析概念。

(一)研究方法及视角

"社会性别"这一概念从西方第二次女权主义运动中孕育而来,如今成为女性主义理论的核心概念,为我们探讨性别间的不平等问题提供了全新的视角和思维范式。受研究领域等因素影响,"社会性别"一词的语义及用法存在分歧和差异,它是一个被赋予了多重含义的语汇。美国著名史学家琼·斯科特将这一概念成功导入历史学研究,为重新书写历史,尤其是两性间的历史提供了新的可能和空间。本书将主要参照其著述《社会性别与历史学》[①]、《再论社会性别》[②]及《引发反响的女性主义——危机时代的女权主义者政治》[③]中对"社会性别"的定义。按照斯科特

[①]　スコット、ジョーン・W:《増補新版　ジェンダーと歴史学》,荻野美穂訳,東京:平凡社,2004年。

[②]　スコット、ジョーン・W:《ジェンダー再考》,荻野美穂訳,《思想》第898号(1999),第5~34页。

[③]　スコット、ジョーン・W:《反響するフェミニズム——危機の時代におけるフェミニスト・ポリティクス》,荻野美穂訳,《思想》第942号(2002),第22~43页。

的理解,所谓"社会性别"是"赋予肉体差异不同的理解与认知"[①],它既是社会关系的构成要素,又是标记权力关系的手段和方法,因而成为探讨两性关系的有效路径及手段。立足于社会性别学的历史研究,应聚焦历史变迁中社会性别的建构过程而非某一原因或结果呈现,关注具体历史语境下话语建构本身及其背后隐含的性别政治构图。

受福柯、德里达等后结构主义思想家的影响,斯科特认为所谓社会性别并非不问自明的、固定的社会现象,作为一种社会建构,其始终处于变化流动的状态之中。因而它既非绝对的,也非真理性的,是一种相对的、可变的存在。这就提醒我们,与其追本探源,聚焦某一意识形态,不如关注文本中的修辞手法及话语建构。具体该如何关注文本,如何进行解构? 挖掘历史中的社会性别关系,仅按照历史学旧有的字面读解方式远远不够。后结构主义文学批评家的探讨方式值得我们借鉴,文字本身的内容并不是他们关注的重点,文本本身呈现出的某种状态、某一结构特点,议论形成的格局、被提出的形式才是他们关注的焦点。文本内部在某种紧张关系中形成的某种张力,才是我们应该挖掘的重点。所谓意义的形成是通过某种隐含的或是明显的对照、对立状态下的产物,需要经过内部差异化处理才得以被表述出来[②]。也就是说,关注文本内部的结构及张力的构成,被描述的人或事在某种相互关系中彼此制约、设定对方及自身的内涵及意义的过程,这是后结构主义强调的内容,也成为斯科特分析两性关系史的有效手段。

斯科特有关如何建构两性关系史的分析以及后结构主义的理论为本书的理论框架提供了借鉴。具体而言,"妇女解放"作为"五四"运动的重要内容,其社会影响不断加深,人们在进行一系列"新"与"旧"的讨论中,"新女性"也成为世人关注的焦点,"新女性"话语成为我们探讨 1920 年代社会性别史的重要路径。在剖析男性知识分子的"新女性"话语时,其探讨的议题、问题展开的形式、界定内涵的过程、建构某一价值体系的逻辑推理,就是我们关注的重点。在上述过程中隐含着男性知识分子何种情感,他们期待的"近代"为何种状态,是本书所要探讨的课题。正如贺萧将娼妓视作一个隐喻、一种表达思想情感的媒介一样,"新女性"也被赋予了多重意义,承载着男性知识分子的情感寄托。

---

① スコット、ジョーン・W:《増補新版　ジェンダーと歴史学》,荻野美穂訳,東京:平凡社,2004 年,第 24 页。

② スコット、ジョーン・W:《増補新版　ジェンダーと歴史学》,荻野美穂訳,東京:平凡社,2004 年,第 34 页。

　　当然,无论是建构者——男性知识分子还是被建构者——"新女性"都有明确的阶层性,一言以蔽之,所谓的"新女性"话语是以男性为主的城市新兴中产阶层对他们渴望的"新女性"的表述,他们在建构他者的同时也勾勒出自己的身影,"新女性"话语承载了男性知识分子对消费社会、对传统价值观等事物的判断,是其直面"新"与"旧"、"近代"与"传统"一系列反应的集合物,从而成为探究男性知识分子内心世界的一面镜子。

　　正如贺萧所言,"如果后结构主义理论使历史学者注意到自己在生产历史叙述时进行精心编织的过程,那我们也应该留意遍布在我们所阅读的一切文字材料中的、精心编织的痕迹,以及颇具匠心的呈示或遮蔽的印记。我们要做的不是寻觅'已然在那儿'的过去,而是寻找历史记载的对象、记载历史的人和我们自己这三方面互相之间游移不定的关系"①。意识到文本叙述主体、叙述对象与历史学者三者之间关系,在其基础上建构历史叙述并进行反思,是本书所希望企及的目标。

　　(二)研究对象

　　1. 主要分析对象

　　19世纪末创办于上海的商务印书馆,继成功推出《东方杂志》《教育杂志》《小说月报》《少年杂志》等系列刊物后,于1915年推出专门讨论妇女问题的期刊——《妇女杂志》。凭借商务印书馆发达的销售网络,该杂志以商务印书馆总馆为总发行所,在各地的商务印书馆分馆设立分销处。直至1932年1月馆舍被日军炸毁被迫停刊,《妇女杂志》持续刊行17年之久。与其他女性杂志相比,无论从刊行年数还是销售地域及数量来看,该杂志都称得上是近代史上影响最为深远的女性杂志。

　　《妇女杂志》的编辑方针大体经历了三个时期。创刊伊始,该杂志大力介绍、宣扬欧美及日本的女性观,同时积极响应北洋政府提倡的贤妻良母女子教育论②,以"佐女学"为宗旨,从建设近代国家的角度不遗余力地鼓吹贤妻良母教育思想。除主编王蕴章外,恽代英、胡愈之、胡寄尘、张季鸾、瑟庐、蒋维乔、瞿宣颖等一批男性

----

①　贺萧:《危险的愉悦:20世纪上海的娼妓问题与现代性》,南京:江苏人民出版社,2003年,第14页。

②　值得留意的是,1914年袁世凯政府颁布《报纸条例》及《出版法》,对报纸、杂志的内容采取严格管制的态度(罗检秋:《近代中国社会文化变迁录·第三卷》,刘志琴编:《近代中国社会文化变迁录》,杭州:浙江人民出版社,1998年,第181~184页)。这个高压政策对次年创刊的《妇女杂志》的编辑方针应该产生不小的影响。

知识分子是这一时期的主要撰稿人。此时每期的发行量维持在2 000～3 000册[①]，在当时已是不菲的业绩[②]。

随着"五四"运动的深入，"妇女解放"问题逐渐成为人们关注的焦点。由于未迅速做出回应，《妇女杂志》不仅遭受质疑，商业利润也受到不小的冲击[③]。面临人心思变的时代大局，经历了渐进式的改革后，1921年1月章锡琛取代王蕴章成为主编，与其私交甚好的沈雁冰、周建人、吴觉农、蒋凤子等人纷纷加入《妇女杂志》的作者阵营中来，杂志由此迎来新的历史时期。

推介爱伦凯、吉斯曼及埃里斯等人的"妇女解放"理论，介绍欧美、日本等地开展的妇女解放运动，讨论男女人格平等、社交公开、恋爱自由、婚姻自主、女子教育、男女同校、节制生育等一系列与"妇女解放"相关的话题，这样的文章几乎占据《妇女杂志》的所有版面。不仅如此，《离婚问题号》(1922年4月)、《妇女运动号》(1923年1月)、《配偶选择号》(1923年11月)等特刊号的相继推出，使《妇女杂志》迅速成长为探讨"妇女解放"问题的重镇。随着编辑方针的转变，征文栏目所占比重显著增加，全国各地及海外的投稿纷至沓来，使杂志的版面变得更加丰富及多样化。《妇女杂志》告别了初期稿件基本上由主要撰稿人来承担的单一局面，以年轻的男性知识分子为主体的青年知识阶层踊跃参与其中，他们的声音成为改革后《妇女杂志》的重要组成部分。

版面的更新使《妇女杂志》成功摆脱销售危机，据章锡琛回忆，此时每期的发行量已经过万[④]，受欢迎的专刊还会推出再版甚至三版。随着杂志热销，该杂志在1921年末第12号中曾说，"《妇女杂志》从民国十年革新体例增加材料减低定价以后，大受一般读者欢迎，销数之多，开我国妇女杂志界的新纪元"[⑤]，自豪之情溢于

[①]　Jacqueline, Nivard , "Women and the Womens' Press: The case of the Ladies' Journal (Funü Zazhi)1915—1931", *Republican China*, November 1984, pp.37～55.

[②]　到20世纪的20年代，上海已经成为中国出版业的中心，当时在这里出版的杂志其发行量在1 000～2 000册(许敏：《民国文化》，熊月之编：《上海通史·第10卷》，上海：上海人民出版社，1999年，第178页)。在1914年袁世凯政府颁布《报刊条例》及《出版法》对新闻媒体实施高压政策的环境下，《妇女杂志》能够每期发行2 000～3 000册，已是一个不错的发行量。

[③]　周叙琪：《一九一〇——一九二〇年代都会新妇女生活风貌：以〈妇女杂志〉为分析实例》，台北：台湾大学出版委员会，1996年。

[④]　Jacqueline, Nivard , "Women and the Womens' Press: The case of the Ladies' Journal (Funü Zazhi)1915—1931", *Republican China*, November 1984, p.37.

[⑤]　杂志社启：《请读民国十一年的妇女杂志》，《妇女杂志》1921年第7卷12号，第1页。

言表。不仅如此,随着"妇女解放"问题成为社会舆论的热点话题,《妇女杂志》再次成为探讨主流话语的舞台,不过这一次不再讨论贤妻良母女子教育,而是铺天盖地地探讨"妇女解放"问题了。民国时期编撰《中国妇女问题讨论集》而被称为妇女问题专家的梅生曾不无感慨地说:"在中国目前关于妇女问题的出版物里,伊总不愧坐第一把椅子的了。"[①]

1925年9月,杜就田成为《妇女杂志》新一任主编,他的上任使杂志的办刊风格又一次发生重大转变。对于"妇女解放"的探讨退却到边缘位置,有关日常生活的征文活动成为杂志的主旋律,来自女性自身的声音随之显著增加。

总之,从发行量、刊载年数及贩售区域等因素看,《妇女杂志》在女性杂志中的地位可谓举足轻重,它既让自身成为探讨有关"妇女解放"话题的中心,也呼应了男性知识分子对于"妇女解放"问题探讨的热情,当然也是今天我们探讨男性知识分子主导的"新女性"话语最合适的史料。

2. 核心用语

(1)1920年代男性知识分子阶层。陈独秀、胡适、鲁迅等作为"五四"时期舆论导向的先锋,活跃在思想领域的最前沿,他们对各种问题的关注及探讨代表年轻一代知识分子的心声,这一点毋需置疑。但同时,我们也不应忽视精英知识分子身后一个阶层的存在——男性知识分子阶层。科举制度的废除、近代学校教育制度及体系的构建塑造了一批有别于传统文人的青年,他们正在或已接受过近代西方科学知识的熏陶,对近代西方哲学及社会科学思想饶有兴致,再加上就读教会学校抑或是留学日本及欧美的求学经历等也为他们了解掌握近代西方各种思潮提供了更多的渠道和窗口。概而言之,历史步入1920年代,受益于近代学校教育制度的一代年轻人成长起来,尤其是当时正在接受中等以上学校教育的学生及有类似学历的青年,他们在数量上呈现出一定规模[②],年龄相仿且教育经历相近,在出身阶层、关注的社会问题等方面存在相似的社会属性,是一群有特定共性的社会群体。当然,从当时中国的教育状况及总体水平来看,他们是稀缺资源,属于社会的精英阶层。

陈独秀等人在《新青年》杂志上唱响"妇女解放"序曲,这之所以最终能汇聚成

---

① 梅生:《读〈妇女杂志〉的感想》,《民国日报·觉悟》1924年7月13日。
② 依据日本学者多贺秋五郎的研究推测,1910—1920年代全中国中等教育机构的在学者人数维持在10万以上,保守估计同时代受过中等以上教育的男性知识分子超过30万人(详见本书第72页表2-5)。

一股时代的潮流,是众多男性知识分子的一种共鸣、一种合力呈现的结果。换言之,受到近代西方思想熏陶的一批年轻人与精英知识分子彼此呼应,对中国社会的未来展开思考与探讨,日趋繁荣的近代出版业及媒体的多元化趋势,为他们提供了有别于往昔的广阔舞台。以《妇女杂志》为例,中等以上学校的在校学生及教职员工热衷于投稿,对"妇女解放"的各种问题显示出浓厚兴趣及强烈的参与意识,究其原因,受教育程度高再加上从事与教育相关的职业,诸多因素让这群年轻人背负着强烈的"启蒙"意识及社会责任感。也正因为如此,他们书写了内容丰富的"新女性"话语。然而,他们的存在却似乎长期被忽视。让一直身处历史书写边缘的他们重新回到舞台中央,将其与活跃在一线的男性知识分子作为一个社会群体来把握,是本书探讨的一个重点课题。为了突出其阶层性特点,本书多使用"男性知识分子阶层"这一语汇,为了叙述方便,也会使用"男性知识分子"一词。

(2)"新女性"。以 1919 年 10 月号中刊载的刘麟生①的《新文学与新女子》为嚆矢,有关"新女性"的讨论频繁出现在《妇女杂志》上。

> 自从那惊天动地的"五四运动"以后,国人大家对于女界所艳称的,和妇女界他们(她们)自己所乐道的一个名词,就是"新妇女"。却是我们万万不要误解这三个字的用意;我们说到新妇女三个字,并不是指一般年事较低的女郎;即是说到旧妇女三个字,也不是指一般年事较高的女太太们。这新旧两个字的区别,完全不是从老少上分出来的。我们所说的新妇女,是指一般妇女们从根本上讲起来是算新的;这一般妇女们的眼光,定要和从前妇女们两样;他们(她们)的观念,定要和从前妇女们两样;他们(她们)的态度,定要和从前妇女们两样;他们(她们)的思想,定要和从前妇女们两样;他们(她们)的责任,定要和从前妇女们两样;他们(她们)的位置,定要和从前妇女们两样;即是他们(她们)的习惯,也要和从前妇女们两样。必定有这些要点,和从前妇女们显出不

---

①　刘麟生(1894—1980),安徽省无为县人,字宣阁,笔名春痕、宣阁。1921 年毕业于上海圣约翰大学政治系,后历任商务印书馆、中华书局编辑。1927 年起任南京金陵女子文理学院教授。抗日战争期间,辗转于四川等地,以卖文为生。1949 年前后赴台,1956—1958 年作为董显光的秘书任职于台湾"驻美大使馆",其后与夫人林多乐在美从事教育和著述活动。1980 年 2 月病逝于旧金山。对古代骈文史颇有研究,著有《中国骈文史》《骈文学》《骈文研究法》等,另著有《中国文学概论》《中国诗词概论》《哥伦布》等(参考徐友春主编:《民国人物大辞典》,石家庄:河北人民出版社,1991 年,第 1461 页等整理)。

同的地方,然后不愧算得是新妇女。[①]

在"五四"运动后,"新妇女"作为一个崭新的语汇和流行语被频繁使用。"他们的观念,定要和从前妇女们两样",通过六个排比句的使用,作者要突出的是"新妇女"与"旧妇女"之间的区别,并在对比中诠释所谓的"新妇女"。试图在二元对立中建构理想中的"新妇女"形象,无疑是作者的意图所在。但是,这一形象又不仅限于脱离现实的理想。正如这篇文章的题目——"新妇女所应该铲除的几种劣根性"所示,这里的"新妇女"指代的是现实中的某一特定群体。一言以蔽之,心目中理想形象的提出是为了让现实社会中的"新妇女"朝着她们应该追求的完美形象努力。正如黄河济在《新妇女应有的觉悟》中呼唤的,"新妇女的朋友们啊!你们快快觉悟起来呵!我们只能帮助你们一点,不能全靠着我们的,现在运动的时机到了!新世纪的新妇女呵!大家努力!努力!"[②]

所谓的"新妇女"在现实生活中具体指代谁,其社会属性又呈现何种特点呢?换句话说,"新妇女"这一语汇具体投影到何种女性身上呢?

> 今日我国的妇女,大约可分为两种,普通称做(作)新妇女与旧妇女。这新旧的称呼,是相对的,并不是绝对的,当然有一种不新不旧,半新半旧的妇女存在其间。并且这新旧的分法,亦有种种不同。或以知识为主眼,受有新知识,而了解人生观的,称做(作)新妇女,中学程度以上的,勉强可入之,高小程度以下的恐怕要归于旧妇女之列罢。或以经济为主眼,能自食其力,不寄生于男性经济之下的,称为新妇女,(其实,男性亦多寄生于可耻的家族遗产之下,在今日的中国,能有几人真正自食其力呢?)不然者为旧妇女。或以体格为主眼,身无人为的残疾的称做(作)新妇女,如天然足等是,遗有人为的残疾的称做(作)旧妇女……我现在以解放的能力为主眼,有自动解放的觉悟和能力的,称做新妇女。没有自动解放的觉悟和能力,而须靠男性代她解放,她自身却居于被解放的地位的,称做(作)旧妇女。[③]

---

① 云舫:《新妇女所应该铲除的几种劣根性》,《妇女杂志》1920年第6卷9号,第3页。
② 黄河济:《新妇女应有的觉悟》,《妇女杂志》1920年第6卷10号,第20页。
③ 颜筠:《今日妇女的两难》,《妇女杂志》1924年第10卷3号,第454~455页。

学历、经济状况、身体有无缠足、有无解放自身的觉悟等等,都是衡量"新妇女"与否的标准,所谓理想的"新妇女"专指那些具有中等以上学历、经济独立、拒绝缠足、具有解放自身的觉悟及能力的女性。表面上看,"新妇女"的辨识标准多种多样,无统一标准可言,但通过本书的探讨不难发现,男性知识分子眼中经济独立、对传统文化的反抗意识等所谓"新女性"应具备的特质,是她们接受近代学校教育之后的结果,近代学校教育由此成为改造女性的必由之路和评判新旧女性的重要前提。所谓的"新女性",狭义上指那些在中等以上学校就读的女学生或具有同等学历的女性,从阶层属性来看,当时能够进入学校接受中等以上教育的大都属于中产以上的阶层。

综上所述,1920 年代中国社会所谓的"新妇女",既非对现实生活中女性的真实描述,也绝非单纯的虚构之物,而是介于"理想"与"现实"之间。将二者复杂多样的关系链接在一起的,正是"新女性"承载的历史功能和蕴意。

基于此,揭示这一语汇的建构过程,勾勒出叙述主体在"理想"与"现实"之间游走时的心路历程,解析被描述者身处的社会状况,并以此为线索探究中国的近代性问题,是本书关注的内容。此外,要特别指出的是,当时人们探讨"新的女性"这一问题时多使用"新妇女"一词,但同时也使用"新女子""新女性"等词汇,所以这一时期尚处于词汇与概念的草创期,未形成统一的、具有一致性的语汇,是当时的实际状况。跨越时空,今天我们在探讨有别于传统的女性时,以"新女性"居多。遵循今天的表述习惯,本书将主要使用"新女性"一词,其意义与"新妇女"、"新女子"并无区别。

四　本书基本框架

本书由八部分内容构成,导论部分对近年来的主要研究成果进行回顾和梳理,在此基础上明确本书的研究课题及目的、研究方法、研究对象等问题。

第一部分对本书的主要分析文本——《妇女杂志》进行详细探讨。具体而言,对商务印书馆发行出版该志的背景、杂志的编辑方针及版面构成、主编的更迭状况、投稿人及读者层等问题进行探讨,揭示《妇女杂志》是 1920 年代男性知识分子阶层构建"新女性"话语的重要舞台。

第二部分,探讨"新女性"话语诞生的重要历史背景,解析近代女子学校教育的兴起及女性价值观嬗变的历史过程。经过宋元明清的历史积淀,裹脚作为一种审美意识的产物持续了近千年之久,缠足已然成为标识女性社会身份地位的重要手段。清末传教士的大量涌入打破了这种思维定式,缠足作为"陋习"被发现,既定的女性价值观受到质疑,取而代之的,是近代女子学校教育的兴起。聚焦近代女子学校教育取代缠足成为新的女性价值观的历史过程,探讨西方传教士、中国知识分子的启蒙话语,解析助力近代女子教育最终获得正统性及话语权的清政府的女学政策,对清末民初女学的发展壮大状况进行数据统计,是第二部分着重探讨的内容。

第三部分、第四部分聚焦"新女性"话语的具体内容,剖析男性知识分子如何游走在理想与现实之间,利用对现实生活中"新女性"的批判、期许等笔触勾勒出他们内心理想的"新女性",在建构"新女性"话语中呈现出其自身对"近代"的种种复杂情绪。"新女性"话语是男性知识分子情感宣泄的场域,同时也折射出其自身在特定历史环境下面对"近代"思考的思想轨迹。

具体而言,第三部分首先聚焦男性知识分子对"新女性"的界定,思考其在编织"新女性 & 旧妇女"的逻辑构图中赋予"新女性"的特质。1923 年 11 月的《妇女杂志》刊出《配偶选择号》特集,题为"我之理想的配偶"征文活动的来稿选登是该期中的重要内容。关注这次征文活动,探讨学历及近代女子教育被赋予的特殊含义及承载的意识形态功能,是本章的重要议题。其次,关注男性知识分子对"贤妻良母"价值观及其教育理念的误读及批判。《妇女杂志》中,男性知识分子将"贤妻良母"划归"旧妇女"的范畴,这种划分基于何种理由,其逻辑何在? 此种误读的原因缘何而起? 由此反衬出他们所期待的"新女性"特质又呈现何种特点? 这是第三部分要探讨的又一重要问题。最后,对现实社会中"新女性"的质疑与批判构成了《妇女杂志》又一道风景,这种批判意味着什么? 对上述问题进行探讨并综合分析围绕"新女性"论的内在逻辑,是第三部分的主要议题。

第四部分重点关注男性知识分子对"新女性"着装、装饰等方面的质疑之声,分析其对近代消费文化所持态度及面对"近代"的复杂心态。具体而言,揭示其暗藏于批判话语之下的诉求,对其倡导的"健康美"进行梳理。回顾《妇女杂志》17 年来刊载的广告变迁状况,在此基础上着重分析"身体装饰类"广告,阐明近代消费文化对"新女性"身体的影响。换言之,关注近代消费文化对"新女性"的诱导及其对女性身体的界定,解析"身体"成为近代科学知识、资本扩张载体的详细过程。同时,聚焦男性知识分子对此做出的一系列反应,剖析以"身体"为中心的"新女性"话语建构特点,并结合男性知识分子阶层的经济状况,思考其近代消费观及生成原因。关注凝视"新女性"这一行为中隐含的视觉文化政治性,解析"看"与"被看"中的权力运作逻辑及其特点。

第五部分,以近代中国社会"新女性"的代表性人物——吴贻芳为例,解读近代中国社会对"新女性"的意义所在,剖析"知识"生产的历史性及政治性特点。作为接受过近代教育的"新女性",吴贻芳无疑是西方知识生产的载体和传播者,近代科学知识、人文关怀、近代国家意识、民族主义等构成其价值判断体系中不可或缺的重要组成部分。近代西方文化一方面向东方输出民主、自由、平等和博爱精神,另一方面将文化优越感和侵略性色彩带到东西方之间的交流中来。在国家、民族主义高涨的背景下出任金陵女子大学校长,尽管吴贻芳曾想推广西方的近代科学知识及博雅教育,但国难当头,拯救民族国家成为责无旁贷的使命和职责,留给这位"新女性"的选择由此变得简单明了,以金陵女大为载体的知识生产具有了浓厚的历史性及政治性色彩。第五部分将视线从《妇女杂志》男性知识分子为主体的言论中抽离出来,分析"新女性"自身面临的实际社会状况及其选择的知识生产特点,有助于我们更立体地把握"新女性"话语的社会语境及被赋予的内涵和意义。

第六部分聚焦近代日本"贤妻良母主义"女子教育思想的形成及实践过程,探寻日本女性在近代化历程中经历的重塑过程。具体而言,对近代日本女子教育诞生的过程及特点进行剖析,以日本近代史上具有代表性的著名女子教育家——下田歌子为例,探讨近代女子教育观念与社会实际状况之间的碰撞与相互呼应的历史。作为源自西方的舶来之物,明治时期日本导入近代女子教育并非一步到位,经历了最初的"无心栽花"及甲午战争后高度重视及大力发展的两个阶段。内容上也从最初完全效仿欧美的"贤母论"演变为东西合璧式的"贤妻良母主义"女子教育思想。下田歌子作为明治时期有着深远的社会影响力的女子教育家,洞察到中下层女性对近代国家建设的意义后,针对不同阶层女性开展了因地制宜的教育实践。务实性、妥协性及国家至上主义的局限性,是近代日本女子教育推进历程中的重要特点。与日本相较,近代中国的女子教育思想及实践尽管也着眼于国家、民族的振兴,却未能直面中国的社会现实并做出有效回应。

结论部分将对上述问题进行再次梳理,并对"新女性"这一具有历史流动性特点的语汇在1920年代被赋予的时代内涵、男性知识分子阶层的群体特征以及1920年代中国社会的时代特点等进行深入分析总结,在此基础上进一步明确本书的意义所在,并对今后有待解决的课题进行探讨。

本书大量参考中文文献,同时参阅了许多日文、英文文献。为了便于读者查找原典,做脚注时均使用原文,未翻译成中文。另外,中文,日文文献中有些是从英文等翻译而来,基于同样的原则,在本书最后的"参考文献"部分标注出英文原典。

书中部分脚注未揭出具体页码,是处皆为参考全书,请读者详察。

PART
1

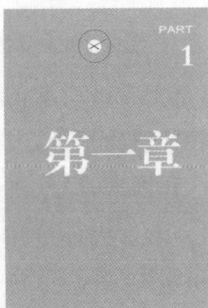

第一章 "新女性"话语研究与
《妇女杂志》

19世纪末,创办于上海的商务印书馆继成功推出《东方杂志》《教育杂志》《小说月报》《少年杂志》等系列刊物后,于1915年创办专门讨论妇女问题的期刊——《妇女杂志》。该杂志以商务印书馆总馆为总发行所,在各地的商务印书馆分馆设有分销处。凭借商务印书馆发达的销售网络[1],《妇女杂志》持续刊行长达十七年之久,直至1932年1月因馆舍被日军炸毁被迫停刊。其后,经历了灭顶之灾的商务印书馆在各方努力下于1932年8月正式宣布恢复各项事业,《妇女杂志》却从此销声匿迹。

日本学者前山加奈子的研究指出,在中国近代妇女杂志当中,《妇女杂志》刊行时间之久仅次于《女铎》及《妇女旬刊》[2]。从刊行的时间年限、销售数量以及流通

---

① 创刊之初,《妇女杂志》就充分利用商务印书馆营业据点多的优势,发售范围遍及全国。创刊号的版权页上,标明该杂志以上海的商务印书馆为"总发行所",同时在"北京、天津、保定、奉天、龙江、吉林、长春、西安、太原、济南、开封、成都、重庆、长沙、汉口、南昌、安庆、芜湖、南京、杭州、兰溪、福州、广州、潮州、桂林、云南、澳门、香港"的商务印书馆分馆设置营业据点。

② 广学会创办的杂志《女铎》曾在1912—1941年连续发行二十九年,其后经短暂的停刊之后于1944年复刊,之后到1951年为止,又连续发行七年,这本杂志前后加起来共出版发行三十六年之久。另一本由杭州中华妇女社出版的《妇女旬刊》于1917年6月—1948年11月连续出版三十一年(参见前山加奈子:《女性定期刊行物全体からみた〈婦女雑誌〉——近现代中国のジェンダー文化を考える一助として》,村田雄二郎编著:《〈婦女雑誌〉からみる近代中国女性》,東京:研文出版,2005年,第365～403页)。

范围等因素来看,《妇女杂志》在近代名目繁多的女性刊物中可谓耀眼夺目,影响力及号召力不容小觑,对于"新女性"话语研究而言,该刊是一份不可或缺的重要史料。针对销售量等问题的探讨已在导论中涉及,在此不再赘述。本章将对该杂志诞生的历史背景、编辑方针、版面构成以及主编、撰稿人、读者层等问题进行解析。

第一节 《妇女杂志》诞生的历史背景

对于一份杂志而言,创刊时间、地点以及出版社的资质等,均会对编辑方针、版面构成、社会影响力等产生重要影响,因此,首先关注《妇女杂志》诞生的历史背景。

一 《妇女杂志》诞生的时代背景

1915 年是中华民国成立的第四个年头。共和国告别封建帝制,汲取了诸多欧美的政治经济制度,这个崭新的政权在形式上具备了近代国家应有的要素。然而自创建之初,中华民国就是国内外各种势力较量妥协的产物,充斥着各种对立和矛盾。

从政治及行政层面来看,中央的行政机构与国会之间存在对立,中央政权与地方政权之间亦存在对立,各地方政权之间也存在各种矛盾,地方政权中试图割据一方的不在少数。对于中央政权而言,想要获得稳定的政治根基几乎无从谈起。1912 年 3 月袁世凯就任国民政府临时大总统后把持了中央政府的主导权,与此同时,拥有军队组织的地方军阀和地方士绅联合体构成了地方政府的中坚力量[①]。地方的"军绅政权"普遍缺乏统一的政治理念,他们对袁世凯主导的中央政府多持不信任态度。诸多的不确定因素交织其中,民国初年的政局处于异常混沌的状态。

为了加强中央政府的力量以恢复中央集权,袁世凯用心良苦,在政治、财政、军事及文化等多个领域进行尝试。上任之初,他就在文化领域大肆鼓吹复古主义。1912 年 9 月 13 日教育部宣布确定了孔子诞辰纪念日[②],9 月 20 日袁世凯又颁布《整饬伦常令》,1913 年 6 月发布《尊孔令》,1914 年 9 月发布《祭孔令》。1915 年,教

---

① 民国初期的地方政权由此被冠以"军绅政权"之称。参见ジェローム・チェン:(Jerome Chen):《軍紳政権——軍閥支配下の中国》,北村稔ほか訳,東京:岩波書店,1984 年,第 15 页。

② 教育部于 1912 年 9 月 13 日宣布每年的 10 月 7 日为孔子诞辰纪念日,届时各个学校要举办纪念会。

育部又制定《国民学校令》,明确了校园内读经的必要性。大力倡导儒家思想,强调"忠"与"孝"的重要性,袁世凯希望借助传统文化的力量汇聚人心,获得更广泛的政治支持。许多地方军阀、士绅阶层也纷纷效仿,极力鼓吹尊孔读经的重要性,以此作为治理地方政治的有效手段。概言之,《妇女杂志》创刊的 1915 年前后,以袁世凯为首的中央政权、手握军权的地方军阀以及士绅阶层,不遗余力地大肆宣扬儒家思想,再加之全国各地遗老遗少的积极响应,尊孔读经之热潮蔚为壮观,自成一道风景。

中华民国成立的初衷,就是要在政治制度、思想文化等各个层面全方位驱逐传统封建礼教,就此解除儒家思想的合法性,推动中国迈向民主共和之路。然而事实却与初衷相去甚远,民国建立之初,以中央政府为首的保守势力就似乎要急于重树"传统"的正统性,三纲五常、长幼尊卑等儒家思想的一系列核心价值大有重返政治及文化舞台之势。政治局势的混沌与人们思想的停滞不前相互辉映,民主、自由、平等这些西方的价值观无法与儒家思想抗衡,步入民国的中国社会该何去何从,茫然不知所措的又何止是政治局面,人们的思想、文化信仰也同样处于历史的十字路口。

国内的混乱局面趋于长期化的过程中,西方列强对中国内政的干涉亦是左右民国初年政局的要素之一。忌惮革命派的激进思想可能会对自身利益带来不利影响,列强们最终选择了长期与之合作的袁世凯。但是,这些支持并非无条件的馈赠,他们希望借助袁世凯的力量保护其在华的既得利益。为了争取西方列强的支持,袁世凯在尽量满足其各种要求的同时,也提出希望列强向中央政府提供巨额融资,这一要求既让袁世凯政府获得重要的经济支持,也能保障列强在华的根本利益。一战的爆发让英、法、德、俄等欧洲各国一时间无暇顾及各自在中国的利益,日本政府借机胁迫袁世凯政府签订了《二十一条》。该条约的签订不仅扩大了日本在华的特权,还迫使袁世凯政府接受日本对其行政权的干涉。为了获得日本的支持,袁世凯不顾国内舆论的强烈反对,在对部分内容进行修订之后签署了该条约。

民国初年,政治、思想、文化层面的停滞不前,再加之外交上与列强交锋的一再受挫与失败,构成了一幅满目疮痍、四面楚歌的悲凉景象。与此相对,民族工商业迎来发展的黄金时代。1900 年代,纺织业、制丝业及制粉业等轻工业获得了长足发展,民国政府在完善工商业法律的同时,也为民族产业制定了不少优惠措施以促进其发展①。同时,地方政权也对民族工业的发展给予一定的保护,"实业救国"风潮一时形成一种风气②。一战的爆发导致西欧各国对中国的出口量锐减,不仅如此,还转而从中国进口各种轻工业产品。各种有利条件的契合使中国的民族工业迎来突飞猛进的发展。

数据显示,1914—1920 年,工业生产实现了年均 15% 的高速增长。以纺织业为例,一战爆发前的 1913 年民族纺织业持有的纺锤总数为 50.4 万锭,到了 1925年,激增至 184.6 万锭,中国国内市场棉布的自给率实现了快速增长③。此外,一战期间国内生产的面粉大量销往西欧各国。民族工业的发展不仅为近代国家建设奠定了必要的经济基础,也对中国的阶层结构、教育制度、国民的日常生活方式等各个层面带来深远影响,中国的近代化进程由此迈上了一个新台阶。

二　民国初期大众传媒的发展

在中国,近代大众传媒的出现与外国传教士的活动密不可分。被誉为系统研究中国新闻发展史开山之作的《中国报学史》一书就曾指出:"我国现代报纸之产生,均出自外人之手。"④英国伦敦传教会的传教士米怜和马礼逊于 1815 年在马六甲创办中文刊物《察世俗每月统记传》,这被视为中国近代报刊业的嚆矢。此后,经历了两次鸦片战争的中国海禁大开,大批外国传教士、商人由沿海地区向通商口岸涌来,再由这里深入内陆,随之而来的便是以宣扬宗教、传递信息等为主旨的报纸、杂志相继在中国问世。据统计,从 1815 年至 19 世纪末,外国人在中国创办了近 200 种中外文报刊,占当时中国报刊总数的 80% 以上,基本垄断了当时的报刊传播业⑤。

甲午战争后,维新派积极推动变法运动,为了争取更多民众的理解和支持,他们创办大量的报纸和杂志,积极宣扬西方近代思想和科学知识。据统计,仅 1895至 1898 年的三年间,维新派就创办了 50 余种报纸杂志⑥,《中外纪闻》《时务报》《国闻报》《国闻汇编》等均集中出现在这一时期。戊戌变法失败后,康有为、梁启超等

①　狭间直树ほか:《データでみる中国近代史》,東京:有斐閣,1996 年,第 109 页。
②　久保田文次:《辛亥革命の理論と実際》,野沢豊、田中正俊编:《講座中国近現代史》(第3 卷),東京:東京大学出版会,1978 年,第 14 页。
③　狭间直树ほか:《データでみる中国近代史》,東京:有斐閣,1996 年,第 116~117 页。
④　戈公振:《中国报学史》,上海:上海古籍出版社,1927/2003 年,第 73 页。
⑤　方晓红:《中国新闻史》,南京:南京师范大学出版社,2011 年,第 17 页。
⑥　徐松荣:《维新派与近代报刊》,太原:山西古籍出版社,1998 年,第 53 页。

虽流亡海外,但他们仍不遗余力地通过办报宣传变法维新思想,《清议报》《新民丛报》《天南新报》《文兴日报》《新中国报》等就出自这些身在海外及港澳地区的维新派之手。

与此同时,面对不断恶化的时局,另一批对中国的前途命运深感忧虑的人士挺身而出,他们认为仅靠改良之路已无法挽救病入膏肓的中国,唯有革命才能使中国重获生机。资产阶级革命派先后在东京、上海、香港、澳门等地创办报刊120余种,其中《中国日报》是资产阶级第一个革命团体——兴中会在香港创办的第一份机关报。此外,同盟会的机关报《民报》《苏报》《国民日日报》《警钟日报》《浙江潮》《江苏》等都成为当时颇具影响力的报刊。资产阶级改良派及革命派鲜明的政治立场使他们创办的报刊往往难逃被查禁的厄运,与此相异,也有一些报刊选择务实的道路以维系生存,《大公报》《时报》《东方杂志》《中外日报》等就属于此列。虽没有所谓"过激"的针砭时弊的言论,但这些报刊从建设近代国家的角度出发,积极宣扬西方近代科学知识,建言政府推动各种社会改革,以求开启民智。

民国成立之初,《中华民国临时约法》第二章第四条规定"人民有言论、著作、刊行及集会结社之自由",形式上大众传媒的权利得到法律保障。在崭新的国家体制运作下,不同思想、不同利益的社会团体试图通过报纸、杂志等大力宣扬各自的理念及主张,全国各地揭起创办报纸、杂志的热潮,仅创刊的报纸就多达500余种[1]。然而,从1912年起,世风急转直下,袁世凯政权相继颁布《戒严法》《治安警察法》《报纸条例》及《出版法》等一系列涉及出版发行的法律和规定,言论自由受到了很大制约。更为甚者,1913年镇压二次革命后,袁世凯对舆论的监管、限制更加露骨,高压政策之下许多报刊被迫停刊。袁世凯死后北洋政府对民众的言论自由仍采取限制的态度,但"五四"运动的自由民主之风还是使大众传媒迎来前所未有的高涨期[2]。

"欧战以前,民国初造,国人望治,建议纷如,故各杂志之所讨论,皆注意于政治方面,其着眼在治标。欧战以后,国人始渐了然人生之意义,求一根本解决之道,而知命运之不足恃。故探讨此种问题之杂志,风起云涌,其着眼在将盘根错节之复杂事汇,皆加以彻底之判断,如国家政治,家族制度,婚姻,迷信等等思想上之问题,举

---

① 戈公振:《中国报学史》,上海:上海古籍出版社,1927/2003年,第211页。
② 狭间直树ほか:《データでみる中国近代史》,東京:有斐閣,1996年,第35~36页。

数千百年来积习而推翻之,诚我国思想界之一大变迁也"①。通过《中国报学史》的描述,我们可以窥见以第一次世界大战为分水岭,报刊关注的话题差异甚大。民国成立之初,知识分子对近代国家建设充满希望和抱负,热衷于讨论各种政治问题,政论文章占据报刊的大幅版面。一战之后,人们感悟到战争的残酷与命运的不可逆,转而关注与自身生活息息相关的话题,对人生的意义、社会风俗习惯等问题加以讨论。一战对中国思想界带来的冲击由此可见一斑。

除了上述外部原因,内部的社会现实亦是不容忽视的重要因素。尽管清王朝已被推翻,形式上建立了民主共和国家,以袁世凯为首的北洋政府的独裁,加之各地军阀的割据、混战,却使民国的政局依然处于混沌无序的状态。大众传媒一方面难掩对国内政治的忧虑和失望,另一方面显示出直面各种社会问题的勇气和决心。时局的混乱造成社会的无序,无序的状态却提供了一个可思考和表述的空间,这就是当时大众传媒面对的"内部"现实。《妇女杂志》就诞生在这样一个内外皆处于动荡与变换的时代。

三 商务印书馆的诞生及成长

商务印书馆是近代中国规模最大的出版社,在中国的近代史,尤其在出版史和教育史上的地位举足轻重。追溯历史,1897年,夏瑞芳与合伙人集资3 750元,以股份公司的形式创办了商务印书馆。创设初期,恰逢变法运动正在进行,传授近代科学知识的学校不断涌现,国人对教科书的需求日趋增长,商务印书馆敏锐地捕捉到这一商机,通过出版与英语教育相关的教科书获得了良好的收益。以此为立足点,商务印书馆不断扩大经营规模。

1902年,在夏瑞芳的邀请下,文化界的重要人物张元济出任商务印书馆编译所所长,这一举措对商务日后的成长与蜕变意义重大。张元济以日本教科书为范本,编撰了适合于中国新学制的小学及中学教科书,商务出版的教科书科目齐全且内容充实,受到广泛的社会认可,获得巨大利润的同时亦收获了极佳的口碑,可谓名利双收。以此为契机,商务印书馆开始大量翻译出版西方各国实用性强的学术书籍、文学作品及各种参考书目,同时也不忘提升出版书籍的数量和品质。商务由此迈向成功之路,从成立之初的印刷工厂逐渐成长为国内规模最大且最具影响力的出版社。

---

① 戈公振:《中国报学史》,上海:上海古籍出版社,1927/2003年,第217页。

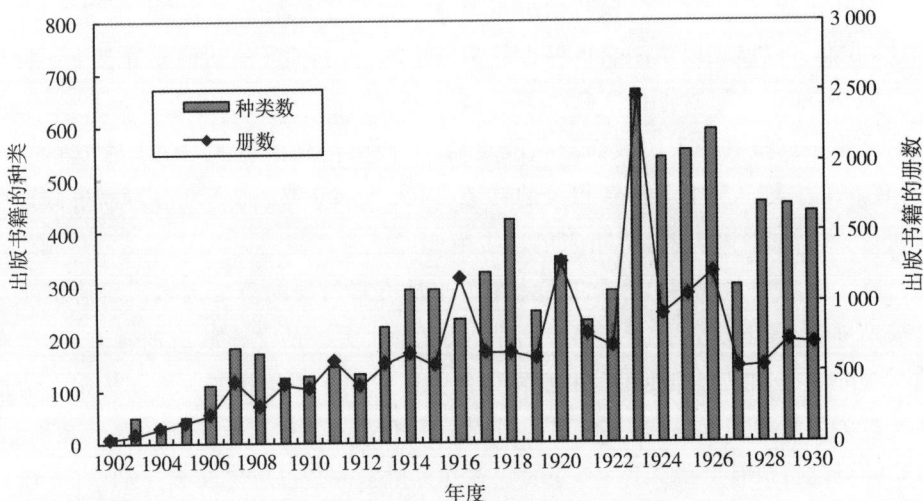

图 1-1 商务印书馆出版书籍状况统计(1902—1930 年)

资料来源:根据李泽彰:《三十五年中国之出版业》,商务印书馆编:《最近三十五年之中国教育》,上海:商务印书馆,1931 年,第 270~275 页整理。

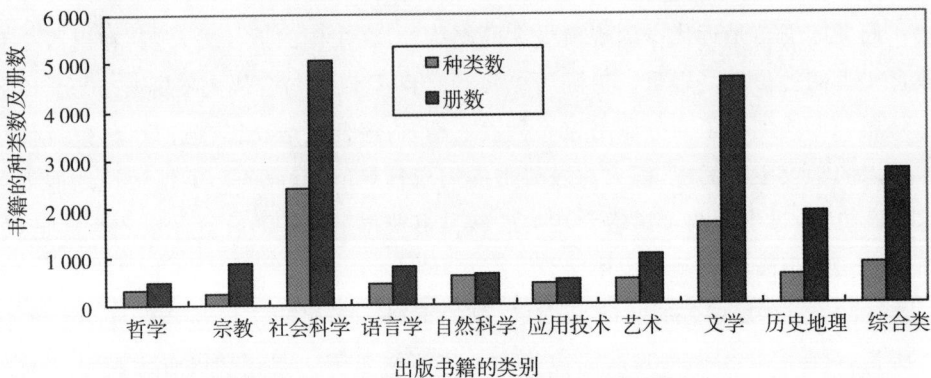

图 1-2 截至 1930 年商务印书馆出版物类别统计

资料来源:根据李泽彰:《三十五年中国之出版业》,商务印书馆编:《最近三十五年之中国教育》,上海:商务印书馆,1931 年,第 270~275 页整理。

图 1-1 显示从 1902—1930 年各年度商务印书馆出版书籍的种类及册数的变化情况。尽管不同年份之间有时会出现较大波动,总体而言还是呈现出不断增长的态势。举例来看,1900 年代出版书籍的种类及册数平均值分别为 96.1 种及 227.2 册,到下一个十年分别增至 266.3 种及 707.7 册,1920 年代增长至 451.7 种及 959.0 册。如图 1-2 所示,商务出版的书籍近乎涉及所有领域,其中以社会科学

类和文学类所占比重最大,前者的种类数量和册数分别占 29.7% 和 27.1%,后者则为 20.7% 和 24.9%。商务出版的理工类书籍相对较少,将自然科学类及应用技术类放在一起计算,其种类数及册数所占的比例也仅为 12.8% 和 6.2%。也就是说,偏重人文社会科学领域书籍的出版是商务印书馆的定位及特色所在。

至 1920 年代初,商务已在国内外拥有 36 家分馆及约 1 000 个营业网点,出版王国初具规模。不仅如此,商务也在不断拓展经营领域,除印刷、出版书籍外,还涉足文具的生产销售,电影及广告的制作,印刷设备的制造、修理,古籍的整理和保护,东方图书馆的运营等诸多领域。随之而来的,是销售额的不断攀升,从 1903 年的 30 万元、1912 年的 181 万元、1920 年的 580 万元增至 1930 年的 1 200 万元,30 年间增长 40 倍[1]之多。资金也从最初的 0.375 万元飞速增至 1922 年的 500 万元。更为重要的是,商务印书馆成为近代中国最成功的出版机构,对出版业的发展产生了巨大影响,中华书局、世界书局等的创立被视为是商务印书馆运作模式的延伸和扩大[2]。

时代所需当然是商务印书馆迈向成功的关键,企业宗旨亦是推动其走向巅峰不容忽视的重要因素。"在 20 世纪商务印书馆发展历史中,我们看到,商务内部的文化人之间在各个不同历史时期各自的思想不尽相同,甚至有很大的差异,但新进中有稳健的文化风格却是一贯的。"[3]所谓"稳健的文化风格"是对传统与近代拿捏的分寸感,是对各种激进言论、各种政治势力角逐的回避和敬而远之。这一特点在很大程度上影响了《妇女杂志》的创刊宗旨。

第二节　《妇女杂志》的编辑方针

中央政府与地方军阀之间的较量导致高压政治与舆论压制,但政局不稳、内外交困也让知识分子获得思考及言说的宝贵空间,使得以租界为代表的城市近代化在夹缝中成长壮大。一方面是试图恢复儒家伦理道德正统性的遗老遗少们的高声

---

① 许敏:《民国文化》,熊月之编:《上海通史·第 10 卷》,上海:上海人民出版社,1999 年,第 114 页。

② 许敏:《民国文化》,熊月之编:《上海通史·第 10 卷》,上海:上海人民出版社,1999 年,第 118 页。

③ 杨扬:《商务印书馆与中国现代文学》,《中国现代文学研究丛刊》1999 年第 1 期,第 181 页。

喧嚣，另一方面是西方近代思想、摩登商品的大量涌入，《妇女杂志》就诞生于这样一个新旧交替的时期。历史的复杂多元赋予这本杂志的基本性格，同时，也让它走出了一条与其他女性杂志不同的辉煌之路。当然，对于善于把握商机的商务印书馆而言，《妇女杂志》的出版无非是敏锐读解时代变迁的产物，客观上，也使该杂志成为"新女性"诞生的历史代言人。

一 《妇女杂志》的主编更迭状况及时期划分

杂志编辑方针的确定，尽管是与受众之间相互制约、互相成全的过程，但主编的理念在很大程度上影响编辑理念、杂志的定位及办刊风格等，这一点毋庸置疑。《妇女杂志》先后经历了王蕴章、章锡琛、叶圣陶等主编人选的更迭。具体而言，第一卷及第三至第六卷的主编为王蕴章，第二卷换为胡彬夏，之所以邀请她来做主编，商务印书馆希望借助其在妇女界非凡的影响力、感召力为《妇女杂志》宣传造势，主编工作实际仍由王蕴章承担①。第七卷至第十一卷八号由章锡琛出任主编，其后从第十一卷九号到十六卷六号，杜就田担任主编。十六卷七号至十七卷三号由叶圣陶主持工作，从十七卷四号至十二号为止杨润馀担任主编。

图 1-3 1915 年《妇女杂志》创刊号

（一）历任主编概况

王蕴章（1884—1942），字莼农，号西神，别号西神残客，江苏金匮（今无锡市）人。1902 年曾应试考中副榜举人，通诗词，擅作小说，是"中学为主、西学为用"的鸳鸯蝴蝶派主要作家之一。曾任中学英文教师，1910 年商务印书馆创办《小说月报》时出任主编。1915 年商务印书馆创办《妇女杂志》时担任该杂志主编，直至1920 年。作为创刊时期《妇女杂志》的主编，王蕴章为该杂志撰写了多篇文章，刊

---

① 陈姃湲：《近代中国における伝統的女性像の変遷——"賢妻良母"論をめぐって》，東京：東京大学博士論文，2003 年，第 86 页。

载于"小说""家政""学艺"等多个栏目中。除了使用"王蕴章"之名外,也曾用"莼农""西神""王莼农""王西神"等名。王蕴章的学术背景、兴趣爱好、编辑思想等也直接影响早期《妇女杂志》的办刊风格。鸳鸯蝴蝶派作家的文学观就是秉持文学与商业的结合,"主张文学游戏人生,娱乐身心"①。"王蕴章在编辑《小说月报》时,基本的倾向是介于雅俗之间,在追求雅的情趣时,不时又流露出民初文人常见的俗化倾向的编辑风格"②。这种编辑风格在其担任《妇女杂志》主编时得到了延续。早期《妇女杂志》的基本定位就是寓教于乐,教授各种近代科学知识的同时,亦不乏趣味性及娱乐功能。

胡彬夏(1888—1931),江苏无锡人。1902—1903年赴日本实践女学校留学,其间发起成立妇女团体"共爱会",以"振兴女学,恢复女权,尽国民之天职为宗旨"③。由于成绩优异,于1907年与王秀茞、曹芳芸、宋庆龄一起,作为首批官费赴美留学的四名女学生赴美国韦尔斯利女子学院(Wellesley College)留学,主修哲学和文学史。1914年获学士学位回国后,胡彬夏曾任教于多所女子学校,同时在多家女性刊物上发表文章,宣扬贤妻良母女子教育理念。名声鹊起后,胡彬夏于1916年受聘于《妇女杂志》做主编,其后在《妇女杂志》第二卷上发表多篇文章,强调改良家庭是中国当务之急。1917年,胡彬夏与其夫朱庭祺及黄炎培等人创立"中华职业教育社",是发起人中唯一的女性。1918年,她在上海首创幼儿教育研究会;1920年,创办上海妇女会;1921年,出任中华基督教女青年会首任会长;1922年,发起上海女权运动同盟会。1928年,胡彬夏与杨杏佛、司徒雷登等九人组成清华大学董事会,是董事中唯一的女性。④ 戈公振曾称:"女子之服务报界,我国以裘毓芳女士为最早。次之,则为陈撷芬女士与胡彬夏女士。"⑤胡适赞之曰:"女士聪慧和蔼,读书多所涉猎,议论甚有见地,为新女界不可多得之人物。"⑥可见胡彬夏热衷于女子教育及妇女解放运动,在当时的女子教育界、报界具有一定的社会知名

① 李直飞:《历史夹缝中的编辑——论早期〈小说月报〉的编辑王蕴章》,《出版发行研究》2012年第11期,第103页。

② 李直飞:《历史夹缝中的编辑——论早期〈小说月报〉的编辑王蕴章》,《出版发行研究》2012年第11期,第102页。

③ 《共爱会改订章程》,《女学报》1904年第4期。

④ 王秀田:《沉寂于历史深处的报界女杰——胡彬夏》,《兰台世界》2010年7月上,第17~18页。

⑤ 戈公振:《中国报学史》,上海:上海古籍出版社,1927/2003年,第170页。

⑥ 胡适:《胡适留学日记》,《民国丛书》第二编83,上海:上海书店,1990年,第146页。

度和影响力。

章锡琛(1889—1969),字雪村,又字君实,笔名方可、高劳等,浙江会稽(今绍兴)人。1909年毕业于绍兴山会简易师范,其后任小学及师范学校教师。1912年初进入商务印书馆,任《东方杂志》编译。1921年,章锡琛取代王蕴章担任《妇女杂志》主编,兼任《时事新报》副刊《现代妇女》、《民国日报》副刊《妇女周刊》编辑。1925年,他与朱自清、朱光潜等人创设"立达学会",并创办"立达学园"。1926年,也就是辞去《妇女杂志》主编的第二年,章锡琛创办《新女性》杂志,与章锡珊等人创设"开明书店"。1930年,他创办杂志《中学生》,并著有《妇女问题十讲》等,另有《文学概论》等译作。章锡琛于"五四"运动后出任《妇女杂志》主编,他积极响应"五四"新文化运动,带领《妇女杂志》高唱妇女解放,抨击传统的伦理道德,讨论各种与女性相关的热点话题。章锡琛的举措彻底改变了《妇女杂志》宣扬贤妻良母女子教育的办刊宗旨,不仅让它成功摆脱激进知识分子的抨击,更让该杂志逐步成为宣传妇女解放的中心,放射出耀眼的光芒。换言之,章锡琛担任主编期间,《妇女杂志》迎来它最辉煌的时期。

杜就田(生卒年不详),1925年9月至1930年6月任《妇女杂志》主编。为商务印书馆编译所理化部主任杜亚泉①堂弟,单独或与杜亚泉等人编辑《实验化学教科书》《动物学》《植物学》《新理科》《生理卫生新教科书》等多本中小学教科书,同时与

---

① 杜亚泉(1873—1933),原名炜孙,字秋帆,号亚泉,笔名伧父、高劳等,浙江上虞人。近代科学家、思想家。16岁中秀才,甲午战败后弃科举,自学数学、理化、动植物及矿物等自然科学知识。自学日文,后通过日文著述了解世界新思潮。1900年秋赴上海,致力于提倡科学,创办亚泉学馆,培养科技人才。同时创办《亚泉杂志》半月刊,宣传数理化等科学知识,为国人自办最早的科学杂志。1902年,杜亚泉应商务印书馆之邀,编写《文学初阶》(一套六册),为我国近代最早的、有别于传统教材的、供蒙学堂用的教科书。1904年,杜亚泉应夏瑞芳、张元济之邀,进入商务印书馆编译所任理化部主任,致力于科学研究编译工作,除理化等知识外,还涉及哲学、政治、法律、经济等方面。自此在商务印书馆供职28年之久,编写或主持编写数百种理科中小学教科书及科学著作。1911年起兼任《东方杂志》主编,对该杂志进行重大改革,亲自撰写论文、杂感及译著300余篇,使该杂志成长为当时国内销量最大、最具影响力的杂志。辛亥改革后针对社会现状反对激进的社会变革,主张渐进式改革,认为提高国民的素质和觉悟是改造社会的前提。一战爆发后持续参与东西文化优劣之论争,撰有《静的文明与动的文明》《再论新旧思想之冲突》等文,主张东西文化之调和,与陈独秀等展开论战。因受到《新青年》等的猛烈批判,1920年被迫辞去《东方杂志》主编。曾主编出版《植物学大辞典》《动物学大辞典》。1933年末因病去世(参考许纪霖、田建业编:《杜亚泉文存》,上海:上海教育出版社,2003年;熊月之:《略论杜亚泉思想特色》,《历史教学问题》2014年第1期,第4~8页。)。

杜亚泉等人合作编辑《动物学大辞典》等。杜就田担任主编期间,《妇女杂志》一改过去高调的办刊风格,转而趋向平稳。

叶圣陶(1894—1988),原名叶绍钧,字秉臣、圣陶,笔名叶锦、圣陶、斯提、桂山、郢生等,江苏苏州人。1907年进入当地草桥中学读书,开始接触外国小说及新的文艺思潮。1915年赴上海商务印书馆尚公小学任教,开始为商务印书馆编写小学国文课本。"五四"运动前,叶圣陶曾在《礼拜六》等杂志上发表文言小说。1918年,在《妇女杂志》第4卷2、3号上发表他的第一篇白话小说《春宴琐谭》。1919年,叶圣陶加入了北京大学的"新潮社",在《新潮》上发表小说。1921年,与周作人、沈雁冰、郑振铎等人发起成立"文学研究会",倡导"为人生"的现实主义文学旗帜。1923年,叶圣陶进入商务印书馆国文部担任编辑,其后曾任《小说月报》主编。1930年7月至1931年3月,他出任《妇女杂志》主编,其间组织了多次征文活动。1930年年底,应章锡琛邀请,叶圣陶离开商务印书馆进入开明书店任编辑。[①]

杨润馀(生卒年不详),女作家,著名经济学家杨端六之妹,1931年4月至1931年12月任职《妇女杂志》主编。湖南稻田女子师范学校毕业后留校任教,1921—1929年赴法留学。著作有《莫里哀》,译著有《俊颜》等。她积极投身"五四"运动,任新民学会会员。

概述之,胡彬夏在名义上担任了一年的主编,叶圣陶、杨润馀司职主编均不足一年,这三位其实并未对《妇女杂志》的编辑方针产生重大影响。相对而言,杜就田的任职时期虽相对较长,但与前后相较,此间的编辑方针可谓不温不火,故对《妇女杂志》而言,首任主编王蕴章及紧随其后的章锡琛,才是左右该杂志编辑特色的关键人物。

(二)《妇女杂志》时期划分

海内外众多学者都曾关注《妇女杂志》并将其作为分析文本,然而对于时期划分问题基本承袭法国学者内瓦德(Nivard)[②]的标准。根据编辑方针的变化,内瓦德将《妇女杂志》分为四个时期,即以贤妻良母教育思想为宗旨的创刊期(1915—1919年),积极探讨"妇女解放"问题的成长期(1920—1925年)、几乎不再探讨"妇女解放"问题的反动期(1926—1930年)及最后的复兴期(1930—1931年)。王政在延用

---

① 商金林编:《叶圣陶年谱》,南京:江苏教育出版社,1986年。

② Nivard, Jacqueline "Women and the Womens' Press: The case of the Ladies' Journal (Funu Zazhi)1915—1931", *Republican China*, November 1984, pp. 37～55.

该标准的同时,将第三、第四阶段称为"女性主义堡垒的陷落"①。

然而在被内瓦德定位为反动期的 1926—1930 年,《妇女杂志》仍继续刊载欧美的妇女解放理论,相关问题的讨论仍在继续。从数量来看,这一时期围绕"妇女解放"的讨论骤然减少,无法与章锡琛时代相提并论。然而,值得留意的是,关于"妇女解放"的讨论数量虽少,已不再是杂志的主旋律,但相关的讨论及思考却并未就此停止。不仅如此,将是否探讨"妇女解放"问题视为分水岭,分别冠以"成长期"与"反动期",这种划分和命名方式本身就值得反思。具体而言,将《妇女杂志》的版面内容恢复到对日常生活的关注,不再以探讨"妇女解放"问题为主旋律,这种转变被冠以"反动"之名是否妥帖,值得推敲。同时,将最后仅一年的时间定位为复兴期是否合适亦值得商榷。

在笔者看来,与章锡琛时代形成鲜明对比的,是其辞任后"新女性"真正登上《妇女杂志》书写自己,由此形成了一道独特的风景。尽管她们探讨的话题以生活琐事居多,与"妇女解放"这样的宏大叙事相去甚远,笔触稚嫩简单欠缺理性与深邃之处,但从中我们却看到话语权的更迭,一种更贴近"新女性"自身的叙述跃然纸上。尽管近乎狂热的呐喊让人感到欢欣鼓舞,为之振奋,但兴奋过后的日常生活仍要继续,"妇女解放"问题讨论的边缘化,或许是兴奋之后的一种反思。正如鲁迅曾经的质疑,纸上谈兵的"解放"又会将女性引向何处?从这一角度而言,"冷却"也许才是真正意义上的"妇女解放"的真实状况。基于上述思考,本文将《妇女杂志》作为分析文本使用之际,按照探讨话题的不同,划分为三大阶段,其一是以鼓吹贤妻良母女子教育思想的第一阶段(1915—1919 年),其二是以高唱"妇女解放"为主旨的第二阶段(1920—1925年),其三是以女性自身的书写占据主体的第三阶段(1925—1931 年)。

二 前期《妇女杂志》的编辑情况(1915—1919 年)

前期的《妇女杂志》从建设近代国家的角度鼓吹贤妻良母的女子教育思想。之所以采取这样的编辑方针,与当时政府的教育理念及女子教育的发展状况密不可分。创刊前一年的 1914 年,时任北洋政府教育总长的汤化龙这样评价女子教育。

中国今日,凡百事务,皆属过渡时代。如女子教育,尤不可不十分慎重以谋完善。考中国女学,本生长于深闺中,多不出门,故其见闻至为狭隘,知识亦颇幼稚,此一缺点,实与今日时势大不相合。其开发女子知识之方法,不可不

---

① Wang, Zheng(王政), *Women in the Chinese Enlightenment: Oral and Textual Histories*, Berkeley and Los Angeles, California, University of California Press, 1999.

大加研究。至于中国女子之性质,则概多静贞优美,亦幸赖遂奉一种高尚之道义,行于家庭所致,故未使女子陷于败德非道之域中,诚为可喜!民国以来,颇有一派人士倡导一种新说,主张开放女子之界限,其结果致使幽娴女子提倡种种议论,或主张男女同权,或倡导女子参政,遂至有女子法政学校之设立。虽属一时风潮所驱,为过渡时代所难免之现象。然以余观之,则实属可忧之事也。即如教育部此次禁止私立女子法政学校者,盖谓该校在今日,不但毫无利益,而反有巨害。余对于女子教育之方针,则在使其将来足为良妻贤母,可以维持家庭而已。惟对于知识技能之方面,则非设法研究,以谋发展,则不能适应于文明日进之时势也。①

将女性定位于家庭,"使其将来足为良妻贤母,可以维持家庭而已",是汤化龙认定的女子教育方针。"或主张男女同权,或倡导女子参政",这种抛头露面、出入公众场合的行为,与"静贞优美"的女性"美德"相背,"幽娴女子"不得为之。让女性继续保持历来的"静贞优美"的"美德",同时施以知识技能方面的教育,使其"适应于文明日进之时势",才是汤氏眼中女子教育的"真经"。

汤化龙对女子教育的主张不仅刊载于《教育杂志》上,相近的文章——《汤总长之女子教育方针谭》②也见诸《申报》。汤氏的谈话刊登之后,各地政府纷纷发表布告,宣扬"中国女教向以端静温淑为宗旨……务使养成贤母良妻,庶于道德风俗务有裨益"。③ 1914年12月教育部颁布的《教育部整理教育方案草案》中,汤化龙的见地得以贯彻:"我国女学幼稚,数年以来,各省渐知兴办女学,而无一定陶成之方针,影响所施,流弊滋大。今且勿骛高远之谈,标示育成良妻贤母主义,以挽其委琐龌龊或放任不羁之陋习。"④

《妇女杂志》的发刊词中,明确指出该杂志以"应时世之需要。佐女学之进行。开通风气。交换知识"⑤为编辑方针。所谓的"佐女学"即"妇女最大之天职岂非在相夫教子而杂志发刊之本意又岂非遵此职志为国中造多数之贤妻良母耶"⑥。一言以蔽之,紧随北洋政府的女子教育方针,积极宣扬"贤妻良母"女子教育理念,是《妇女

---

① 《汤总长之教育意见》,《教育杂志》1914年6卷4期,《记事》栏目,第31~32页。

② 《汤总长之女子教育方针谭》,《申报》1914年6月28日。

③ 《取缔自由女子之部伤》,《申报》1914年7月12日。

④ 《教育部整理教育方案草案》,璩鑫圭、唐良炎编:《中国近代教育史资料汇编 学制演变》,上海:上海教育出版社,1991年,第743页。

⑤ 张芳芸:《妇女杂志发刊辞三》,《妇女杂志》1915年第1卷1号《发刊辞》部分,第4页。

⑥ 梁令娴:《敬述吾家旧德为妇女杂志祝》,《妇女杂志》1915年第1卷1号《发刊辞》部分,第6页。

杂志》创刊之初的办刊宗旨①。除主编王蕴章外,胡愈之②、胡寄尘③、张季鸾④、

---

① 在《妇女杂志》创刊前一年,1914 年,袁世凯政府颁布《报纸条例》和《出版法》,对出版业界采取高压政策,报纸和杂志的内容受到严格控制。这也许在相当程度上左右了《妇女杂志》的编辑宗旨。

② 胡愈之(1896—1986),原名学愚,字子如,笔名胡芋之、化鲁、沙平、伏生、说难等,浙江上虞人。翻译家、出版家、社会活动家。1914 年考入上海商务印书馆编译所作练习生,翌年起任《东方杂志》编辑。1920 年和郑振铎、沈雁冰等人成立"文学研究会",积极推进新文学运动。1932 年被聘为《东方杂志》主编。1933 年秘密加入中国共产党。1934 年创办并主编《世界知识》杂志。1935 年后参加上海文化界救亡运动,为"上海文化界救国会"发起人之一。1936 年与邹韬奋在香港创办《生活日报》。1940 年赴新加坡协助陈嘉庚创办《南洋商报》并担任主编。1949 年后曾任《光明日报》总编辑、新华书店总编辑、首任国家出版总署署长、文化部副部长、"中国出版工作者协会"名誉会长等职(参考李盛平主编:《中国近现代人名大辞典》,北京:中国国际广播出版社,1989 年,第 510 页;朱顺佐:《胡愈之传》,石家庄:花山出版社,1991 年;于友:《胡愈之》,北京:群言出版社,1997 年)。

③ 胡寄尘(1886—1938),原名有忭,字季仁,后名怀琛,字寄尘。安徽泾县人。1910 年加入南社。辛亥革命后与柳亚子主持《警报》《太平洋报》编务,相交相知,义结金兰。后任文明书局编辑、商务印书馆编辑、上海市通志馆编纂等职。先后在上海沪江大学、中国公学、持志大学、正风文学院等校担任教授。一生著作甚丰,主要有《修辞学要略》《中国文学通评》《中国诗学通评》《中国文学史概略》《中国小说研究》等(参考李盛平主编:《中国近现代人名大辞典》,北京:中国国际广播出版社,1989 年,第 509 页;上海市地方志办公室,2015-07-25,http://www.shtong.gov.cn/node2/node4/node2249/luwan/node37527/node37529/node63620/userobject1ai51824.html)。

④ 张季鸾(1888—1941),原名炽章,字季鸾,笔名一苇、榆民、一记者等。祖籍陕西榆林。民国时期著名报人。1905 年考取官费留学日本,次年赴日。曾于东京第一高等学校攻读政治经济学,加入中国同盟会。1911 年学成归国后应于右任之邀,出任上海《民立报》编辑。同年经于右任推荐,赴南京任临时政府秘书,负责起草《临时大总统就职宣言》等重要文件,发出中国近代报业史上第一份新闻专电。1911 年 2 月孙中山辞任临时大总统,张季鸾随孙中山去职。1911 年 4 月赴京创办北京《民立报》。1913 年因《民立报》斥责宋教仁遇刺事件被捕入狱。出狱后,曾应留日同学胡政之邀请,在上海《大共和日报》担任国际版主编。1915 年创办《民信日报》,出任总编辑。1916 年赴北京任《中华新报》总编辑,兼任上海《新闻报》驻北京记者。1926 年春,英敛之创办的天津《大公报》停刊,张季鸾与吴鼎昌、胡政之合作,成立"新记公司",接办天津《大公报》,任总编辑兼副总经理。著有《季鸾文存》等(参考徐友春主编:《民国人物大辞典》,石家庄:河北教育出版社,1991 年,第 931 页;李瞻:《报业巨星张季鸾先生》,《国际新闻界》2010 年第 9 期,第 100~109 页)。

蒋维乔[①]、瞿宣颖[②]、魏寿镛、朱梦梅、沈芳等是主要撰稿人。由此可见,以男性知识分子为主的撰稿阵营是前期《妇女杂志》宣扬贤妻良母女子教育思想的主力军。

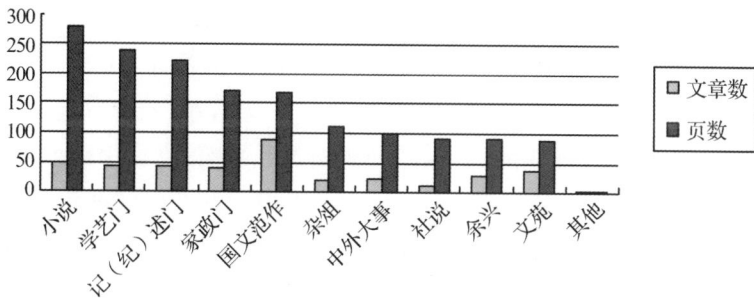

图1-4　《妇女杂志》第2卷各栏目所含文章数及页数统计

资料来源:笔者整理统计

为此,《妇女杂志》开设"社说""学艺门""家政门""记(纪)述门""文苑""小说""国

---

① 蒋维乔(1873—1958),字竹庄,别号因是子,江苏武进(今常州市)人。在近代教育、哲学、佛学、养生学等的研究和推广上颇有建树。20岁中秀才,后弃八股文研究西学。1903年受蔡元培之邀,赴上海担任爱国学社义务教员,授课之余在商务印书馆编译所任业余编辑。之后正式进入商务印书馆编译所,将全部精力投入小学教科书的编撰工作上。蒋维乔等人编撰了名为"最新教科书"的一套小学课本,包括国文、修身、习字、算术、历史、地理等,广受社会欢迎和好评。这套教科书开辟了中国近代新式学校用书的新纪元,就此奠定了商务印书馆在近代教科书编撰、出版方面的领先及权威地位。此后,陆续编辑、出版了适用于中学、师范、女子学校等的教科书。1912年1月,中国民国临时政府成立,蔡元培被任命为教育总长,受蔡元培之邀赴教育部任职,起草了《普通教育暂行办法通令》《暂行课程标准》等文件。1913年夏蔡元培离职,其后蒋维乔因在教育部受排挤于8月离职回到商务印书馆编译所,重新开始编撰教科书的工作。1916年应邀重返教育部,1917年与黄炎培等人赴日本、菲律宾考察教育3个月,回国后将考察结果汇编成《考察日本菲律宾教育团纪实》,由商务印书馆出版。1922年出任江苏省教育厅厅长,1925年就任东南大学校长。其后曾在光华大学等学校任教。编撰出版了《中国佛教史》《佛教概论》《佛学纲要》《中国近三百年哲学史》《宋明理学纲要》《道教概说》《因是子静坐法》等(参考李盛平主编:《中国近现代人名大辞典》,北京:中国国际广播出版,1989年,第668页;何宗旺:《蒋维乔思想研究》,湖南师范大学博士论文,2003年)。

② 瞿宣颖(1894—1973),曾用名益错,字兑之,号铢庵,自称铢庵居士,晚号蜕园。湖南善化(今长沙)人。先后毕业于上海圣约翰大学和复旦大学,"五四"时期曾为上海学生运动领袖。历任北洋政府国史编纂处处长、国务院秘书等职。同时,先后执教于南开大学、燕京大学、清华大学等。抗战期间历任"华北政务委员会"秘书长、"北京大学"代理总监督、"国立华北编译馆"馆长等职务。抗战结束后,取号"蜕园",意在悔过。1949年后寓居上海以著述谋生,后被中华书局上海编辑所(今上海古籍出版社的前身)聘为特约编辑。著述有《中国骈文概论》《中国社会史料丛钞》《北平史表长编》《汉代风俗制度史》等(参考徐友春主编:《民国人物大辞典》,石家庄:河北教育出版社,1991年,第1606页)。

文范作""杂俎""余兴""中外大事"等栏目。"社说"以贤妻良母应尽职责的议论文居多,"学艺门"主要从学理上介绍家庭生活所需的各种科学知识,"家政门"侧重推介合理运用科学知识管理家政事务的实例,还涉及科学育儿、教育子女等问题。"记(纪)述门"多刊载海外女性的信息以及个人旅行日志。墓志铭、吊词或祝词等是"文苑"栏目的主要内容。"国文范作"以刊登女学生撰写的随笔、作文、诗歌等为主,"余兴"栏目着重介绍活用科学知识的游戏等内容。"中外大事"则以介绍国内外大事要闻为主。值得关注的是,此时《妇女杂志》上刊载的文章中,文言文占据相当大的篇幅。旧文人对于"雅"的判断标准及价值观依旧占据着主导位置,这一点得到充分体现。

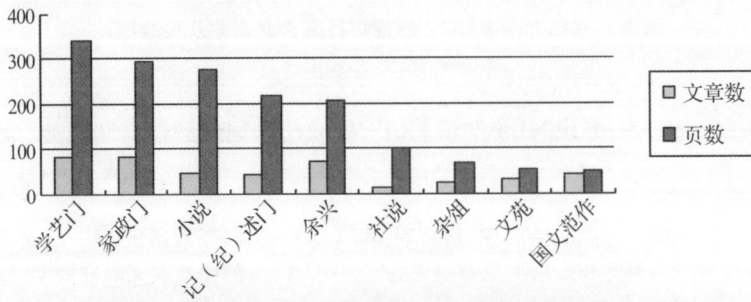

图 1-5 《妇女杂志》第 3 卷各栏目所含文章数及页数统计

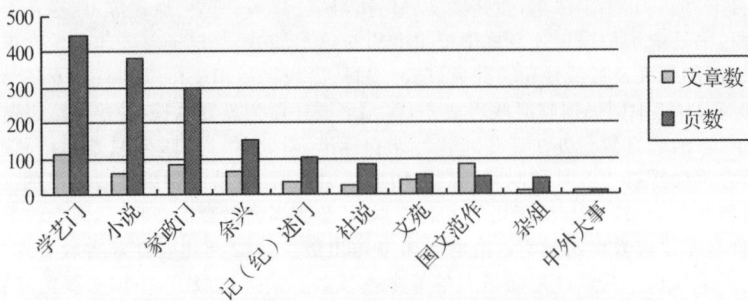

图 1-6 《妇女杂志》第 4 卷各栏目所含文章数及页数统计

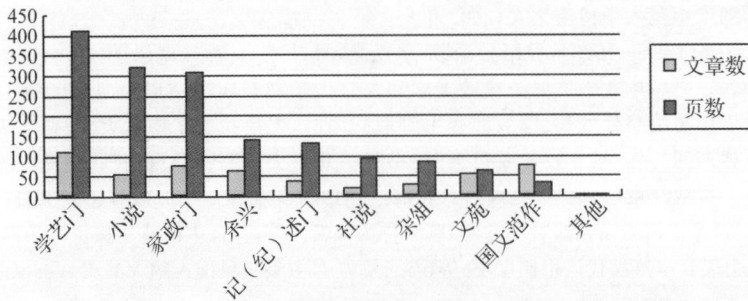

图 1-7 《妇女杂志》第 6 卷各栏目所含文章数及页数统计

资料来源:图 1-5 至图 1-7 为笔者统计整理。

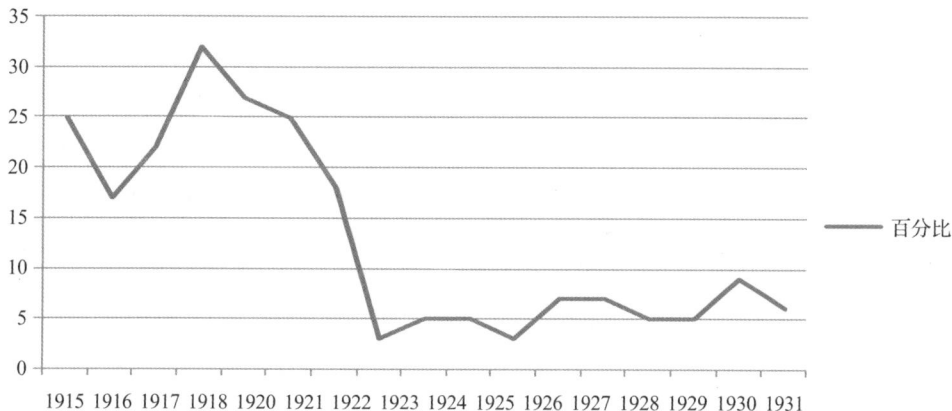

图 1-8 《妇女杂志》中科技传播所占比重

资料来源:陶贤都、艾焱龙:《〈妇女杂志〉与中国近代的科技传播》,《中国科技期刊研究》2013 年第 24 卷第 6 期,第 1227~1230 页。

一般而言,创刊之初杂志的版面构成处于调整阶段,尚不稳定,考虑到这一因素,笔者以第 2 卷至第 5 卷为例,对《妇女杂志》的版面构成情况及各栏目的文章数、页码数等信息进行了统计。如图 1-4、图 1-5、图 1-6 及图 1-7 所示,从页码比例来看,"学艺门"和"家政门"两个栏目的地位非同一般,意味着有关家政管理及家庭教育的讲解是《妇女杂志》的重中之重。陶贤都等学者的研究显示[1],家庭医疗保健及看护知识、女性生理卫生知识等与家庭生活相关的科技知识的传播是《妇女杂志》一大特色,这些文章注重服务性、通俗性和趣味性,编排方式多样且不断拓展相关题材(图 1-8)。同时,以 1922 年为分水岭,分为前后两个阶段。前一阶段栏目位置总体靠前,数量篇幅所占比重较大,前 7 卷中所占比例保持在 17% 以上。后一阶段期相关内容多被安排在靠后的位置,数量趋于下降,每卷所占比例低于 10%。

三 五四新文化运动的冲击与《妇女杂志》编撰方针的转换(1919—1925 年)

辛亥革命推翻封建帝制,动摇了孔子及儒学在政治、文化领域的绝对地位,然而历史的惯性却不像社会制度的消亡那般干脆利落,坚持主张将儒学奉为国粹的

---

[1] 陶贤都、艾焱龙:《〈妇女杂志〉与中国近代的科技传播》,《中国科技期刊研究》2013 年第 24 卷第 6 期,第 1227~1230 页。

仍大有人在。如前所述,历任中华民国临时大总统、首任大总统的袁世凯曾出于政治意图大力倡导复古尊孔,在其积极鼓动及利用下,1912年,广东、山西、四川、北京、上海等地出现多种形式的尊孔组织,社会上的尊孔风潮日趋兴盛[①]。

　　随着全国各地尊孔读经活动愈演愈烈,封建专制体制有死灰复燃之势,民主、共和的梦想似乎离中国社会渐行渐远。面对这样的社会现实,汲取了西方近代政治思想学说的青年知识分子感慨万千,踌躇满志。曾四度留学日本的陈独秀意识到,缔造一个民主共和国,不能依靠从上而下的政治革命,必须从改造民众的意识着手[②]。1915年9月,陈独秀在上海创办《青年杂志》(第二年改名为《新青年》),其周围聚集了高一涵(1884—1968)、李大钊(1889—1927)、胡适(1891—1962)、鲁迅(1881—1936)、吴虞(1872—1949)、刘半农(1891—1934)、钱玄同(1887—1939)、沈尹然(1883—1971)等一批日后在思想界大放异彩的青年。这些青年知识分子认为西欧近代思想的核心——个人主义与个性自由在中国社会同样具有主导性价值,他们以《新青年》为阵地积极宣扬"民主"和"科学"精神,对阻碍个体人格独立的儒学展开全方位的声讨和批判。

　　1919年巴黎和会谈判的失败直接导致"五四"运动的爆发,一场文化思想上的革新运动随即开启,有关贞操、社交公开、男女共学、恋爱与婚姻自由、女子教育、经济独立、服饰等诸多"妇女解放"问题很快成为焦点。"五四以后一二年,舆论思想界出现了讨论妇女问题的热潮,除了一些妇女专刊如《妇女杂志》、《新妇女》、《妇女评论》、《妇女声》、《解放画报》等外,许多杂志如《少年中国》、《新生命》、《双周评论》、《少年世界》、《星期日》、《平民半月刊》等都出了妇女专号,京沪等地大报如《晨报》、《民国日报》、《时事新报》均开辟妇女专栏,至于《新青年》、《新潮》等更是早就关注妇女问题。"[③]

　　高唱女性的"人格"独立,随着这一主张受到大众的广泛关注和认可,将女性定位于家庭的贤妻良母主义思想逐渐成为批判对象,以贤妻良母主义思想为办刊宗

---

　　① 罗检秋:《近代中国社会文化变迁录　第三卷》,刘志琴编:《近代中国社会文化变迁录》,杭州,浙江人民出版社,1998年,第67~70页。

　　② 横山宏章:《陈独秀》,东京:朝日新闻社,1983年,第84页;横山宏章:《中华民国——贤人支配の善政主义》,东京:中央公论社,1997年,第22页。

　　③ 罗检秋:《近代中国社会文化变迁录　第三卷》,刘志琴编:《近代中国社会文化变迁录》,杭州:浙江人民出版社,1998年,第439页。

旨的《妇女杂志》亦无法幸免。批评之声接踵而至,经济上也遭受到很大打击①。为了从不利局面中摆脱出来,《妇女杂志》不得不寻求改变。1919 年 11 月,署名"佩韦"、实为沈雁冰执笔的《解放的妇女与妇女的解放》刊载在《妇女杂志》上,预示了该杂志追随"妇女解放"时代脉搏的开始。1920 年后用口语体撰写的文章骤增,版面内容也焕然一新,"社论""评论""通论""译论""学术""名著""常识""杂载""文艺""家庭俱乐部"等新栏目取代了原有的版面。不容忽视的是,此前"学艺"及"家政"两个重要栏目已不复存在,取而代之的是"杂载""常识""家庭俱乐部"等新栏目,但这些新栏目实质上承继了"学艺"及"家政"栏目的内容。换言之,此前介绍育儿、疾病预防等与日常生活息息相关的内容并非就此消失,普及科学知识的板块也并未就此终结,不过是随着版面构成的变化更新了栏目名称而已。然而,与这里换汤不换药的现象相异,"社论""评论""通论""译论""名著"等栏目大量刊登沈雁冰、瑟庐、刘云舫、胡怀琛、彭季能等人关于"妇女解放"问题的文章。此外还陆续刊登欧美、日本等国开展的女性研究方面的翻译文章,数量虽不多,却传递出《妇女杂志》求新求变的讯息。

经历了一年的渐进式改革之后,1921 年 1 月,章锡琛取代王蕴章就任新主编,全方位的变革由此拉开帷幕。《妇女杂志》开始积极推介爱伦凯②、吉尔曼③、倍倍尔④、霭理士⑤、易卜生(Henrik Johan Ibsen,1828—1906)等人关于妇女问题的研

---

① 周叙琪:《一九一〇— 一九二〇年代都会新妇女生活风貌:以〈妇女杂志〉为分析实例》,台北:台湾大学出版委员会,1996 年,第 46 页。

② 爱伦·凯(Ellen Key,1849—1926),瑞典人,20 世纪初著名的女性主义理论家、妇女运动家、社会思想家及儿童教育家。关注妇女与儿童问题,部分著述被翻译成英语而广为世人所熟悉,其中包括《恋爱与结婚》(Love and Marriage)、《恋爱与道德》(Love and Ethics)、《女性的道德》(The Morality of Women)、《妇女运动》(The Woman Movement)、《儿童的世纪》(The Century of the Child)。

③ 夏洛特·帕金斯·吉尔曼(Charlotte Perkins Gilman,1860—1935),19 世纪末 20 世纪初美国著名的女权主义者、作家、社会学家。代表作有《黄色墙纸》(The Yellow WallPaper)、《她乡》(Herland)。

④ 奥古斯特·倍倍尔(August Bebel,1840—1913),德国社会主义者,德国工人运动活动家,德国社会民主工党创始人之一。主要著作有《妇女与社会主义》《基督教与社会主义》《我的一生》。

⑤ 亨利·哈夫洛克·霭理士(Henry Havelock Ellis,1859—1939),19 世纪末 20 世纪初英国著名的性心理学家、思想家、作家和文艺评论家。终身从事人类性科学和性心理学研究,致力于探究性和人类精神世界之间的关系,是与弗洛伊德齐名的性心理学研究的先驱。代表作有《性心理学》。

究及讨论,大量介绍欧美、日本等地的妇女解放运动,集中讨论贞操、恋爱、婚姻、男女社交公开、产儿制限、娼妓等问题。为此,《妇女杂志》多次推出专刊,围绕一个话题展开形式多样的探讨(表1-1)。此外,新增"读者俱乐部""读者论坛""自由论坛""通信""通讯""讨论会"等栏目,积极创造机会让读者参与,鼓励他们发表自己的见解。总体而言,此时的《妇女杂志》从内容到形式焕然一新,与以往固定栏目刊载固定内容的版面模式相异,栏目更趋多样化,探讨的话题也更切和大众的关切。试图尽快蜕变为探讨"妇女解放"问题的阵地,为此《妇女杂志》可谓煞费苦心。

表1-1 章锡琛担任主编时《妇女杂志》出版的专刊

出版年月	专刊
1922 年 4 月	《离婚问题号》(第 8 卷第 4 号)
1922 年 6 月	《产儿制限号》(第 8 卷第 6 号)
1923 年 1 月	《妇女运动号》(第 9 卷第 1 号)
1923 年 3 月	《娼妓问题号》(第 9 卷第 3 号)
1923 年 9 月	《家庭革新号》(第 9 卷第 9 号)
1923 年 11 月	《配偶选择号》(第 9 卷第 11 号)
1924 年 1 月	《十年纪年号》(第 10 卷第 1 号)
1924 年 6 月	《职业问题号》(第 10 卷第 6 号)
1924 年 10 月	《男女理解号》(第 10 卷第 10 号)
1925 年 1 月	《新性道德号》(第 11 卷第 1 号)
1925 年 6 月	《女学生号》(第 11 卷第 6 号)

资料来源:笔者根据《妇女杂志》统计整理。

这一时期,除了主编章锡琛外,与其私交甚好的沈雁冰、周建人[①]、吴觉农[②]、蒋凤子等人的文章越来越多地出现在《妇女杂志》上。不仅如此,以学生及教职员工为主体的青年男性知识分子也开始崭露头角,且所占篇幅呈迅速上升的趋势。以1923年1月《妇女运动号》刊载的应征稿件为例,总计21名投稿者中绝大多数为高校的在读学生(如表1-2所示)。这意味着以在校学生等为主体的男性知识分子加入到"妇女解放"问题讨论行列,为这一时期的《妇女杂志》注入了新鲜的血液,他们与章锡琛等固定撰稿人一道,成为"妇女解放"话语的生产者与创造者。值得注意的是,当年这些"无名小辈"中的许多人日后成长为著名学者,如近现代中国金融界

---

① 周建人(1888—1984),字乔峰,笔名克士、乔峰、松山、高山、嵩山等,浙江绍兴人。鲁迅与周作人的胞弟。1920年在北京大学旁听科学总论、哲学等课程,与胡愈之、周作人等发起组织妇女问题研究会,在北京《晨报》副刊上发表《妇女问题研究宣言》。次年赴上海任商务印书馆编译所编辑,编写中小学动植物教科书、自然科学小丛书等,同时在《东方杂志》《妇女杂志》《自然科学杂志》等上发表文章,宣传妇女解放,普及科学知识。1923年后曾在上海大学、上海暨南大学、安徽大学等任教。1932年参加由宋庆龄、蔡元培、杨杏佛等人发起的中国民权保障同盟筹备工作。抗日战争期间在上海积极投入抗日救亡运动。抗战胜利后曾在生活书店、新知书店担任编辑。1945年末与马叙伦、王绍鏊、许广平等发起成立中国民主促进会。1948年加入中国共产党。1949年后历任中央人民政府出版总署副署长、高等教育部副部长、浙江省省长等职。著作有《生物学》《动物学》《植物学》《科学杂谈》《进化与退化》《哺乳动物图谱》《论优生学与种族歧视》《鲁迅回忆录》等(参考李盛平主编:《中国近现代人名大辞典》,北京:中国国际广播出版社,1989年,第46页)。

② 吴觉农(1897—1989),原名荣堂,浙江上虞人。著名的农学家、茶叶专家、农业经济学家。被誉为"当代茶圣"。1916年毕业于浙江省甲种农业专科学校,后留校任助教。1919年考取官费赴日留学,专修茶叶科目。1920年代有关妇女运动、农民运动等的文章、译作颇多,刊载于《东方杂志》、《妇女杂志》等杂志上。1922年学成回国,任教于安徽芜湖省立第二农业学校。1924年起历任中华农学会干事、司库、总干事等职。1925年末与胡愈之、郑振铎等人支持章锡琛创办《新女性》杂志社,1926年支持章锡琛创办"开明书店"。1933年12月加入"中国农村经济研究会"。1934—1935年赴日本、印度、锡兰(今斯里兰卡)、印度尼西亚、英国和法国等地考察,回国后撰写《华茶在国际商战中的出路》《华茶对外贸易之瞻望》《中国茶业复兴计划》(与胡浩川合著)等。其后主要在民国政府实业部、财政部等部门供职。中华人民共和国成立后,历任中央人民政府政务院农业部副部长、中国茶叶公司总经理、中国农学会名誉会长、中国茶叶学会名誉理事长等职。著有《茶经述评》等(参考徐友春主编:《民国人物大辞典》,石家庄:河北人民出版社,1991年,第376页)。

耆宿——资耀华[①]、著名的国际贸易学家——武佛航[②]、历史学家郑师许[③]等等。围

---

① 资耀华(1900—1996),本名资朝琮,字璧如,湖南省耒阳县(今耒阳市)人,著名学者资中筠之父。20 世纪上半叶活跃于金融界,是著名的银行家,近现代中国金融学界的泰斗。1916 年从湖南省立第三中学毕业后,考取官费赴日留学,就读于日本第一高等学校预科,之后进入第三高等学校本科,毕业后进入京都帝国大学经济学院,师从日本著名"左派"经济学家河上肇教授。1926 年毕业后回到北京。之后得到中国第一代银行家、时任上海商业储蓄银行总经理陈光甫赏识,于 1928 年 8 月进入上海商业储蓄银行,其后直至 1950 年一直在上海商业储蓄银行任职。历任上海商业储蓄银行总行经济调查部经理、上海商业储蓄银行天津分行经理、华北管辖行总负责人等职。1933 年夏赴美国宾夕法尼亚大学工商管理学院(沃顿学院)进修,1947 年前往哈佛大学商学院调研考察。1949 年后任上海银行总经理,公私合营银行联合总管理处副董事长兼副总经理。1959 年起任中国人民银行总行参事室主任直至去世。为中国银行常务董事,中国金融学会创始人之一,长期担任该学会副会长及顾问。20 世纪 20—30 年代出版有《货币论》《国外汇兑之理论与实务》《英美银行制度论》《信托及信托公司论》等专著。新中国成立后主编有《清代货币史资料》《中华民国货币史资料》《清代外债史资料》等(参考资耀华:《世纪足音——一位近代金融学家的自述》,长沙:湖南文艺出版社,2005 年)。

② 武佛航,即武堉干(1898—1990),湖南省溆浦县人,近现代著名国际贸易学家。1913 年考入湖南高等师范附中,1917 年考入国立武昌商业专门学校,该校聚集了包括钱智修、杨端六一批从西方留学归国的著名学者,在他们的影响下,武堉干开始对经济学产生兴趣,读书期间已向《东方杂志》等杂志投稿,毕业论文由著名经济学家杨端六推荐公开发表。1921 年毕业后赴上海,任上海商务印书馆会计员。1924 年转任《东方杂志》编辑,得到王云五、郑振铎、沈雁冰等指点,编刊之余埋头著述,先后在《东方杂志》《太平洋》等杂志上发表了大量有关国际贸易和国际问题的文章,出版《中国国际贸易史》《中国国际贸易概论》《中国关税问题》《鸦片战争史》等专著。声名鹊起后在上海法学院、上海中央大学商学院等学校兼职授课。1928 年辞去商务印书馆职务,受聘于上海中央大学商学院任副教授。1933 年赴南京中央大学法学院经济系任教授。其后进入中华书局,任总公司理事兼账务部主任、中华书局上海总公司经理。1949 年后,先后任教于复旦大学及上海财经学院。1954 年调任北京对外贸易学院(参考舒作模、舒绍祥:《土生土长的名教授——记我国国际贸易学科创始人武堉干》,《湖南党史》1997 年第 2 期,第 11～13 页;朱发建:《武堉干:大山里走出来的国际贸易史家》,《文史博览》(理论)2010 年第 12 期,第 20～21 页)。

③ 郑师许(1897—1953),原名沛霖,字惠侨,祖籍东莞虎门白沙。1920 年在虎门以广州考区第一名被录入南京高等师范史地系,毕业后曾在上海大夏大学、上海暨南大学、上海交通大学、光华大学、中山大学等校任教,筹建了常平中学、虎门中学、莞旅中学等。研究涉及文字学、考古学、历史学三大领域。一生著述颇丰,共 300 余种。重要的有《铜鼓考略》《漆器考》《吉金彝器之辨伪方法》《中西交通史》《中国域外交通史大纲》《前汉时代海上交通考》《前汉时代陆路交通考》等(参考《说文契得仓颉旨 治史采来西洋珍》,《南方都市报》2008 年 6 月 11 日;百度百科网站,2016-08-25,http://baike.baidu.com/link? url＝Z6g3zY_0AdSEvLVH6sOBXvvgLgcOkqN1p1lFclWa1j0HXch—OemL9x30Zr65ql9zoW311oVvNO1oQMI7q35k5uWdq9JETkMFt97SQ3q3iYx2TH7bS7ZhykNYerFSf3v),郑氏论坛网站,2016-08-25,http://52zsl.com/fo rum.php? mod＝viewthread&tid＝1354。

绕着各种问题的探讨丰富了栏目内容,增加了编辑与撰稿人之间的互动,也使青年知识分子的声音以更加生动的形式留在了历史的记忆当中。编辑方针的转变改变了《妇女杂志》饱受批判质疑的命运,杂志不仅收获了良好的社会反响,销售量也迅速增长[①]。

表 1-2　《我国目前妇女运动应取的方针》征文活动中投稿者的相关信息[②]

姓名	性别	就读学校及工作单位
资耀华	男性	日本京都第三高等师范
武佛航	男性	上海商务印书馆会计员
戴鸿猷	男性	日本东京高等师范
陈友琴	男性	北京大学
张友仁	男性	南京高等师范
卢自然	男性	北京高等师范
CNC	男性	不明
黄尚志	男性	不明
吴谨铭	男性	不明
方　兴	男性	长沙第一师范
程国屏	男性	沈阳高等师范
卢道纯	男性	北京高等师范
张友鹤	男性	不明
郭正平	男性	不明
黄河济	男性	不明
惠侨	男性	南京高等师范
张国权	男性	不明
李　翀	男性	中法通惠工商学校
沈青来	男性	苏州东吴大学
方民耘	女性	南京高等师范
纫　茝	女性	不明

资料来源:笔者根据《妇女杂志》(1923 年 1 月)统计整理。

---

① 销售量激增的情况在序章中已探讨,在此不再赘言。

② 该征文活动中,对资耀华的就读学校标注为"日本京都第三高等师范"。根据资耀华本人自传中所述,其就读学校应为"第三高等学校"。

梳理这一时期《妇女杂志》的成功,主编章锡琛功不可没。敏锐地捕捉到时代的脉搏并积极回应,当然是最重要的元素。章锡琛良好的人际关系,他身边集结的一众志同道合的友人,《妇女杂志》由此呈现出百花齐放的盛况。如前所述,章锡琛出任《妇女杂志》主编后,周建人、沈雁冰等人的文章开始频繁出现,这些都是与其私交甚好的同道之人。周利荣的研究显示:由于章锡琛的好人缘,他周围很快形成了一个稳定的创作群体,1922 年 8 月,这个群体索性发起成立"妇女问题研究会",并在《妇女杂志》上公布了十七位成员名单(分别为:李宗武、沈雁冰、吴觉农、周作人、周建人、胡愈之、胡学志、倪文宙、夏丏尊、张近芬、张梓生、陈德征、章锡琛、黄惟志、程婉珍、杨贤江、蒋凤子)。章锡琛离开商务印书馆创办《新女性》杂志之际,这个团队也随即转移到《新女性》那里。① 而且,"他也很看重与读者的联系,认为无论一家书店或一种杂志,都需要有读者一起来参与合作。他认真对待读者来信,亲自答复并经常在杂志上选登出来"②。此外,章锡琛不仅是文化人,也是精明的商人,正是在他担任主编期间,《妇女杂志》的广告经营逐步迎来高潮,商品广告的刊载呈现出多元化的趋势。关于这一点,将在第四章中详细探讨。

然而好景不长,改革带来的红利似乎让章锡琛觉得可以走得再大胆一些,1925年新年伊始,《妇女杂志》推出专刊——《新性道德号》,就是这一期的内容,将章锡琛推上舆论的风口浪尖。该期头两篇文章分别是章锡琛的《新性道德是什么》以及周建人的《性道德之科学的标准》,不仅位置醒目,其内容更引起了世人关注:"旧来的性道德观,最奇怪的,莫过于规定了性的行为只有在经过结婚形式的男女两人间方可发生……照新道德上看,男女间的性的行为,只要他们的结果不害及社会,我们只能当作私人的关系,绝不能称之为不道德的。社会对于男女间的关系,只有在产生儿童时,才有过问的必要,其余都应该任其自由……已婚的夫妇,一方有不贞操时,只须承认他方有离婚的权利便好,至于不贞操者的行为,对于彼方并没有何等损害,所以不该因此而受到刑罚。甚至如果经过两配偶者的许可,有了一种带着一夫二妻或二夫一妻性质的不贞操形式,只要不损害于社会及其他个人,也不能认为不道德的。"③

《新性道德号》出版两个月后,北京大学教授陈百年在《现代评论》上大加批判,

---

① 周利荣:《章锡琛与五四时期的妇女报刊》,《出版史料》2011 年第 2 期,第 84 页。

② 章士敫:《章锡琛与开明书店》,《出版史料》2003 年第 3 期,第 78~79 页。

③ 《妇女杂志》1925 年第 1 期,第 6 页。

认为章锡琛作为《妇女杂志》的主编却发表容忍一夫多妻的言论,是一种历史的倒退[1],围绕此事的论争就此展开。商务印书馆高层对章锡琛编辑风格"过激"的趋势心存焦虑及不满,为摆脱这种不利局面,总经理王云五一面介入《妇女杂志》的编辑工作,同时也在寻找时机撤换章锡琛。

四 女性自身书写急剧增加的第三阶段(1925—1931 年)

1925 年 9 月,杜就田取代章锡琛成为《妇女杂志》的新主编,杂志的格调就此转向低调平稳。章锡琛卸任后,与其私交甚笃的周建人、沈雁冰及吴觉农等一度活跃在《妇女杂志》上的撰稿人也随之远去,近乎狂热的"妇女解放"讨论热情也消失殆尽。取而代之的,是频繁地开展有关日常生活心得体会的征稿活动,征文稿件遂成为版面的重要内容。以稿件征集题目最多的 1926 年为例,除 7 月份《美术专号》外,每一期均有 2～4 个题目的征集稿件,这一年男性投稿人和女性投稿人的投稿人次分别为 120 人及 90 人,按照性别比例计算分别占 57.1％和 42.9％,几乎相差无几。征文内容已不再涉及恋爱、婚姻、性道德等与传统儒家文化相抵触的题目,取而代之的是与日常生活相关的感想、心得、经验之谈等话题(表 1-3)。日常生活话题既轻松又可随手拈来,也不像谈论"妇女解放"那般需要拿出反传统的勇气,这些也许都是女性投稿者愿意踊跃参与的原因所在。目前尚无足够的资料显示这一时期《妇女杂志》的具体销售量,根据陈姃湲的研究推测,应该维持在章锡琛做主编时的销售水平[2]。同时,从这一时期稳定的版面构成、栏目内容来推测,当时《妇女杂志》的销量应该保持在较好的水平。

表 1-3　1926 年《妇女杂志》刊载征文情况一览

期刊号	征稿题目	原稿数
1 号	美术与人生的关系	17
	妇女的美术	9
2 号	家庭的缺陷	5
	衣服家具用法的心得	7
	堕落的青年	10

---

① 陈百年:《一夫多妻的新护符》,《现代评论》1925 年第 14 期,第 6～8 页。

② 陈姃湲:《近代中国における伝統的女性像の変遷——"賢妻良母"論をめぐって》,東京大学博士論文,2003 年,第 109 页。

续表

期刊号	征稿题目	原稿数
3号	春季扫墓的仪式	7
	逞义气的姑女息	6
	无意义的忌读	6
	爱护主妇的女仆	5
4号	引导学问的路径	6
	贪小失大	4
	唤醒虚荣的恶梦	4
	反爱成恨	6
5号	创立新家庭的预备	7
	怎能安抚新心	6
	学行不符的结果	3
6号	我所经过的苦乐	9
	读美术专号的意见	6
8号	避暑时的经过	10
	晚凉絮语	8
9号	中秋赏月	9
	慈母手中的线	8
	少女的笼虫	7
10号	可怜的寡妇	7
	多嘴的姑娘	7
11号	理想中的住宅	7
	农家收稻时的情形	8
12号	不合实情的理想	8
	缝工的理偶	8
合计	29	210

资料来源:笔者根据《妇女杂志》统计整理。

1930年夏,商务印书馆请来叶绍钧担纲《妇女杂志》的新主编,当时他在探讨妇女问题方面已颇具声望。此后,陶希圣①及金仲华②成为该杂志的主要撰稿人,章锡琛、周建人等也重新回归。由于叶绍钧之后去开明书店主持编辑工作,其担任《妇女杂志》主编不满一年即请辞离开商务。1931 年 4 月《妇女杂志》迎来一任新主编——杨润馀。翌年由于商务印书馆在"一·二八"事变中遭受日军空袭馆舍被毁,《妇女杂志》被迫停刊,这本刊行了 17 年之久的杂志就此画上了休止符。

毁于战火的商务印书馆一时间所有杂志被迫停刊,其后,《东方杂志》《教育杂志》《学生杂志》《英语周刊》等相继复刊,而《妇女杂志》《少年杂志》《小说月报》及《英文杂志》等就此消失。究其原因,国难当头再加之商务印书馆因在"一·二八"事变中元气大伤,应是众多曾经热销的杂志不能复刊的原因。就《妇女杂志》而言,此时的人们已不复当年的心绪,不再有闲情逸致来探讨诸如女子教育、家庭生活之类的问题,这也许是其未能复刊的重要因素。从这一角度来看,《妇女杂志》的停刊

---

① 陶希圣(1899—1988),名汇曾,字希圣,笔名方峻峰、方岳,湖北黄冈人。1915 考入北京大学预科,1922 年从北京大学法科毕业。1924 年进入上海商务印书馆,1925 年起任商务印书馆编译所法制经济部编辑。1927 年离开上海赴武汉,应聘为中央军事学校武汉分校政治教官,参加北伐。1934 年创办《食货》半月刊,开创了中国社会经济史研究之先河。1938 年年底随汪精卫出走河内,1939 年任汪伪中央宣传部部长。1940 年与高宗武逃赴香港,披露汪日签订"密约"内容。1942 年赴重庆任委员长侍从室第五组少将组长。协助蒋介石撰写《中国之命运》一书。1943 年起兼任改组后的《中央日报》总主笔。抗战胜利后委员长侍从室被撤销后,历任国防最高委员会参议、总统府国策顾问、中央宣传部副部长等职。1949 年赴台后历任国民党总裁办公室第五组组长、国民党中央常委、"中央日报"董事长、国民党中央评议委员等职。曾任教于上海大学、上海法政大学、东吴大学、复旦大学、北京大学等。代表性著述有《中国社会之史的分析》《中国社会与中国革命》《中国封建社会史》《中国政治思想史》(参考陈峰编:《中国近代思想家文库·陶希圣卷》,北京:中国人民大学出版社,2014 年)。

② 金仲华(1907—1968),笔名孟如、仰山等,浙江桐乡人,1927 年毕业于杭州之江大学文学院,次年进入商务印书馆。由于商务印书馆在"一·二八"事变中遭受日军空袭馆舍被毁,所有业务被迫停顿,金仲华进入苏联塔斯社上海分社承担电讯翻译工作,同时开始研究国际问题,发表相关评论文章。1934 年与胡愈之等人创办《世界知识》杂志,陆续刊载介绍评论国际形势的文章。进入商务印书馆后曾参与《妇女杂志》《东方杂志》《中学生》《英文月刊》《大众生活》《生活日报》等的编辑工作。1938 年被聘为香港《星岛日报》总编辑。1949 年后历任华东军政委员会文化部副部长、上海市副市长、中华全国新闻工作者协会副主席、上海市国际问题研究所所长等职,曾任《新闻日报》《文汇报》《中国新闻》等报刊社长。"文革"期间遭受"四人帮"迫害,1968 年 4 月在家中自尽,享年 61 岁。著述有《国际新闻读法》《第二次大战后世界政治参考地图》《妇女问题》(参考徐友春主编:《民国人物大辞典》,石家庄:河北人民出版社,1991 年,第 495 页;李盛平主编:《中国近现代人名大辞典》,北京:中国国际广播出版社,1989 年,第 455 页;华平、黄亚平编:《金仲华年谱》,上海:上海孙中山故居、宋庆龄故居和陵园管理委员会,1994 年)。

恰恰暗示了一个时代的终结。

第三节 《妇女杂志》的读者层

最后,从阶层及性别的角度来探讨《妇女杂志》的读者层问题。

从杂志的探讨议题、栏目构成及刊载的广告等因素来看,《妇女杂志》无疑是一本面向中产阶层的刊物。就性别而言,周叙琪认为虽然也有男性读者,但女学生才是《妇女杂志》读者层的主体。除此之外,女教员也不在少数[①]。陈姃湲则认为"五四"运动之前女学生确实是《妇女杂志》的主要读者,而以"五四"为分水岭,情况发生了很大不同,通过对刊载在 1923 年 11 月号上名为"我之理想的配偶"征文活动中投稿人性别比例的考察,认为"五四"后青年男性知识分子才是主要的读者群[②]。有关这次征文活动将在第三章中详细探讨,在此仅做简单梳理。

瑟庐作为"我之理想的配偶"征文活动的编辑,直接参与应征稿件的收集及整理,同时承担了《配偶选择号》专辑的编辑工作,因此他对这次征文活动中包括投稿者、稿件内容等情况相当熟悉。《现代青年男女配偶选择的倾向》一文中,瑟庐对所有应征稿件进行梳理和总结。谈及女性投稿者人数远远少于男性这一现象时,他指出:女性投稿者少并不代表她们不关注这一问题,之所以不敢将自己的意见表述出来,传统儒家文化的束缚是一大原因[③]。换言之,征文题目本身让众多女性望而却步,失去了吐露心扉的勇气。考虑到这层历史背景,用这一史料作为考察读者层性别特征的依据,有失稳妥。不仅如此,将参与征文活动的投稿者等同于阅读该杂志的读者层,这样的处理方式本身就有再商榷的必要。

毋庸赘言,杂志的读者群与编辑方针、栏目内容的设定、版面构成等因素密切相关。如前所述,《妇女杂志》的办刊宗旨大致经历了三个阶段,创刊初期积极宣扬贤妻良母主义女子教育理念,"五四"运动后以探讨"妇女解放"问题为重,20 年代中期以降大幅增加日常生活话题。尽管编辑方针发生重大转变,撰稿人、栏目内

---

① 周叙琪:《一九一〇——一九二〇年代都会新妇女生活风貌:以〈妇女杂志〉为分析实例》,台北:台湾大学出版委员会,1996 年,第 46 页。

② 陈姃湲:《〈妇女杂志〉(1915—1931)十七年简史——〈妇女杂志〉何以名为妇女》,《近代中国妇女史研究》2005 年第 12 期,第 19 页。

③ 瑟庐:《现代青年男女配偶选择的倾向》,《妇女杂志》1923 年第 9 卷 11 号,第 44 页。

容、版面构成情况等随之发生很大变动,但有一点却一脉相通,即女性始终是杂志关注的主体,该如何塑造女性是其一直思考的主题,这一点是我们考虑问题的关键。联想到此时女学在不断发展壮大,在校女生及有过学校教育经验的女性正逐渐形成一定规模①,她们成为《妇女杂志》主要读者群体的可能性更大。

此外,考察期刊的读者层,尤其是其性别特点,从广告入手不失为一个有效的手段。总体而言,名目繁多的商品广告是《妇女杂志》的座上客,其中涉及图书、文具、药品、家电、纺织品、化妆品等多个领域。尽管如此,广告数量、占据版面及刊载趋势等数据显示,各类广告中面向女性的化妆品广告处于明显的优势地位②,随着消费文化的到来以及《妇女杂志》社会声望的稳步提高,这一点显得尤为突出。与此相对,男士专用的广告始终仅限于男鞋、剃须刀等少数几类商品。试想,如果《妇女杂志》以男性知识分子为主要读者,其广告结构及版面构成不应如此③。此外,当《妇女杂志》不再触及诸如恋爱、婚姻、性等这些被儒家文化视为禁忌的话题,转而以日常生活心得为主征集稿件之时,女性投稿者所占的比例出现了骤然上升的趋势。

不可否认,"五四"运动后,随着人们越来越热衷于探讨"妇女解放"问题,《妇女杂志》吸引了更多读者的关注,其中当然也包括众多的男性知识分子。也就是说,男性读者可能在一定程度上有所增加,但是将投稿者等同于主要读者层,并据此判断《妇女杂志》的主要读者由女性转变为男性的观点,对此笔者不敢苟同。综上所述,笔者认为《妇女杂志》的读者层一直以在校女学生及有过学校教育经验的女性为主体。

小　结

中央政府与地方军阀之间的力量角逐,西方列强对中国内政的干涉,政治利益驱动下从中央到地方当权者对文化复古之风的倡导,一战期间民族工商业的迅猛发展,民国初年的中国社会可谓混沌中蕴含着发展,前进中夹杂着倒退,不安中收

---

① 关于这一点将在第二章及第三章中做具体探讨。
② 从 1924 年开始,身体类装饰品广告呈快速增长趋势(参照本书第 126~127 页,图 4-1、4-2)。
③ 关于《妇女杂志》中刊载的广告将在第四章中做详细探讨。

获着新知。

正是在这样的时代背景下,以谋求商业利润不断发展壮大的商务印书馆推出了《妇女杂志》。从 1915 年创刊到 1932 年 1 月商务印书馆的馆舍遭日军轰炸被迫停刊,《妇女杂志》持续刊行十七年之久,先后经历王蕴章、章锡琛、叶圣陶等六位主编。杂志的编辑方针大体经历前后三个阶段,创刊之初响应北洋政府的教育理念,大力宣扬贤妻良母女子教育,五四新文化运动后高唱"妇女解放",成为探讨相关话题的主要舞台。编辑方针的转变也带动版面内容、撰稿者人群的变化。创刊初期的《妇女杂志》多以文言文为主,栏目内容基本固定,撰稿人群相对固定。变革之后,不仅编辑宗旨,文体、栏目设定等也发生了变化。基本以白话文为主,除固定栏目外,为了配合每一期的内容主旨,栏目设定灵活多样且积极求变,征文栏目显著增加。《妇女杂志》就此告别以往绝大多数稿件由主要撰稿人承担的单一局面,以年轻知识分子为主体的青年踊跃参与,这拉近了编辑与读者之间的距离,促进了二者之间的交流与互动。青年知识分子的声音让《妇女杂志》焕然一新,也为他们自身留下了可追溯的历史之声。杜就田就任主编后,《妇女杂志》步入第三个阶段。虽然征文活动依然频繁,但征文的内容与之前大相径庭,贴近日常生活的征文题目让女性投稿者纷至沓来,女性自身书写的显著增加成为这一时期有别于以往的重要特色,杂志的整体风格也趋于安逸平稳。

尽管历时十七年的出版过程中经历起伏变化,总体而言,《妇女杂志》一直维持着不错的销售业绩,这一方面得益于商务印书馆敏感的经营嗅觉,另一方面则受益于其发达的销售平台。良好的销售业绩,持续稳定的刊行出版,让《妇女杂志》获得了相对稳定的读者群。女学生及有过学校教育经历的"新女性"成为阅读该杂志的主力军,这些有闲阶层出身的读者决定了《妇女杂志》的广告定位及主要广告商品构成。伴随着近代消费文化及西方奢侈品自西向东渗透,它们积极参与到改造中国女性身体及身体感觉的行列中来。当"新女性"成为西方资本、近代消费观念的囊中之物时,一场围绕着"新女性"展开的观念之战也就此吹响号角。

PART
2

第二章　近代女子教育与女性价值观之嬗变与重构

　　鸦片战争后一系列不平等条约的签订,迫使清王朝告别闭关锁国,历史翻开了新的一页。从文化层面看,传教士、商人等西方人士大量涌入,以他们为载体的西方文化不断冲击中国固有的价值观念及华夷秩序,传统的女性价值观由此步入转型期。越来越多的有识之士开始关注女性的缠足现象,揭起“废缠足”“兴女学”热潮。针对这一历史现象,近年来诸多学者予以关注[①]。夏晓虹的研究指出:今天的学者多将废缠足运动与女子教育的兴起作为两个不同的事物分别阐述,而在清末维新派知识分子中间,二者被紧密地联系在一起[②]。这为我们思考女性价值观的转型提供了宝贵线索,即废缠足与女子学校教育的兴起均在女性价值观转型过程

[①]　相关研究参见廖秀真:《清末女学在学制上的演进及女子小学教育的发展(1897—1911)》,李又宁、张玉法编:《中国妇女史论文集·第二辑》,台北:台湾商务印书馆,1988年;林维红:《清季的妇女不缠足运动》,鲍家麟编:《中国妇女史论集·第三集》,台北:稻乡出版社,1993年;吕士朋:《辛亥前十余年间女学的倡导》,鲍家麟编:《中国妇女史论集·第三集》,台北:稻乡出版社,1993年;杜学元:《中国女子教育通史》,贵阳:贵州教育出版社,1995年;杨念群:《从科学话语到国家控制——对女子缠足由“美”变“丑”历史进程的多元分析》,汪民安编:《身体的文化政治学》,郑州:河南大学出版社,2004年;夏晓虹:《晚清文人妇女观(增订本)》,北京:北京大学出版社,2016年;高嶋航:《天足会と不纏足会》,《東洋史研究》2003年第2期;高嶋航:《教会と信者の間で——女性宣教師による纏足解放の試み》,森时彦编:《中国近代化の動態構造》,京都:京都大学人文科学研究所,2004年;東田雅博:《纏足の発見:ある英国女性と清末の中国》,東京:大修館書店,2004年;Dorothy, Ko, *Every Step a Lotus: Shoes for Bound Feet*, Berkeley: University of California Press,2001等。

[②]　夏晓虹:《晚清文人妇女观(增订本)》,北京:北京大学出版社,2016年,第16页。

中扮演了重要角色,且二者之间密不可分。

问题在于,近代学校教育取代"缠足"成为彰显女性身份的新标记经历了怎样的历程?前近代彰显女性社会地位及女性美的"缠足"又是如何蜕变为"畸形"与"残疾"的象征?换言之,女子学校教育的旭日东升与缠足之风的江河日下,具体经历了怎样的历史过程?推动这一转变发生的主角又是谁?以往的研究鲜有对上述问题进行探讨,基于此,本章将对这一历史过程进行解析。

第一节　西方传教士唱响的"启蒙"序曲

第一次鸦片战争后,随着上海、宁波、福州、厦门和广州成为通商口岸,外国传教士开始大量涌入,中国女性的缠足习俗由此进入他们的视野。在美国传教士林乐知(Young John Allen)创办的《万国公报》上,许多传教士认为这一习俗不可思议,他们援引基督教教义,或从近代医学等的角度进行批判。当然,让传教士们确信缠足是"陋习"的还有东西方之间明晰的权力关系,以及风行一时的社会进化论。不仅如此,传教士们还积极地付诸实践,1874 年传教士们在厦门创办"天足会",这是目前可考的最早的不缠足组织。

致力于"陋习"的革除之外,传教士们还从男女平等、近代国家建设等角度宣传女子教育的重要性,积极尝试创办女学堂,出现"教会所至、女塾接轨"[①]的局面。1844 年英国"东方女子教育协进社"会员蔼尔特税(Miss Aldersey)在宁波开办的寄宿制蔼尔特税女子学校(Aldersey Girls' School)是中国大陆有据可查的最早的女子教会学校。但是,由于"男女授受不亲"等固有观念依然有强大的影响力和束缚力,加之人们对"洋教"有戒备心理,女学堂在创办初期非但未被大众所接受,反而招致不少鄙夷的眼光。为了让更多的中国家庭将女儿送入学堂读书,传教士们绞尽脑汁,他们通过免收学费、膳宿费,供给衣服、路费,甚至向学生及其家属发放补贴等方式吸引学生。然而,传教士们的努力收效甚微,富庶之家多不愿将孩子送来读书,女学堂招收到的大都是贫困家庭的儿童,她们入学的主要目的就是得到救

---

① 　梁启超:《倡设女学堂启》,《饮冰室文集》第 2 册,上海:中华书局,1936/1989 年,第 20 页。

济①。数据显示：早期教会的女学建设发展缓慢，1844—1860 年的 16 年间，外国传教士在五个通商口岸设立的教会女学仅有 12 所②。

教会的女学建设在第二次鸦片战争后迎来转机，于 19 世纪 90 年代成功走出招生难的困境③。究其原因有二。其一，第二次鸦片战争后，按照清政府与西方列强签订的一系列不平等条约的规定，传教士可深入内地自由传教，地方官员须对传教者及教徒加以保护。活动空间的扩大，意味着更多的民众可以接触、了解基督教义。其二，洋务运动的兴起推动了人们对西学态度的转变，也在客观上改变了人们对教会女学的态度。为了培养新式人才，他们创办京师同文馆、上海广方言馆、广州同文馆、福建船政学堂等一批西式学堂，多聘任传教士担任学堂要职。这些举措一方面使传教士及教会学校获得了比以往更宽松的社会环境，更为重要的，洋务派人士对近代自然科学、应用科学给予的肯定，他们对西方传教士的信任起到了很好的示范效应。在这样的社会氛围下，普通民众对教会女学的态度逐渐改变。同时，教会女学亦努力迎合大众所需，教授纺织、缝纫、园艺、烹调等有助于实际生活的知识技能。教会的女学建设开始逐渐由沿海地区向内地延伸，数量上也呈现出急剧上升的态势④。

积极宣传基督教义，试图用基督教思想改造中国女性的日常生活习惯乃至思维方式，这也许是教会女学建设的初衷。尽管如此，作为最早为中国女性提供近代学校教育的机构，教会女学的出现为中国女子教育的发展提供了范式，为中国男性知识分子重新思考、定位"女性"这一社会性别角色提供了思想资源及实践经验，其诞生的意义不容忽视。同时，教会初期的女学建设与反缠足运动紧密相连，这就为中国女性价值观的转换谱写了"启蒙"序曲。

---

① 罗苏文：《女性与近代中国社会》，上海：上海人民出版社，1996 年，第 69 页；戚世皓：《辛亥革命与知识妇女》，李又宁、张玉法编：《中国妇女史论文集·第二辑》，台北：台湾商务印书馆，1988 年，第 554 页。

② 俞庆棠：《三十五年来中国之女子教育》，李又宁、张玉法编：《中国妇女史论文集·第一辑》，台北：台湾商务印书馆，1981 年，第 344 页。

③ 高嶋航：《教会と信者の間で——女性宣教師による纏足解放の試み》，森时彦编：《中国近代化の動態構造》，京都：京都大学人文科学研究所，2004 年，第 285 页。

④ 罗苏文：《女性与近代中国社会》，上海：上海人民出版社，1996 年，第 69 页；杜学元：《中国女子教育通史》，贵阳：贵州教育出版社，1995 年，第 268～270 页。

第二节　中国男性知识分子主导的 “启蒙”话语及实践

与传教士“启蒙”的脚步相伴的,是中国愈趋暗淡的前途命运。甲午战争的惨败让知识分子饱尝内忧外患、存亡绝续之秋的滋味,探究国势衰微的原因已然成为义不容辞的责任。

一　维新派的言论及实践活动

慨叹“吾推极天下积弱之本,则必自妇人不学始”①,梁启超将国家前途命运的黯淡归咎于女学的衰微。女学的不振使两万万女子“全属分利,而无一生利者”②,她们成为国家的负担,国富民强道路上的绊脚石。不仅如此,母亲本应在幼儿启蒙教育方面发挥重要作用,女学不振导致女性不能实施良好的家庭教育,使她们无法胜任培养下一代国民的职责,所谓“孩提之童,母亲于父,其性情嗜好,惟妇人能因势而利导之。以故母教善者,其子之成立也易;不善者,其子之成立也难”③。《变法通议·论女学》中,梁启超从国家兴衰的角度出发,强调发展女学的重要性及紧迫性。在他看来,发展女学首先必须革除传统的缠足习俗。

> 彼方毁人肢体,溃人血肉,一以人为废疾,一以人为刑僇,以快其一己耳目之玩好,而安知有学,而安能使人从事于学,是故缠足一日不变,则女学一日不立。④

男性一日醉心于缠足,一日视缠足为美,则欣赏缠足者(男性)与被欣赏者(女性)都不会把注意力从缠足转换到女学上来。必须从观念上改变人们视缠足为美的审美意识,继而才能将民众的注意力吸引到发展女学上来。换言之,梁启超认为女学真正的发展取决于人们审美价值观的转换,这是至关重要的第一步。关于这

---

①② 梁启超:《论女学》,《饮冰室文集》第 1 册,上海:中华书局,1936/1989 年,第 38 页。
③　梁启超:《论女学》,《饮冰室文集》第 1 册,上海:中华书局,1936/1989 年,第 40 页。
④　梁启超:《论女学》,《饮冰室文集》第 1 册,上海:中华书局,1936/1989 年,第 44 页。

一点,《大公报》上的探讨更加直截了当:"为今之爱国保种计而欲强国力,先宏教育;欲宏教育,先兴女学,欲兴女学,先禁缠足。盖教育者,强国之母也;女学者,教育之基也;缠足者,破坏女学之洪水猛兽也。"①

为了让不缠足理念深入人心,维新派人士积极利用报章媒体进行舆论引导和宣传,《时务报》《湘报》《知新报》《女学报》等都成为宣传不缠足运动的重镇。此外,他们还开展形式多样的实践活动,在上海、广东、福建、湖南等地相继成立不缠足组织,得到了不少士绅阶层的积极响应与参与②。如此努力宣讲和实践,终于迎来了1895—1897 年"废缠足"的第一波热潮。

推动"废缠足"运动的同时,维新派人士也积极筹备女学校。1898 年 5 月 31日,梁启超与康广仁、郑观应、经元善等人的努力终于开花结果,"桂墅里女学会书塾"出现在上海城南高昌乡桂墅里,这是第一所由中国人创办的女学堂。③ 为创办这所女学,维新派人士做了大量准备工作,他们探讨了包括所需捐款金额、女学堂设立后的章程及课程设置等细节问题,多次上书南洋、北洋大臣汇报筹办情况,申请补助经费,梁启超还专门为女学堂起草《创设女学堂启》及《女学堂试办略章》,等等④。维新派人士创办女学的决心由此可见一斑。

开设之初,这所女学堂的规模很小,仅招收到 16 名学生。然而,弱小的存在却未因此逃离守旧派的视线,戊戌变法失败后顽固守旧官绅的反对之声愈发激烈,女学堂最终难逃停办的命运。1899 年 8 月 25 日,女学堂在《中外日报》上刊载声明,宣布停办。围绕这所女学,社会上混杂着支持、质疑、谩骂等各种声音,最终还是负面论调占据上风。⑤ 尽管存在的时间很短,但其存在意义不容忽视。无论支持与反对,它吸引了更多的人关注女学,它的诞生让维新派主导的"启蒙"话语又向前迈出了坚实的一步,为民众,尤其是开明士绅开启了拯救女性进而拯救国家的希望之帆。从这一角度而言,这所女学堂的出现是女性价值观转换路途中一个标志性事件。

---

① 《论缠足与女学之关系》,天津《大公报》1905 年 11 月 19 日。

② 林维红:《清季的妇女不缠足运动》,鲍家麟编:《中国妇女史论集·第三集》,台北:稻乡出版社,1993 年,第 223～224 页。

③ 其后该学堂正式定名为"中国女学堂",通常称作"经正女塾"或"经氏女塾"(杜学元:《中国女子教育通史》,贵阳:贵州教育出版社,1995 年,第 308 页)。

④ 杜学元:《中国女子教育通史》,贵阳:贵州教育出版社,1995 年,第 307～308 页。

⑤ 杜学元:《中国女子教育通史》,贵阳:贵州教育出版社,1995 年,第 307～311 页。

二 革命派"女权"论思潮的登场

就在维新派人士紧锣密鼓地为重新书写女性规范积极努力之际,革命派人士也在推波助澜。有过留日经历的马君武于1902年将其翻译的《斯宾塞女权篇》及《达尔文物竞篇》收录成书出版,这是中国第一部关于西方女权思想的译著。与此同时,涌现出一批通过办报宣扬女权思想的革命派人士,丁初我等人于1904年创办《女子世界》,秋瑾创办《中国女报》(1907年),陈以益等创办《神州女报》(1907年)及《女报》(1909年)等,这些报刊均在这一时期登上历史舞台。

金天翮[①]执笔的《女界钟》正是在这样的历史氛围中横空出世,这是近代中国第一部从多个角度集中探讨妇女问题、倡导女权思想的专著。1903年该书由上海大同书局出版后,几个月内即告售罄。这部以"启蒙"色彩著称的女权专著用高亢的笔调、激昂的言辞宣告破旧立新已迫在眉睫,必须对女性进行全面彻底的改造。全书从道德、品性、能力、教育方法、权利、参与政治和婚姻进化论七个方面展开,要求女性破除"装饰之害""迷信之害""拘束之害"及"缠足之害"。

图 2-1　金天翮像

概而言之,就是要求女性从以往的"可悲"状态中解脱出来,不再推崇封建迷信,不再醉心于梳妆打扮,不再沉溺于缠足陋习。谈及妇女缠足时,金天翮以"外部纤仄,

---

① 金天翮(1874—1947),原名懋基,字松岑,号鹤望、鹤舫,后改名天羽,别署麒麟、爱自由者、金一、天放楼主等。江苏吴江县同里镇人,与陈去病、柳亚子并称"吴江三杰"。金天翮自幼跟随名师学习诗文,后入读江阴南菁书院,国学功底深厚。其后对近代西方思想及制度,尤其对近代教育、女权思想等颇有见解及心得。1902年参加蔡元培、章太炎等在上海创办的中国教育会,并在同里组建中国教育会同里支部。1903年加入兴中会,同年应蔡元培之邀赴上海爱国学社工作。1902年在同里创办新式学校同川学堂,1904年又斥资创办明华女学校,是吴江县第一所女子学校。1903年出版《女界钟》,并与薛凤昌合作翻译宫崎寅藏(宫崎滔天)自述参与孙中山革命活动的《三十三年落花梦》,为留日学生刊物《江苏》撰稿,在该刊上发表小说《孽海花》。1904年,丁初我在上海创办《女子世界》,金天翮成为主要撰稿人。民国后,历任江苏省议员、吴江县教育局局长、江南水利局局长等职。1932年与章太炎等在苏州创办国学会,共同讲学。抗战期间曾任上海光华大学中文系教授。1947年1月病逝。著有《孤根集》《天放楼诗集》《天放楼续集》等多种诗文集(参考徐宏慧:《金松岑传》,苏州:英中文化,2003年印行,第18页;胡思:《〈女界钟〉作者真名考》,《档案与建设》2003年11月,第25~26页等)。

内容腐败,未见其高尚也"①来表达自己不以其为美的缘由,以"宛转呼号,求死不得,血肉秽臭,肢体摧残"②来形容女性幼时因缠足体会到的痛苦,称其是比非洲妇女压首、西洋妇女束腰更为残酷的"恶俗"。"自古灭种亡国,皆由于自造而非人所能为,今吾中国吸烟缠足,男女分途皆日趋于禽门鬼道,自速其丧魂亡魄而斩绝宗祠也。"③与维新派如出一辙,金天翮同样从国家、民族存亡的角度强调缠足带来的危害,呼吁废除这一"恶现象、恶习俗"④的必要性。

当然,摆脱旧俗是为了获得新生。金天翮希望女性在挣脱封建桎梏后,恢复自身本该拥有的权利,即"入学之权利""交友之权利""营业之权利""掌握财产之权利""出入自由之权利""婚姻自由之权利"⑤及参政权。发展教育正是让理想化为现实的关键所在,所谓"教育者造国民之器械也。女子与男子,各居国民之半部分,是教育当普及,吾未闻有偏枯之教育而国不受其病者也"⑥。为此,他积极倡导女子教育,希望借此使女性洗心革面,脱胎换骨,成长为拥有高尚纯洁的气质、充满爱心、热衷于公益事业、对国家建设充满激情的优秀国民。

如果说维新派是将"女学"与"缠足"放在二项对立的思维中做"扬"与"抑"的处理,革命派则将此逻辑向前推进了一大步,将"女学"与包括"缠足"在内的所有旧思想及习俗对立起来。不仅如此,不同于维新派的谆谆教导、循序渐进,《女界钟》的言辞激烈,将以往女性所有视之为"美"的习惯及思维方式全盘否定,不留一丝余地。当然,这种痛定思痛式的批判及诉求,就是要竭力建构出一种全新的女性形象,一种与过往截然不同的"女性美"。《女界钟》突出、放大了教育的社会功能,强调唯有教育才是让女性从封建束缚中解脱出来,告别以往愚昧无知的传统女性规范的有效路径。当然,在国难当头、民族危机空前严重的时节,对女子教育的大力宣扬,是为了谋求女性价值观的转换,而这又直接指向国家、民族的振兴。

与革命派的激昂论调相伴的,是其建设女学的热情,其中尤以1902年冬由蔡元培、林獬、陈范等人创办的上海爱国女学最具影响力。顾名思义,该校将培养爱国主义、富于革命精神的女性作为办学宗旨。上海城东女学社、宗孟女学堂、浙江爱华女校、明华女学校、嘉兴爱国女学社等,都是把革命思想与创办女学结合起来

---

① ②　金天翮:《女界钟》,上海:上海古籍出版社2003年版,第15页。
③　金天翮:《女界钟》,上海:上海古籍出版社2003年版,第15~16页。
④　金天翮:《女界钟》,上海:上海古籍出版社2003年版,第16页。
⑤　金天翮:《女界钟》,上海:上海古籍出版社2003年版,第50~52页。
⑥　金天翮:《女界钟》,上海:上海古籍出版社2003年版,第37页。

的产物。

三 士绅阶层创办的女学及其特点

维新派、革命派人士通过著书、出版刊物、积极实践等方式大力宣扬"废缠足、兴女学",另一方面,义和团运动后清政府显示出的改革姿态带来比较宽松的政治氛围,在这样的历史条件下,各地出现创办女学堂的热潮。开明士绅是推动这一潮流的主力军。1902年,吴馨在上海创办务本女塾,该校成为最早一批中国人创办的女校。此后,各类女学堂如雨后春笋般出现在北京、天津、南京、汉口、长沙等地,日后比较著名的女学堂几乎都诞生在这一时期,如北京的京师女子师范学堂,天津的严氏女塾、北洋女子师范学堂、公立女子学堂、高等女学堂,南京的旅宁女学,汉口的淑慎女学,长沙的湖南第一女学堂等。尽管围绕着兴办女学,开明派与守旧派之间展开了相当激烈的斗争,有些女学堂遭到诬蔑诽谤,更有甚者受到政府的查封。但是,在各地开明士绅的积极推动下,女学堂建设呈现出一派生机勃勃的景象。[①]

由于缺乏统一的规章制度管理,类型丰富、层次多元是这一时期女学建设的主要特点。廖秀真的研究[②]显示:因出资方的不同,女学堂基本可分为私立、公立和官立三种。它们之间在学生数量、规模方面相去甚远。私立学堂一般规模较小,学生人数多则20～30人,少的仅有五六人。与此相异,公立学堂规模偏大,有的达到数百余人。从教学程度及内容来看,又有小学堂、师范学堂、专科学校及职业学校等多个层次。仅拿职业学校来看,从女工传习所、工艺女学堂、女子桑蚕学堂、产科女学堂到女子中西医学院等等,涵盖的内容可谓丰富。此外,各省之间的女学建设存在较大差异,以1906年为例,直隶、江苏两省以学堂数量多成为女子教育的发达地区,而陕西、广东、云南、吉林、甘肃、新疆等地却是女学建设的不毛之地。

纵观这一时期开明士绅阶层主导的女学建设,首先要直面守旧派的质疑甚至攻击,同时作为国家制度政策之外的"野草",其办学类型、层次、规模、教授内容等各不相同,且地域差距显著。换句话说,作为新生事物,此时的女学建设缺乏赖以生存的土壤及环境,甚至时时要面临被践踏和破坏的危险。尽管如此,各地女学堂

---

① 杜学元:《中国女子教育通史》,贵阳:贵州教育出版社,1995年,第326～337页。
② 廖秀真:《清末女学在学制上的演进及女子小学教育的发展(1897—1911)》,李又宁、张玉法编:《中国妇女史论文集·第二辑》,台北:台湾商务印书馆,1988年,第203～255页。

在不断涌现,充分彰显了勃勃生机和发展前景,清政府试图将女学制度化的构想及相关政策的出台正是基于这样的现实。

第三节　近代女子教育正统性及话语权的获得

受"男女授受不亲""女子无才便是德"等传统儒家伦理思想影响,前近代的中国女性在生活空间、知识的习得及运用等方面与男性形成了鲜明对比,"抛头露面"等进入公共领域的行为更被视为上层女性的禁忌。正因为如此,当西方的女子教育经由传教士等人引介到中国来时,以清政府为代表的保守势力显示出戒备及抵触之情。然而,清政府内部也并非铁板一块,一部分政府高官还是非常敏锐地捕捉到这一新生事物对于近代国家建设而言的意义所在。

一　《癸卯学制》的颁布与母亲教育功能的"被发现"

如果说传教士是推动女性价值观转变的始作俑者,那么官方的认同与许可,女学的制度化建设,无疑会对女性价值观的重构起到决定性影响。众所周知,1904年《癸卯学制》的颁布与实施标志着近代教育制度在中国的确立,对于近代化人才的培养而言可谓意义深远。那么这部学制对于女性而言意义何在?

"女学原不仅保育幼儿一事,而此一事为尤要;使全国女子无学,则母教必不能善,幼儿身体断不能强,气质习染断不能美。蒙养通乎圣功,实为国民教育之第一基址"[1]。清政府从"母教"的角度肯定其重要性,但对设立女学堂一事明确表示反对:"中国此时情形,若设女学,其间流弊甚多,断不相宜。"所谓"断不相宜"之处,即"惟中国男女之辨甚谨,少年女子,断不宜令其结队入学,游行街市;且不宜多读西书,误学外国习俗,致开自行择配之渐,长蔑视父母、夫婿之风"。规定:"女子只可于家庭教之,或受母教,或受保姆之教,令其能识应用之文字,通解家庭应用之书算物理,及妇职应尽之道,女工应为之事,足以持家、教子而已。其无益文词概不必教;其干预外事、妄发关系重大之议论,更不可教。"[2]

---

① 《奏定蒙养院章程及家庭教育法章程》,璩鑫圭、唐良炎编:《中国近代教育史资料汇编·学制演变》,上海:上海教育出版社,1991年,第396页。
② 《奏定蒙养院章程及家庭教育法章程》,璩鑫圭、唐良炎编:《中国近代教育史资料汇编·学制演变》,上海:上海教育出版社,1991年,第394~396页。

清政府从为国民提供"优质"教育的角度出发,"发现"了母教的重要性,进而确认了对女性实施教育的意义所在。但是,考虑到如果认可女子学校教育的合法性,就意味着女性不仅可以"抛头露面",进入公共场所,更可借此拓展视野,成就独立的见地与思想。这不仅是对"男女授受不亲"的挑战,更为甚者,是对"女子无才便是德"这一传统伦理纲常的冒犯,这是清政府深感恐惧更要极力避免之事。一方面从培养"优质"国民的角度出发,认为女性受教育的意义重大,另一方面,也担心照搬西方、日本的近代女子学校教育会对传统礼教带来冲击和"危害",于是清政府就有了所谓由其母亲或乳母在家庭内部实施教育的折中之策。

针对"家庭教育"应采用的教科书,清政府提出:"应令各省学堂将《孝经》《四书》《列女传》《女诫》及《教女遗规》等书,择其最切要而极明显者,分别次序浅深,明白解说,编成一书,并附以图,至多不得过两卷,每家散给一本;并选取外国家庭教育之书,择其平正简易,与中国妇道、妇职不相悖者(若日本下田歌子所著《家政学》之类),广为译书刊布。其书卷帙甚少,亦宜家置一编。此外如初等小学字课本及小学前二年之各种教科书,语甚浅显,地方官宜广为刊布。"[①]其随意列举出一些传统女教的书目及外国书籍,缺乏缜密的思考和规划,仅停留在泛泛而谈的空论阶段,是这一"家庭教育"政策的特点所在。

作为清政府正式实施的第一个学制,《癸卯学制》包括从小学到大学的整套体系,却将女性排除在这一体系之外,认为"家庭教育"是最合适稳妥的形式。论及实施"家庭教育"的具体措施时,并未从教授内容、形式、层次等方面给出明晰、确切的答案。从这些层面来看,《癸卯学制》的颁布实施一方面显示出清政府对发展以男性为培养对象的近代学校教育的决心,也彰显出其对旧有性别规范的难舍、固守之情。换句话说,就是清政府对于培养未来的"优质"男性国民持有十分坚定及明确的想法,与此相异,在教育女性这一问题上显示出的却是举棋不定和含糊了事的态度。然而,尽管存在诸多"硬伤",清政府从近代国家建设的角度对女性受教育给予肯定,为其日后倡导女学谱写了序曲。

二 《奏定女学堂章程折》与近代女子教育的诞生

《癸卯学制》公布实施后仅三年,1907 年,学部提交了《奏定女学堂章程折》,论

---

① 《奏定蒙养院章程及家庭教育法章程》,璩鑫圭、唐良炎编:《中国近代教育史资料汇编·学制演变》,上海:上海教育出版社,1991 年,第 395~396 页。

及女学建设时指出：

> 方今朝廷锐意兴学，兼采日本、欧美规制，京外臣工条奏请办女学堂者不止一人一次，而主张缓办者亦复有人。臣等每念中外礼俗各异，利弊务宜兼权。自钦派学务大臣以至设立学部以来，历经往复筹商，亦复审慎迟回，未敢轻于一试……惟近日臣等详征古籍，博访通人，益知开办女学，在时政为必要之图，在古制亦实有吻合之据；且近来京外官商士民创立女学堂者所在多有。臣部职任攸关，若不预定章程，则实事求是者既苦于无所率循，而徒务虚名者或不免转滋流弊……其已开办各女学堂，务须遵照此次奏定章程，以示准绳。①

从反对到认为设立女学十分重要，清政府的态度发生了重大转变。促使这一转变出现的主要原因，在于当时各地创办女学堂之风已势不可挡。换言之，为了控制不可逆转的局势变化，清政府改变了态度，试图通过制定规章制度控制、管理民间不断涌现的女学堂，由此迈出了承认女子学校教育的一步。

《女子师范学堂章程·学科程度章》这样论说发展女子教育的必要性。

> 家国关系至为密切，故家政修明，国风自然昌盛；而修明家政，首在女子普受教育，知守礼法。又女子教育为国民教育之根基，故凡学堂教育，必有最良善之家庭教育以为补助，始臻完美。而欲家庭教育之良善，端赖贤母；欲求贤母，须有完全之女学。凡为女子师范教习者，务于此旨体认真切，教导不怠。②

女性知书达理是家庭和谐美满的前提，这就要求她们接受过良好的教育。不仅如此，未来国民的培养，良好的家庭教育的实施，唯有"贤母"才能胜任，而女子教育正是培养"贤母"的关键。这一次，清政府摆脱了传统伦理道德的束缚，对于开设女学给予充分肯定，更把女子教育放到"国民教育之根基"的高度。当然，这其中有不得已而为之的勉强，也有为事实所迫的言不由衷。也正因为如此，清政府一方面肯定女学建设的意义，但仅为女性提供小学和初等师范两个层次的学校教育。《癸

---

① 《奏定蒙养院章程及家庭教育法章程》，璩鑫圭、唐良炎编：《中国近代教育史资料汇编·学制演变》，上海：上海教育出版社，1991年，第575页。

② 《奏定蒙养院章程及家庭教育法章程》，璩鑫圭、唐良炎编：《中国近代教育史资料汇编·学制演变》，上海：上海教育出版社，1991年，第576~577页。

卯学制》中,清政府为男子制定的学校教育由普通教育、师范教育与实业教育三条主干构成,普通教育大致可分为初等教育、中等教育、高等教育三个阶段。女子师范学堂作为为女性提供的最高级别的教育机关,仅相当于男子的中等教育机构。也就是说,零散、不成体系,降低了对女性的要求,这是这一阶段女学政策的特点所在。但是,相较于《癸卯学制》中的言词,清政府对待女学的态度发生了重大转变。

第四节 《女子师范学堂章程》与清政府对 "女性"社会性别的书写

接下来,以《女子师范学堂章程》中的课程设置为例,探讨清政府对女子教育的定位及其特点。

"中国女德,历代崇重,凡为女、为妇、为母之道,征诸经典史册先儒著述,历历可据。今教女子师范生,首宜注重于此务,时勉以贞静、顺良、慈淑、端俭诸美德,总期不背中国向来之礼教与懿嫕之风俗。"[1]《女子师范学堂教育总要》中首先强调"修身"科目的特殊地位,这是改良派"中体西用"论在女子教育理念上的体现。1904年,张百熙、荣庆、张之洞呈递奏折——《重订学堂章程折》强调说:"立学宗旨,无论何等学堂,均以忠孝为本,以中国经史之学为基,俾学生心术壹归于纯正,而后以西学瀹其智识,练其艺能,务期他日成才,各适实用,以仰副国家造就通才、慎防流弊之意。"[2]在这种思维的支配下,"修身"课程当仁不让地成为女学的核心课程。除此之外,教育、国文、历史、地理、算学、格致、图画、家事、裁缝、手艺、音乐、体操等12门科目也被列为授课内容(表2-1)。

就整体结构而言,女子师范学堂的课程设置包括"通识教育""专业教育"及"家政学教育"三部分,同等程度面向男性的初级师范学堂大体由"通识教育"和"专业教育"两部分构成。"家政学教育"彰显女子师范学堂在课程设置上的结构性特点,也充分体现了女子师范学堂授课的性别特点。为期四年的修业年限中,"家事""裁缝"及"手艺"三门课程的授课总量占课时总数的27.94%,这意味着学生在就

---

① 璩鑫圭、唐良炎编:《中国近代教育史资料汇编·学制演变》,上海:上海教育出版社,1991年,第576页。

② 璩鑫圭、唐良炎编:《中国近代教育史资料汇编·学制演变》,上海:上海教育出版社1991年版,第289页。

读期间要拿出三分之一的时间来学习家政课程。"其要旨在使能得整理家事之要领，兼养成其尚勤勉、务节俭、重秩序、喜周密、爱清洁之德性……授衣食、居处、看病、育儿、家计、簿记及关于整理家政之一切事项；并授以教授家事之次序法则。"[①] 也就是说，家政管理知识的传授是女子师范学堂教学中非常重要的组成部分。不容忽视的是，将女性与家政管理之间构架出必然联系，让女性对其产生一种"与生俱来"的责任感与成就感，是隐含于"家政学教育"宗旨中更为深层的意义。

表 2-1　女子师范学堂课程设置状况

课程名称		四年修业年限内周课时数合计	比例(%)
通识教育	修身	8	21.32
	图画	7	
	音乐	6	
	体操	8	
专业教育	教育学	24	50.74
	国文	12	
	历史	6	
	地理	6	
	算数	13	
	格致	8	
家政学教育	家事	8	27.94
	裁缝	15	
	手艺	15	
合计		136	

资料来源：根据璩鑫圭、唐良炎编：《中国近代教育史资料汇编·学制演变》，上海，上海教育出版社，1991年，第580页整理。

这种性别差异不仅体现在课程设置的整体结构上，也体现在具体的课程安排上。从授课内容来看，初级师范学堂中设置"读经讲经"课程，其课时数仅次于专业科目中最为重要的"教育史·教育学"，占据相当重要的位置（表2-1及表2-2）。所

---

　①　璩鑫圭、唐良炎编：《中国近代教育史资料汇编·学制演变》，上海：上海教育出版社1991年版，第579页。

谓"学生年岁已长,故讲读《春秋左传》、《周礼》两经,以备将来学成经世之用……讲《左传》宜解说其大事与今日世界情形相合者;讲《周礼》宜阐发先王制度之善,养民教民诸政之详备,与今日情形相类可效法者"。[①]为学生日后步入社会做好相应的理论准备,这是"读经讲经"课程设置的初衷,其中的"经世之用"之说沿袭了传统儒家思想对知识分子的定位。与此相较,女子师范学堂未开设这门课程,这意味着清政府从一开始就延续了传统对女性活动空间的定位。

此外,教育内容的深度及宽度方面同样存在明显的性别之差。如表 2-1、表 2-2 所示:"教育学"作为师范类学校的核心课程,在女子师范学堂的周课时总计为 24 课时,而在初级师范学堂的周课时数为 47 课时,前者仅为后者的一半。历史、地理等课程的设置亦存在男女之间的不同。这样一来,女子师范学堂与初级师范学堂同为四年的修业年限,但总课时数分别为 136 及 180 课时,前者比后者少了近乎四分之一课时。

如果说中国传统的知识突出的是信仰与伦理性,传统教育的本质在于将受教育者纳入社会秩序与伦理关系中来,培养其协调与控制自身的内在能力[②],女子师范学堂的课程设置无疑凸显了对传统的重视,以及对传统男女社会定位的沿袭。另一方面,女子师范学堂有目的、有步骤地将诸如"算学""格致"等近代科学知识转化为课程形态,同时将多种近代科学知识添加到教育内容中来,包括自然科学知识、有关事物原理或机理的解释性知识以及专业知识等等。从传统的价值体系来看,这不过是难登大雅之堂的雕虫小技。更为重要的是,这些知识背后隐含的逻辑推理、因果论等近代科学精神[③]也被导入女子教育中。因此,从教学内容的角度来看,女子师范学堂虽承袭传统,但同时已具备了明显的近代教育特征。

---

① 璩鑫圭、唐良炎编:《中国近代教育史资料汇编·学制演变》,上海:上海教育出版社,1991 年,第 402 页。

② 吴刚:《知识演化与社会控制——中国教育知识史的比较社会学分析》,北京:教育科学出版社,2002 年,第 138 页。

③ 吴刚:《知识演化与社会控制——中国教育知识史的比较社会学分析》,北京:教育科学出版社,2002 年,第 36~196 页。

表2-2　初级师范学堂课程设置状况

课程名称		四年修业年限内周课时数合计	比例(%)
通识教育	修身	5	41.67
	读经讲经	45	
	习字	8	
	图画	7	
	体操	10	
专业教育	教育史·教育学	47	58.33
	中国文学	10	
	历史	11	
	地理	9	
	算数	15	
	物理·化学	7	
	博物	6	
合计		180	

资料来源:根据璩鑫圭、唐良炎编:《中国近代教育史资料汇编·学制演变》,上海,上海教育出版社,1991年,第408～410页整理。

不仅如此,制定四年学制,出台各项管理章程,这些举措意味着清政府正试图通过建章立制,通过对学校这种新的组织形态的认可,将女子教育正式纳入近代教育体系轨道的决心。值得一提的是,"家事"科目的培养宗旨基本是将日本明治政府1901年颁布的《高等女学校令实施规则》原封不动照搬过来,家事科的教科书也多是将日本的教科书翻译成中文后使用[①]。这些举措一方面说明清政府积极向国外取经,尤其对日本的女子教育持汲取借鉴的态度。同时,也反映出由于其态度转变得过快,以至于从授课宗旨的设定到教科书的编撰等都显得有些仓促。

总之,女子师范学堂的课程设置中将"家政学教育"与"通识教育""专业教育"相结合,同时在教学内容及教学课时量方面存在着男女差别,这些都是当时女子教育政策的特点所在。这些特点集中体现了清政府对"女性"这一社会性别的诠释,

① 杉本史子:《民国初期における女子家事科教育——その"近代"性と限界について》,《立命館言語文化研究》2002年第4期,第4页。

即将她们定位于家庭,对其加强传统伦理道德教育的同时,也试图用近代科学知识对她们进行重新包装。

第五节 民国政府对"女性"社会性别的定位

经过渐进式的改革,清政府以追认的方式将女子教育纳入到近代教育体系中来,此举无疑具有开天辟地的意义。然而,此时的清朝已是风中残烛,民国政府的女子教育理念是决定女学走向的重要因素。

1912年5月,孙中山在广东女子师范第二校演讲时强调:"现在中华民国成立伊始,万种事业皆由此时发起,由此时举办。凡为中华民国之人民,均有平等自由之权……中国女子虽有二万万,惟于教育一道,向来多不注意,故有学问者甚少。处于令(今)日,自应以提倡女子教育为最要之事……教育既兴,然后男女可望平权,女界平权,然后可成此共和民国。"[①]实现男女平等方能建设真正的共和国,发展女子教育是女性获得平等自由的有效路径,正是在这样的逻辑推断上,孙中山将发展女子教育视为民国政府亟待解决的课题。

1912—1913年,民国政府出台《壬子·癸丑学制》。与《癸卯学制》相较,《壬子·癸丑学制》在女子教育方面增设女子中学教育、实业教育及高等师范教育。这意味着面向女性的普通学校教育包含初等、中等及高等三个阶段,女子教育体系趋于完备。不仅如此,增设女子实业教育充实了旁系教育体系。这些举措均显示出民国政府发展女子教育的决心。

但是,由于传统习俗的束缚,军阀割据导致的教育经费连年不足等原因,女子高等师范学校迟迟未开,实业教育也一直处于低迷状态。在这种情况下,仅有女子中等教育,尤其是沿海城市的女子中等教育,获得了长足发展。这些女子中等教育机构的课程设置其具体内容及特点何在,所谓的"男女平权"又蕴含了何种含义?

论及中学教育及中等师范教育的总体目标时,民国政府强调以培养健全的国民为办学宗旨,并未彰显性别间的不同。在所授科目的设置、学时数等方面,女子中学校、女子师范学校与面向男性的中学校及中等师范学校亦存在诸多共性。举

---

① 中国社会科学院近代史研究所中华民国史研究室等:《孙中山全集(第二卷)》,北京:中华书局,1982年,第357~358页。

例而言,中学教育方面,专业知识的传授均侧重国文、外国语及数学三门课程,学时数也占相当大的比例。此外,在国文、外国语、历史、地理、博物、物理化学、法治经济等课程的教学大纲及教授内容设定方面,男女中学基本保持一致(表2-3、表2-4)。

表2-3　女子中学校的课程设置及课时状况

课程名称		四年修业年限内周课时数合计	比例(%)
通识教育	修身	4	15.04
	图画	4	
	乐歌	4	
	体操	8	
专业课程	国文	23	71.43
	外国语	24	
	数学	14	
	历史	8	
	地理	8	
	博物	8	
	物理化学	8	
	法制经济	2	
家政学教育	手工	4	13.52
	家事园艺	6	
	裁缝	8	
合计		133	

资料来源:根据璩鑫圭、唐良炎编:《中国近代教育史资料汇编·学制演变》,上海,上海教育出版社,1991年,第672页整理。

表2-4　中学校(男子)的课程设置及课时状况

课程名称		4年修业年限内周课时数合计	比例(%)
通识教育	修身	4	18.25
	图画	5	
	乐歌	4	
	体操	12	

续表

课程名称		4年修业年限内周课时数合计	比例(%)
专业课程	国文	24	78.83
	外国语	31	
	数学	19	
	历史	8	
	地理	8	
	博物	8	
	物理化学	8	
	法制经济	2	
技能教育	手工	4	2.92
合计		137	

资料来源:根据璩鑫圭、唐良炎编:《中国近代教育史资料汇编·学制演变》,上海,上海教育出版社,1991年,第671页整理。

　　十分相近的表象之下,两性之间在中等教育方面存在的结构性差异还是一目了然。与以男性为招收对象的中学校及中等师范学校相比,"家政学教育"是女子中学及女子师范学校的一大特色(表2-3、表2-4)。作为代价,女子中学在国文、外国语及数学这些专业课程的学时上少于一般中学。数学课的授课大纲中规定:"女子中学校数学可减去三角法"[1]。女子师范学校将外语课程定为可任意选择的"随意科"。[2] 在面向男性的中等师范学校中,英语课作为必修课,在所有课程中占据相当重要的地位,其课时的密集程度仅次于国文课程,在课时数方面位列所有课程的第二位[3]。上述差异说明,在总体知识结构及不同课程重要性的排序问题上,男女之间存在显著差异。对于男性而言,国文、外国语及数学这三门课程是专业课程中的重中之重,需要投入更多的时间和精力。而对于女性而言,民国政府降低了要

----

　　① 璩鑫圭、唐良炎编:《中国近代教育史资料汇编·学制演变》,上海:上海教育出版社1991年,第670页。
　　② 璩鑫圭、唐良炎编:《中国近代教育史资料汇编·学制演变》,上海:上海教育出版社1991年,第678页。
　　③ 璩鑫圭、唐良炎编:《中国近代教育史资料汇编·学制演变》,上海:上海教育出版社1991年,第681页。

求,同时突出"家政学教育"的不可或缺,这一点在女子师范教育上体现得尤为突出。

增设女子中学教育、实业教育及高等师范教育的规定,显示出民国政府试图拓展女子教育空间,进一步发展女子教育的决心。然而,将女性中等教育的课程设置设定为"通识教育""专业知识"及"家政学教育"三大教学板块,表明了民国政府为女性赋予的社会性别角色。概言之,延续清末的女子教育模式,同时拓展女性的受教育空间,是民国政府的女子教育政策特点所在。

第六节　清末民初女子教育的发展壮大

清政府对于创办女学态度上的转变,其对女学建设的认可和承认,相关政策的颁布,无疑对女子学校教育的发展起到了巨大的促进作用。据统计,1906年、1907年、1908年的女学堂数量分别为245所、402所、512所,女学堂学生人数1906年为6 791人,而到1907年、1908年则分别达到14 658人、20 557人[①]。伴随着1907年女学政策的出台,女学堂的数量较之1906年增长六成多,到了1908年更增长一倍以上。与此相应,女学生的数量也呈现出激增的态势。这些数据一方面说明近代女学的成长和壮大,更为重要的,它意味着近代女子学校教育观念开始深入人心,评判女性的新价值观也最终得以确立。

进入民国之后,由于各地军阀割据且其不断增强军备等原因,近代教育一直无法摆脱经费不足的困境。尽管存在种种困难,女子中等教育机构的数量以及在校女学生数还是呈现出稳中略升的态势。如表2-5所示,总体而言,1910年代全国中等教育机构在籍女学生数一直保持在一个相对稳定的数量上,人数基本维持在10,000名左右。女子中等教育机构的发展也相对平稳,全国大体维持在100所左右(参照表2-6)。

---

①　廖秀真:《清末女学在学制上的演进及女子小学教育的发展(1897—1911)》,李又宁、张玉法:《中国妇女史论文集(第二辑)》,台北:台湾商务印书馆,1988年,第224~228页。

表 2-5　1912—1930 年全国中等教育机关在学者数量变迁状况

年度 \ 性别	男子在学者数量	女子在学者数量	合计
1912	87 899	10 066	103 045
1913	105 896	11 068	117 313
1914	107 625	10 432	119 057
1915	116 656	9 248	126 455
1916	101 186	7 750	111 078
1922	170 930	11 824	167 697
1925	166 944	19 037	185 981
1928	197 169	37 621	234 811
1929	285 453	55 535	341 022
1930	424 223	90 386	514 609

资料来源：根据多贺秋五郎：《近代中國教育史資料 民國編中》，東京：日本学術振興会，1972—1976 年，第 853～855 页整理。

表 2-6　1912—1930 年全国中等教育机关学校数量变迁状况

年度 \ 性别	招收男生的学校数量	招收女生的学校数量	合计
1912	727	105	832
1913	908	131	1 039
1914	961	136	1 097
1915	995	115	1 110
1916	834	98	932
1925	971	171	1 142
1928	1 116	223	1 339
1929	1 794	317	2 111
1930	2 467	525	2 992

资料来源：根据多贺秋五郎：《近代中國教育史資料 民國編中》，東京：日本學術振興会，1972—1976 年，第 850～852 页整理。

小　结

　　至此,本章对晚清女性价值观转变的历史轨迹进行了梳理。如果说传教士是推动女性价值观转变的始作俑者,官方的认同与许可——女学的制度化对女性价值观的重构起到了决定性的推动作用。具体而言,西方传教士对缠足习俗的质疑之声,他们试图通过创办女学等措施改造中国女性的思考及实践,这预示着女性价值观迎来转型期。其后,维新派、革命派从救亡图存、建设近代国家的角度积极倡导"废缠足、兴女学"运动,其论调得到全国各地开明士绅阶层的响应,兴起了"废缠足、兴女学"热潮。尽管其间曾因"戊戌变法"的失败遭遇挫折,但是历史的车轮已不可逆转。大势所趋使清政府最终不得不放弃"男女授受不亲"等传统规范,向天下昭告女子学校教育不可或缺的重要地位。清政府的初衷在于通过建章立制对各地兴起的女学建设高潮予以约束与控制,其本意绝非有意促进这一新生事物在中国社会开花结果。尽管如此,女子学校教育就此获得了官方的正统性及话语权,其意义重大而深远。

　　在西方传教士拉开女性价值观转型的帷幕之后,维新派、革命派的大力宣传,全国各地开明士绅的积极响应,最终使"缠足"渐渐失去旧有的约束力。随着"废缠足、兴女学"观念的深入人心,女子学校教育逐渐成为标记女性身份的新手段,取代缠足成为"女性美"的核心要素。"废缠足、兴女学"的口号浓缩了一代知识分子对女性、对国家前途命运的忧虑,"妇女问题"这个历史的盲点最终得到了"显性化"处理,成长为清末国家存亡议题的有机组成部分,当然,"提出妇女问题(妇女是"问题"),是为了寻找一条救国的途径,妇女是载体/手段,强国是目标。"①概而述之,置身于民族危亡如影随形的 20 世纪初年,知识分子满怀对国家、对民族命运的焦虑,渴望寻觅走出困境的突破口,"妇女解放"正是在这层意义上被提出、被呼唤出来,被描述为实现这一民族使命的有效路径。在这样的历史脉络之下,"兴女学"成为知识分子眼中救赎女性进而救赎国家的一剂良药。

　　伴随着近代女子教育的价值被"挖掘"和被"发现",其顺理成章地成为知识分

---

　　①　王政:《社会性别与中国现代性》,王政编:《越界——跨文化女权实践》,天津:天津人民出版社,2004 年,第 178 页。

子重塑女性的重要依据,它最终取代缠足成为"女性美"的新标准。价值观的转变让女性获得了步入社会公共领域的权利,越来越多的女性出现在学校、社交场所等以往的"禁地"。从这层意义上来说,近代女子教育中所蕴含的社会文化意义不可小觑。换言之,在社会变迁的历史时刻,除了作为一个政治符号肩负着救亡图存的重任,其承载着十分重要的社会文化功能及内涵。

同时,需要指出的是,尽管"女子无才便是德"早已成为前近代社会女性规范的浓缩,但近年来高彦颐[①]、伊沛霞[②]等学者的研究成果,经典小说《红楼梦》中对林黛玉等一众才女的刻画,都让我们领略到那些精于诗词及琴棋书画的上层女性的精彩生活。她们的才情作为上层女性的个人修养及女性在家庭内部的娱乐方式获得认可,与此相对,对"公领域"妄加议论的行为方被视为禁忌。时光流转,伴随着中国被西方裹挟着步入"近代",女性对于近代国家而言的意义浮出水面,她们最终被纳入近代教育体系中来。"家政学教育""通识教育"及"专业教育"三大课程模块的设置,旨在将"女性"定位于家庭。将数学、历史、地理等设定为必修科目,意味着以往衡量女性"才"与"不才"的诗词等标准退却到边缘位置,取而代之的,是近代科学知识的习得。女性的知识结构被重新界定,"女性"这一社会性别的意义及内涵也随之被重新书写。显然,这种衡量标准的转变指向的是近代国家建设,正所谓"教育知识从来不是一个隶属于学校教育本身的变量,而是外在于学校教育,作为国家统治的衍生工具而存在的量"[③]。

总之,站在历史变迁的十字路口,清末民初的政府无可回避地要在"传统"与"近代"之间进行选择,这些艰难的抉择尽管还是被后世贴上了"落后""消极"的标签,但它却是历史的惯性与近代新事物之间此消彼长、相互融合的产物。从中我们窥见了一段动态的历史变迁过程,更为重要的是,这些女学政策最终改变了作为社会性别的"女性"的意义及内涵,预示着一批有别于传统的近代女性的诞生。事实上,清末的女子学校教育发展迅速,民国初年女子中等教育呈现出稳步成长的态势。这些都意味着她们即将或是正在成为报刊媒体潜在的读者群。也就是说,清末民初,女性作为报刊媒体的潜在读者群,其力量在不断壮大。一直重视商业利润的商务印书馆在 1915 年推出《妇女杂志》,可谓是瞄准了这一商机的举措。

---

① 高彦颐:《闺塾师:明末清初江南的才女文化》,李志生译,南京:江苏人民出版社,2005 年。
② 伊沛霞:《内闱——宋代的婚姻和妇女生活》,胡志宏译,南京:江苏人民出版社,2004 年。
③ 吴刚:《知识演化与社会控制——中国教育知识史的比较社会学分析》,北京:教育科学出版社,2002 年,第 231 页。

PART
3

第三章

男性知识分子与
"新女性"话语建构

　　近年来,随着民国怀旧风愈演愈烈,人们对民国时期的社交名媛、民众的日常生活等充满猎奇心理,老照片无疑是满足这种好奇心最直接的媒介。民国时期的《良友》画报曾刊载了许多当时知名人士的订婚及结婚照片,冰心与吴文藻的结婚照,周淑苹与李祖侃的结婚典礼,方于与李丹的订婚照等等,诸如此类的照片对于今天的我们,既熟悉又陌生。《妇女杂志》中亦不乏此类照片。1923 年 9 月《妇女杂志》推出《婚姻选择号》专刊,在卷首的醒目位置刊载蔡子民与周养浩、郑振铎与高君箴的结婚照,1924 年 10 月又专门登载蔡子民与周养浩结婚一周年的纪念照。由于《妇女杂志》中的这些照片影像比较模糊,在此只能割爱。

　　周淑苹,这位民国时期与唐瑛、陆小曼等齐名的上海滩交际名媛,其父周今觉是当时上海著名的实业家、富商,家境殷实。周淑苹曾就读于当时的贵族学校中西女塾,这位该校的"女皇"从中西女塾毕业后不久就嫁给富家子弟李祖侃。众多伴娘伴郎、花童簇拥着这对新人,他们精致的妆容、手中醒目的捧花,无不暗示着这场宾客满堂的婚礼的奢华及引人瞩目(图 3-1 所示)。图 2 是冰心与吴文藻的结婚照。冰心曾就读于福州女子师范学校、教会学校北京贝满女中、协和女子大学、燕京大学及美国著名的"七姐妹女子学院"之一的韦尔斯利女子学院(Wellesley College),1926 年获得文学硕士学位。留学前就陆续发表小说、散文的她当时已声名鹊起。方于是首批公派赴法留学的女性,先后就读于里昂中法大学及里昂大学,1927 年学成回国,受聘于国立音乐院。其夫李丹也曾留学法国,在里昂音乐学院

图 3-1　周淑苹与李祖侃结婚典礼(《良友画报》1929 年第 36 期)

专攻小提琴。这是两位留学海外学有所成人士的订婚照①(图 3-3 所示)。三位女性的成长经历、活跃的领域迥然相异,却被《良友》集结在了一起,出现在同一舞台之上。这种偶然之下的必然是什么? 换言之,这些照片承载着何种历史讯息? 传

---

① 方于(1903—2002),文学翻译家,音乐教育家,曾任云南艺术学院教授。祖籍江苏武进(今隶属常州市),生于江西南昌,其父方毅曾任上海商务印书馆辞典编辑部部长。1921 年作为中国首批公派赴法留学的女性,方于与日后成为台湾著名作家的苏梅、定居法国的著名画家潘玉良同船出发远行。赴法之初,在里昂中法大学进修法语和音乐,两年后进入里昂大学文学系就读。1927 年夏回国,被上海音乐学院聘为法文教师,冼星海曾受教于她。1929 年,与当年同在法国留学、曾就读于里昂音乐学院专攻小提琴的李丹完婚。同年,两人合译雨果的《悲惨世界》第一、二卷问世(书名为《可怜的人》),收入商务印书馆《万有文库》第一集,其余日后翻译完成的九卷因战乱不知去向。新中国成立后,应文化部邀请,李丹主持重译《悲惨世界》,方于负责修订法国著名作家罗斯丹话剧《西哈诺》的旧译本。1956 年,修订版《西哈诺》由作家出版社出版。1959 年,《悲惨世界》新译本第一、二卷由人民文学出版社出版。其余卷本的翻译出版因"文革"搁浅,1977 年李丹抱憾辞世。1980 年,由李丹翻译、方于协助译校的《悲惨世界》第三、四卷出版。《悲惨世界》第五卷的翻译由方于承担,1984 年出版。此外方于还翻译出版了《诗人海涅的爱》《毋宁死》《克里斯丁》等法国剧本(参见吴德铭:《世纪文化女杰——方于教授》,云南艺术学院网站,2016-07-29,http://50th.ynart.edu.cn/xqxs/msjg/25919.shtml)。

递出当时青年们的何种择偶标准？

图 3-2　冰心与吴文藻结婚照

（《良友画报》1929 年第 38 期）

图 3-3　方于与李丹订婚照

（《良友画报》1929 年第 38 期）

《妇女杂志》作为时代的见证者，共同参与了这段历史的书写和记录。鉴于《良友》画报以图片为主，文字说明为辅，本章将以《妇女杂志》为主要分析文本，对上述问题进行探讨。

第一节　男性知识分子的配偶选择言论及其社会属性

一　男性知识分子的配偶选择言论

为了向"传统"的家长制婚姻宣战，让青年男女广泛了解彼此间的择偶标准，《妇女杂志》第 9 卷第 11 期出版了名为"配偶选择号"的专刊。《我之理想的配偶》

的征文选登作为该期内容的一大亮点,占据大量篇幅。"此次收到的文稿,在两个月内,共有一百五十五件之多,直到全文排好之后,还有从远省和国外寄来的,足征(证)青年对于这问题的注重和厚爱本志的热忱,使我们非常感佩。因为篇幅有限,不能把来稿全部揭载,这是对于应征诸君深为抱憾的。但现在所发表的虽仅五分之二,所占篇幅却已到九十页之多,这在应征者似乎虽然太少,在读者或许要觉得过多罢。"①由此不难看出,青年们对婚姻问题给予了高度的关注。

155 名投稿者中有 129 名男性,女性仅为 26 名,分别占投稿总人数的 83.23% 和 16.77%。编辑瑟庐②将女性投稿者明显少于男性的原因归为两点:其一,在习俗方面,女性历来比男性受到更加严格的束缚。其二,许多女性由于教育程度所限无法提笔表达。"但素来以惯于娇羞腼腆著称的中国女子,居然也敢大着胆来写自己理想配偶的文字,的确不能不看作女子个性觉醒的一证了。"③瑟庐将女性投稿者们的"大胆"行为看作是她们"个性觉醒"的标志而大加赞赏。

二 男性投稿者的社会属性

投稿者中学生占绝大多数,其中男性 80 名,女性 10 名(表 3-1、表 3-4 及附表 1)。男性投稿人的年龄集中于 18~25 岁,女性也以 20 岁左右的居多(表 3-2 所示),这意味着他们多为正在接受中等或高等教育的在校学生。其次是学校的教职员工,其中男性 22 名、女性 7 名。除此之外,男性投稿者中商人有 14 人,新闻记者及编辑 5 人,

---

① 记者:《选后》,《妇女杂志》1923 年第 9 卷 11 号,第 145 页。

② 关于笔名"瑟庐"是谁的问题曾有多位学者进行探讨。王政推测这是章锡琛的笔名,但并未详加说明。陈姃湲亦认为"瑟庐"是章锡琛的笔名,理由是章锡琛自《妇女杂志》第 11 卷开始用本名后,包括"瑟庐"等的笔名便不复出现在该刊上。姚毅一方面援引陈姃湲的推断,同时从署名"瑟庐"文章的刊载版面位置、文章论调等角度分析,结合章锡琛出任《妇女杂志》主编的时期等因素,认为其很可能是章锡琛的笔名。《妇女杂志》1923 年第 9 卷 11 号《配偶选择号》专刊中选载了题为"我之理想的配偶"的征文,对于这期内容而言,这个征文选登活动是核心内容。《现代青年男女配偶选择的倾向》是针对这次征文活动的目的、意义及结果进行的总结及分析,作者署名"瑟庐"。鉴于这篇文章对于这期专刊的重要意义,笔者推测应是主编所撰,而当时《妇女杂志》的主编正是章锡琛。再结合上述诸位学者的分析,笔者也认为"瑟庐"是章锡琛的可能性较大。相关文献参见 Wang, Zheng(王政),*Women in the Chinese Enlightenment:Oral and Textual Histories*,Berkeley and Los Angeles,California,University of California Press,1999,p.87;陈姃湲:《近代中国における伝统的女性像の変遷——"賢妻良母"論をめぐって》,東京大学博士論文,2003 年,第 98 页;姚毅:《"被害者"というレトリック——〈婦女雑誌〉の娼婦像》,村田雄二郎編著:《〈婦女雑誌〉からみる近代中国女性》,東京:研文出版,2005 年,第 238 页。

③ 瑟庐:《现代青年男女配偶选择的倾向》,《妇女杂志》1923 年第 9 卷 11 号,第 44 页。

官吏 2 人,传教士、农民、军人各一人,身份不明者 3 人。女性投稿者中不明身份者有 7 人,医生及编译员各 1 人。也就是说,在校学生及学校的教职员工是本次征文活动的主要参与者(其中男学生及男教职员工合计 102 名,占男性投稿者的 79.07%,女学生及女教职员工共 17 名,占女性总和的 65.38%)。他们中未婚者为 130 人(其中男性 109 人,女性 21 人),加上"订婚后解除婚约"(男性 6 名、女性 2 名)、"订婚后未婚妻(夫)死亡"(男性 1 名)以及结婚后配偶死亡(男性 3 人,女性 1 人)这些处于"独身"状态的人共计 143 人,占投稿者总数的 92.26%(表 3-3)。

表 3-1 投稿者的社会身份

社会身份＼性别	男性(人)	比例(%)	女性(人)	比例(%)
学生	80	62.02	10	38.46
学校教职员工	22	17.05	7	26.92
医生	/	/	1	3.85
商人	14	10.85	/	/
新闻记者及编辑	5	3.88	/	/
编译员	/	/	1	3.85
官吏	2	1.55	/	/
传教士	1	0.76	/	/
农民	1	0.76	/	/
军人	1	0.76	/	/
不明	3	2.33	7	26.92
合计	129		26	

资料来源:笔者根据瑟庐:《现代青年男女配偶选择的倾向》,《妇女杂志》1923 年第 9 卷 11 号,第 44 页内容整理。

表 3-2 投稿者的年龄层

年龄＼性别	男性(人)	女性(人)	合计(人)	比率(%)		
				男性	女性	全体
17 岁	2	1	3	1.55	3.85	1.93
18 岁	9	1	10	6.98	3.85	6.45
19 岁	8	3	11	6.2	11.54	7.1

续表

年龄 \ 性别	男性（人）	女性（人）	合计（人）	比率（%）男性	女性	全体
20 岁	13	5	18	10.08	19.23	11.61
21 岁	9	1	10	6.98	3.85	6.45
22 岁	9	2	11	6.98	7.69	7.1
23 岁	13	1	14	10.08	3.85	9.03
24 岁	13	2	15	10.08	7.69	9.68
25 岁	6	/	6	4.65	/	3.87
26 岁	2	/	2	1.55	/	1.29
27 岁	2	2	4	1.55	7.69	2.58
28 岁	2	/	2	1.55	/	1.29
30 岁	/	1	1	/	3.85	0.65
31 岁	4	/	4	3.1	/	2.58
32 岁	2	/	2	1.55	/	1.29
37 岁	1	/	1	0.78	/	0.65
不明	34	7	41	26.36	26.92	26.45
合计	129	26	155	100	100	100

资料来源:笔者根据瑟庐:《现代青年男女配偶选择的倾向》,《妇女杂志》1923年第9卷11号,第45页内容整理。

表 3-3　投稿者的婚姻状况

婚姻状况 \ 性别	男性(人)	女性(人)	合计(人)	比例(%)
未婚	109	21	130	83.9
已订婚	3	/	3	1.9
订婚后解除婚约	6	2	8	5.2
订婚后未婚妻(夫)死亡	1	/	1	0.6
已婚	8	2	10	6.5
结婚后配偶死亡	3	1	4	2.6
合计	129	26	26	

资料来源:笔者根据瑟庐:《现代青年男女配偶选择的倾向》,《妇女杂志》1923年第9卷11号,第44～45页内容整理。

表 3-4 《我之理想的配偶》中刊载的男性投稿者个人信息

姓名	年龄	职业	学历	婚姻状况	执笔日期	投稿人居住地
今吾	不明	广东高师教职员或学生（从稿件中推测）	不明	未婚	1923 年 8 月 30 日	广州
周振光	不明	不明	不明	未婚	1923 年 9 月 1 日	广州
余竹籁	20 岁	学生	不明	未婚	1923 年 9 月 18 日	广州
褟参化	不明	学生（广东高师）	大学	未婚	1923 年 9 月 16 日	广州
舟君	不明	不明	不明	未婚	1923 年 8 月 15 日	南京
平平	不明	不明	不明	未婚	1923 年 9 月 21 日	南京
王兆俊	不明	不明	不明	未婚	1923 年 9 月 28 日	南京
孔襄我	不明	教职员或者新闻工作者（从稿件中推测）	大学（从稿件中推测）	未婚	1923 年 8 月 3 日	北京
黄绍谷	不明	不明	不明	未婚	1923 年 9 月 12 日	北京
孙席珍	17 岁	学生	北京大学	未婚	不明	北京
T.Y.	不明	学生（东吴大学）	大学	未婚	1923 年 8 月 16 日	苏州
龚楚书	不明	不明	不明	未婚	1923 年 9 月 28 日	苏州
公处	不明	不明	不明	未婚	1923 年 9 月 26 日	上海
洪年	20 岁	学生（杭州新一中学）	中学	未婚	不明	杭州
张友鹤	17 岁	学生（安庆第一中学）	中学	未婚	1923 年 9 月 3 日	安庆
张春浩	24 岁	小学教师	不明	未婚	1923 年 9 月 18 日	简前
TWD	不明	留学生（学习工业）	不明	未婚	1923 年 8 月 26 日	东京
李遇安	23 岁	不明	不明	未婚	不明	不明

续表

姓名	年龄	职业	学历	婚姻状况	执笔日期	投稿人居住地
曼云	19 岁	学生（南洋大学）	大学	未婚	1923 年 8 月 10 日	不明
谭祥烈	不明	不明	不明	未婚	不明	不明
杨尚松	不明	不明	不明	父母已为其订婚	不明	不明
许美填	不明	不明	不明	未婚	不明	不明
金广	不明	学生	不明	未婚	1923 年 8 月 15 日	不明
自知	不明	学生（学医）	不明	未婚	1923 年 8 月 25 日	不明
渭川	不明	师范学校教师	不明	未婚	1923 年 8 月 29 日	不明
陆汇东	不明	不明	不明	未婚	不明	不明
谵然	不明	新闻工作者（根据稿件内容推测）	不明	未婚	不明	不明
C.N.	不明	不明	不明	已订婚	不明	不明
谁	不明	不明	医专	未婚	不明	不明
樵	不明	不明	不明	未婚	不明	不明
许言午	不明	不明	不明	未婚	不明	不明
天朴	不明	不明	不明	未婚	不明	不明
庸一	不明	不明	不明	未婚	不明	不明
曹允栋	22 岁	不明	不明	未婚	1923 年 9 月 22 日	不明
化一	不明	不明	不明	未婚	不明	不明

续表

姓名	年龄	职业	学历	婚姻状况	执笔日期	投稿人居住地
林熹	不明	不明	不明	未婚	不明	不明
赵公陞	21 岁	不明	不明	未婚	不明	不明
蔡勿	不明	不明	不明	未婚	1923 年 9 月 24 日	不明
沈复镜	25 岁	不明	不明	未婚		不明
C Y	不明	不明	不明	未婚	不明	不明
月影	不明	学生（师范专科）	大学	未婚	不明	不明
疑冰	不明	不明	不明	未婚	1923 年 9 月 20 日	不明
Y	不明	不明	不明	未婚	不明	不明

资料来源：笔者根据《我之理想的配偶》（征文发表），《妇女杂志》1923 年第 9 卷第 11 号，第 55～144 页整理。

第二节　女子教育
——区分"新女性"与"旧妇女"的风向标

一　女子教育与近代夫妇之爱

男性投稿者们从多个侧面畅谈自己对未来的婚姻以及理想配偶的憧憬,择偶标准涉及健康状况、容貌、年龄、学历、人格、性格、宗教信仰、夫妇之情、研究趣味、生活态度及习惯、独立谋生的能力、管理家政的能力、交际能力、艺术才能、缠足状况等多个层面。内容呈现多元化的同时,亦不乏共性。129 名投稿者中,对对方的学历提出明确要求的共计 89 人,超过 70%。其中要求"中等"学历的为 46 人,其次分别为"普通"(26 人)、"小学(高小)"(9 人)及"高等(大学或专门)"(8 人)①。择偶时学历的重要性由此可见一斑。纵观投稿者们的诉求,主要从两方面强调了学历的不可或缺。其一,明确表示配偶的学历是夫妻间进行情感交流、切磋学术的保障。其二,从家政管理、实施家庭教育的角度出发,认为对方必须是受过教育的女性。

> 我愿她的学问和我相差不远,只是有用的学识方好。我愿她是研究文学,或哲学,或教育,或社会学的人,更愿她是一个艺术的创造家,或鉴赏家。我最愿她是个有音乐天才的人,当我们工作之余,共同演奏着歌曲或跳舞,我们那沾染着诗意的全人格之美与爱,便都飞翔着谐和在我们音乐的节奏里。我愿她终身努力于自己的学问,希望能有些新的见解与贡献。愿她将来在教育界服务,或从事于著作,或从事于社会上各种改良运动及革命事业。
>
> 我愿她的思想是时时改进的,过去的幽灵不会在她的脑筋里做祟。常愿跑到时代的面前努力的前进着,她的行为也都与她的思想若合符节,毫无悖谬。

---

① 女性投稿者对配偶的要求有许多相似之处,她们同样提到对方的健康状况、容貌、年龄、学历、人格、性格、宗教信仰、夫妇之情、生活态度及习惯和研究趣味等。26 名投稿者中有 15 名对对方的受教育程度提出具体的要求(要求对方是受过"高等"教育的为 6 人,"中等"及"普通"教育的分别为 5 人及 4 人),由此可见她们也非常看重配偶的学历。

我愿她有丰富的理想,以创造种种新的作品,新的幸福,新的快乐,因此我们生活的领域更为丰腴,更为伟大。①

这位风华正茂、富于才情的青年,字里行间充溢着对配偶及婚姻的期待和诗情画意。他希望未来的妻子对于文学或是哲学、教育学、社会学、艺术有所研究,可见这位投稿人自身的兴趣爱好广泛,而且对于近代西方的知识显示出浓厚兴趣。对方不仅要拥有专业特长,富于生活情趣,更要在思想上与时俱进,不为"过去的幽灵"所左右。寥寥数笔,作者就为我们描绘出一位深受近代教育熏陶的青年,渴望与有着相似教育背景的女性共同营造"幸福"生活的画卷。夫妻双方在事业上各有所成,情感上水乳交融,彼此欣赏,在一张一弛中品味琴瑟和鸣之美。而要将愿望化为现实,对方必须是一位敏锐地把握时代脉搏的女性,这一点对于投稿人而言至关重要,换句话说,他对家庭的幸福感与配偶对于"新"的把握和追求密不可分。很显然,这是一位深受新式教育熏陶的"新女性",她视野广阔,才思敏捷,拥有良好的艺术修养。那些墨守成规的"旧妇女"从谈论之初就被排除在外了。

白纸一张的婚姻状况,让青年们对家庭、配偶畅所欲言、憧憬无限,上述稿件代表着绝大多数投稿者的诉求。然而,投稿者中亦不乏必须面对"残酷"现实的年轻人。杨尚松早已被父母"指腹为婚",且对方是一位未受过学校教育的女性。尽管心中充满愤懑、矛盾和忧虑,但出于对未婚妻的怜悯和保护,他最终还是放弃了解除婚约的念头。梦想与现实的碰撞,让他的笔触愈加强烈和直白。

教育的重要,尽人皆知。人禽的区别,文明国和野蛮国的区别,男和女的区别,大半在这关头上,我国以为"女子无才便是德",对于女子,完全取"愚民政策",塞其聪明,闭其智慧,务使她们成个无知的蠢物! 女子经过这番陶铸,世界上的事物,一概都不知道,她所知道的,就是"对于她的丈夫,是应当绝对服从的"……其实这种"我管人,人怕我"的生活,是极枯燥无味的,我主张夫妇间,纯要"爱的生活",我爱她,她爱我,大家好像受了仁慈和暖的空气,有说不出的乐趣! 不然,便是不识夫妇真趣的"可怜虫"! 这样的女子,怎配和有点智(知)识的人,结成终身的伴侣呢? 所以我对于我之理想的配偶,要是个受过教育的女学生。因为她若受了教育,她的思想,定不致十分背谬,对于作事和说

---

① 李遇安:《我之理想的配偶》,《妇女杂志》1923 年第 9 卷 11 号,第 93 页。

话上,定可收"彼此帮忙"的好处……现在的未婚妻,便是将来的已婚妻,我为了自己的幸福起见,不得不把她重新的改造。改造的利器便是教育。因为人都是"学而知之",并非"生而知之",她虽失败于当初,我不得不竭尽我的力量,以图"亡羊补牢""见兔顾犬"呢……我对于旧式制度的未婚妻,只希望经过一番改造,至少要有国民普通的常识,这种限度,真再低没有了。[①]

"旧妇女"只知唯命是从,她们狭隘、阴郁、不谙世事、缺乏生活情趣,这是儒家伦理印刻在她们身上的烙印。"教育"则是一把利器,可以使女性获得重生,将未婚妻从只懂封建礼教的"老古董"变为具有普通常识的"国民",让注定毫无生机、死水一潭的婚姻获得救赎。杨尚松非常看重对方的学历,以至于他强调说"中国的小学教育,实在太浅,所以我说'最低要受过中等教育的'"[②]。这里,"教育"直接与终身大事紧密联系在一起,承担着拯救婚姻的重任,是将其从"黑暗"引向"光明"的唯一保障。因"父母之命媒妁之言"痛失选择机会的杨尚松,正试图通过自身的努力改变命运。他的一番话不仅再次凸现了"教育"的"启蒙"功能,更让它带上深刻的文化内涵及现实意义。

尽管青年们的成长经历、所处的现实境遇各不相同,但他们对"教育"寄予的厚望却惊人地相似。它是女性获得知识的唯一路径,是开阔视野、获取智慧的渠道,是赢得思辨能力、与他人交流沟通的有效途径。将知性美视为"新女性"的"专长",是她们通过学校教育获得的一种能力,青年们的叙述中,"教育"与"才识"之间呈现出互为因果的必然联系。正因为如此,学校教育经历的有无是甄别"新妇女"与"旧妇女"的标尺,是衡量女性能否与接受过学校教育的"新青年"共同缔造近代家庭的重要标准。

二 女子教育与家政管理、家庭教育能力的习得

如果说夫妻间情感的交流需要"学历"来支持和维护,对于一个"健全"的近代家庭而言,其价值和意义远不止于此。

"我对于未来的配偶的理想,原是极寻常的,无甚奇异的处所;老老实实地说句简单的话,我希望能同一个好女子——我和她互相有真爱情的——营共同的生活,

---

① 杨尚松:《我之理想的配偶》,《妇女杂志》1923 年第 9 卷 11 号,第 61~63 页。
② 杨尚松:《我之理想的配偶》,《妇女杂志》1923 年第 9 卷 11 号,第 61 页。

并共同的竭力改良家庭,革新社会,我不愿她做我的贤妇——旧观念的贤妇——也不愿我做她的养夫。"①这是南京的投稿者王兆俊的开场白,他认为,"真爱情是金钱所不能买来的,是任何物件不能交换的,若再加以长时间的交好,那才真是最神圣,最纯洁,最尊严,而又最可宝贵的"。② 在此,他在强调"爱情"的神圣美好之后,又指出配偶的教育背景亦是不容小觑的内容。

"我觉得一个人,在这样的社会上,生当这样的时代,至少要受过中等以上的教育,才能做个健全的国民。不但如此,女子受过良好的教育,将来为母,子女亦受其影响。"③王兆俊眼中,健全的国民需要教育的熏陶和滋养,在这一方面,母亲将会带给子女有益的影响。换句话说,他认为女性在家庭教育中发挥着重要作用。对于这一点,投稿人谭祥烈阐述得更加清晰具体:

> 有血性的人们,没一个不痛心疾首于我国教育的,经过五千年的文化之邦,国民的智(知)识,仍旧这样缺乏而幼稚,不羞死也当气死了。现在的人们才觉到教育的重要,不知女子的教育在今日尤其重要呵! 西人重视家庭教育,和学校教育置在同一水平线上,因为儿童和家庭接触的时候较多,如若家庭教育不良,那么虽经学校良好的训练,总不免有一曝十寒的流弊。④

谈及配偶的学识时,一方面谭祥烈表达出对中国女子教育状况整体低下的不满,更对世人尚未意识到其重要性深感忧虑。他强调说,西方社会认为如果家庭中缺乏良好的教育,无论学校教育质量如何都将功亏一篑。家庭教育作为辅助学校教育的重要手段,其意义非同一般。出于上述考量,西方人非常重视家庭教育,将其与学校教育放在同等重要的位置上。这些"先进"的经验值得我们借鉴。那么,实施"正确"家庭教育的重任该寄望于谁?

> 旧式的女子,对于儿童,只知一味的溺爱,从来不会施以正当的训育。惭愧! 她们自身且不明白什么叫做训育,还配谈正当和不正当吗? 因此我很热烈地希望得着一位女子师范毕业生做我的配偶,她既在师范毕业,普通的常

---

① 王兆俊:《我之理想的配偶》,《妇女杂志》1923 年第 9 卷 11 号,第 139 页。
② 王兆俊:《我之理想的配偶》,《妇女杂志》1923 年第 9 卷 11 号,第 139~140 页。
③ 王兆俊:《我之理想的配偶》,《妇女杂志》1923 年第 9 卷 11 号,第 140 页。
④ 谭祥烈:《我之理想的配偶》,《妇女杂志》1923 年第 9 卷 11 号,第 59~60 页。

识,固不是旧式的女子所敢望其项背,对于管理训育儿童的方法,自能合乎准绳,与学校方面以极大的助力,至于普通的书信,有条理的记事,日常用费的计算,当然绰有余裕了。[①]

与"旧妇女"相异,受过师范教育的女性不仅可以利用她掌握的普通知识将家庭的各种事务处理得井井有条,更能凭借一技之长,肩负起实施家庭教育的重任,这是谭祥烈对接受过师范教育的女性的定位。在此,他将女性的学校教育经历与处理家政的技能联系在起来,更将教育孩子的"一技之长"归结为师范教育的必然结果。同时,他也将旧式妇女的愚昧与实施"错误"教育二者之间架构出一种必然的、内在的相关关系,由此宣判了"旧妇女"在育儿施教方面的"死刑"。在"新女性"与"旧妇女"对比当中,胜任家政管理及家庭教育的"新女性"形象呼之欲出,学校教育的权威性及排他性也就不言而喻了。

第三节　近代女子教育的文化内涵及 "新女性"形象建构的历史实践意义

一　近代女子教育的文化内涵

青年们字里行间流露出的"恋爱""爱情"至上的婚姻观,他们对核心家庭关系纽带的重视,预示着一种新的价值观在中国社会生根发芽。

纵观中国几千年的宗法社会,在儒家社会忠孝为纲的伦理观念下,"妻"的角色被集中描述为"事舅姑""事夫"及"训男女"方面。《女论语》将上述三项内容分列于第六、第七及第八章。谈及"事舅姑"时强调:"阿翁阿姑,夫家之主。既入他门,合称新妇。供承看养,如同父母。"[②]换言之,已婚妇女的生活空间局限于家庭内部,她们只有在与公婆、丈夫及子女的关系中才能获得其社会定位及价值体现,而在这一组社会关系当中,又首推对公婆的"孝",其次才是夫妻及母子关系。夫妻关

---

① 谭祥烈:《我之理想的配偶》,《妇女杂志》1923 年第 9 卷 11 号,第 60 页。
② 宋若莘、宋若昭:《女论语》,陈宏谋编:《五种遗规》,台北:台湾中华书局,1981 年,第 6～10 页。

系当中,又以"敬顺"谓之美德。

班昭《女诫》中曾劝解女性曰:"阴阳殊性,男女异行。阳以刚为德,阴以柔为用;男以强为贵,女以弱为美……故曰:敬顺之道,为妇之大礼也。"①《女论语》"事夫章"告诫嫁为人妇的女性应:"将夫比天,其义匪轻。夫刚妻柔,恩爱相因。居家相待,敬重如宾。夫有言语,侧耳详听……夫若发怒,不可生嗔。退身相让,忍气低声。莫学泼妇,斗闹频频。"②

作为前近代社会女训著述的代表作,无论《女诫》还是《女论语》,均从道德规范的角度出发,告诫女性在婚姻关系中应该扮演何种社会性别角色,在夫妻之间应树立何种"正确"的权力关系。一言以蔽之,以儒教为准则的宗法社会中,"妻"的社会定位及价值主要指向的是公婆、丈夫及子女。

与这种家庭观念及结构相异,"近代家庭"作为一种"全新"的家庭模式,悄然登场于18、19世纪的欧洲资产阶级社会。宣扬"恋爱"的神圣性,夫妻、父母与子女间亲情的必然性,强调母亲给予子女的"爱"的不可替代性等是"近代家庭"的主要特征。尽管自菲利普·艾瑞思(Philippe Aries)③的研究问世以来,欧美、日本等地学者的研究不断表明,一直以来我们视之为理所当然的近代家庭结构及情感观念,无非又是另一种对于"家庭"的建构。试图让人们从情感上获得解脱,将家庭引向"解放"的彼岸,但在其"自由"的表象之下,只不过是用一种全新的意识形态取代旧有的传统而已④。

尽管如此,对于生长在20世纪20年代中国的青年而言,他们接受过近代的学校教育,在欧风美雨的熏陶下成长,又经历了"五四"运动的洗礼,强调恋爱、婚姻自由的"近代家庭"无疑有着强大的吸引力。所谓:"在从前家长制的时代,我们常常可以看到婚姻上惨剧的发生。他的最大的原因,便是强行撮合的,非自由的。两方面对于对方的性情,都是十分的隔膜,结果遂至于如此。不过,现在自由恋爱的声浪,已经洋溢乎中国,有许多青年男女也起来实行了"⑤。"近代家庭"作为一个源

---

① 班昭:《女诫》,陈宏谋编:《五种遗规》,台北:台湾中华书局,1981年,第1~5页。

② 宋若莘、宋若昭:《女论语》,陈宏谋编:《五种遗规》,台北:台湾中华书局,1981年,第6~10页。

③ フィリップ、アリュス:《〈子供〉の誕生—アンシァン・レジーム期の子供と家族生活》,杉山光信、杉山惠美子訳,東京:みすず書房,1980年。

④ 落合惠美子:《近代家族とフェミニズム》,東京:勁草書房,1989年;上野千鶴子:《近代家族の成立と終焉》,東京:岩波書房,1994年;山田昌弘:《近代家族のゆくえ》,東京:新曜社,1994年。

⑤ 张友鹤:《我之理想的配偶》(征文选登),《妇女杂志》1923年第9卷第11号,第86页。

于欧美的舶来品,它承载着年轻人对于未来的无限憧憬与向往,成为青年们心中打碎"传统"秩序、构建一个以自身为中心的"新文化"的目的与手段。不容忽视的是,这一想法并非仅停留在观念的层面上,在面对择偶这一现实问题时,青年们表现出极大的关注,他们热情高涨,跃跃欲试地要参与其中,而此时,他们还需直面父辈们恪守的"传统"。

如果说陈独秀、鲁迅等推动的"五四新文化运动"放大了西方近代思想对中国社会带来的冲击和洗礼,启蒙思想家们对历史进行切割的脉络之下,却是"传统"的幽灵对整个社会、直至接受了新价值观的青年们的围追堵截。换言之,置身于那个"传统"与"近代"的十字路口,青年们作为代表着新生力量的主力军,他们十分渴望摆脱"传统"的枷锁。此时,追求个人的婚姻幸福无疑成为寻求"个性"解放的最佳手段,"近代家庭"则是承载这一理想的最佳载体。此刻,女子教育就是帮助他们实现梦想的有效手段。总之,将组建"近代家庭"与学校教育之间用因果论的逻辑简单地统和在一起,后者对于前者而言所承载的文化及现实意义也就一目了然了。女子教育由此成为一种权威,一种意识形态,发挥着排他的文化及现实功能。

二 "新女性"形象建构的历史实践意义

陈独秀、鲁迅等精英阶层发出的呐喊之声最终走向了何处? 这些思想、言论与当时人们的现实生活有何关系? 它们是以何种方式参与民众思想观念上的改变,这一过程又呈现出怎样的特点? 对此我们还知之甚少。换言之,以往的研究多从思想、文学的角度出发,通过对精英知识分子言论的探讨来解析这一历史瞬间。本章试图揭示的一个核心内容,是年轻的男性知识分子阶层活用、实践这一思想资源的历史过程。

具体而言,笔者以1923年11月《妇女杂志》刊登的《我之理想的配偶》征文选集为主要分析文本,对上述问题进行了探讨。由于每个人的兴趣爱好、家庭出身、求学经历及所学专业各不相同,男性投稿者们对配偶的要求可谓丰富多彩。尽管如此,在充满个性化的诉求之中,也不乏时代的共鸣。希望通过"择偶"这一积极主动的选择,与"旧"家庭一刀两断,组建一个近代的"新"家庭,以此实现"个性"的张扬,获得主宰自己命运的幸福感与满足感,青年们字里行间流露出的激情澎湃也许正源于此。渴望建立情感上相互交流、洋溢着"爱"的气息的夫妻关系,希望未来的妻子能够承担起家政管理、实施"良好"的家庭教育的重任,在谈及这两个问题时,青年们都刻意强调了配偶学历的重要性。

行文之中,受教育的"新女性"与以传统的伦理道德作为行动准绳的"旧妇女"这两个相互对立的形象被建构出来,将学校教育与获得近代夫妻之情及家政管理、家庭教育的"正确性"之间架构出必然的联系,让学校教育与"新女性"的诞生之间呈现出因与果的关系,并在此基础上将"新女性"树立为"知性"妇女的象征,这些都是"新女性"话语的重要特点。在这一过程中,学校教育被赋予了浓重的意识形态色彩。教育是将饱受传统伦理浸染的"旧妇女"救赎改造的工具,是培养女性具备独立"人格"、掌握各种能力的唯一场域。换言之,在青年们的笔下,现代学校教育被书写为培养"新女性"唯一的、排他的路径。

对于在校的学生及踏上社会不久的青年来说,谈论婚姻生活不免有纸上谈兵之嫌,但其中却折射出那个"新"与"旧"、"传统"与"近代"、"西方"与"东方"发生碰撞的动荡时节,青年们的价值取向。他们渴望组建近代的新式家庭,这一点已不再停留于文学、戏剧等艺术创作的层面,不只是每个接受了近代学校教育的青年们憧憬渴望的、遥不可及的"梦想",他们正试图通过个人的挣扎与努力,跳出以往旧的价值观念,走出一条与父辈们不同的婚姻之路。这一刻,他们抓住的救命稻草便是配偶的学历。如前所述,在这一过程中女子教育被赋予了诸多内涵,它承载着救赎女性的功能,是构建近代家庭的必备要素。它成为一把简洁明了、通俗易懂的"标尺",在青年们的观念和意识中发挥着重要作用。换言之,在青年们的眼中,女子教育是为近代婚姻保驾护航的最佳手段。

当然,"五四"留下的精神财富是巨大的,它以何种方式参与了那个时代的现实生活?经历了怎样的历史过程?上述分析仅让我们窥视到其中极小的一部分,可谓冰山一角。青年们的努力让我们体会到,身处"传统"与"近代"十字路口的中国社会,"新"与"旧"的碰撞不时在挤压着他们的思维,挣扎与痛苦在所难免,却也铸就了一份因抗争而书写的崭新历史,亦呈现出那个时代特有的丰富内涵。

第四节　对现实生活中"新女性"的批判

《我之理想的配偶》征文活动中,青年们探讨未来的妻子、家庭时充满诗情画意,对女子教育及"新女性"给予的厚望溢于言表。另一方面,对现实生活中的"新女性"的批判与讨伐之声也不绝于耳。

一 围绕"新女性"的批判性话语

江勇振的研究表明,谈及"新女性"入校读书的目的及面对社会的态度等问题时,青年们多表露出对她们道德品质的质疑及不屑一顾,《妇女杂志》上近乎是清一色的批评之声。[①] 这种不满不仅体现在叙述性的文章中,还以图文解说的形式呈现出来,讥讽之形式多种多样(附表2)。事实上,步入20世纪20年代,都市中将女子教育视为待嫁闺中的女性提高身价的一种手段,这一想法在当时颇为时尚,"'女子教育装饰论'已为大家所津津乐道"[②]。

> 我的确伤心,就是有许多为父母者送女儿去读书,以为是替女儿办件嫁装,并不是实心想使女儿有机会去受点教育。而女学生也毕竟是『有其父必有其子』,硬以为入学是求婚的绝妙途径,文凭是求婚的金字招牌! 前一种人有时倒还可以原谅他们的脑筋太简单,智识太愚陋,后一种人是所谓新时代的女子,并且身居于智(知)识阶级的女学生,竟追随着盲目的社会心理而堕入迷途,未免太可怜![③]

1925年6月,《妇女杂志》出版了以女学生为主题的专刊——《女学生号》,其中刊载了一组名为"我之希望于女学生者"的征文稿件,这是其中一篇十分有代表性的文章。在众多男性知识分子看来,"五四"运动余音未了,"妇女解放"之声已然成为时代的主旋律,女性理应顺应时代潮流,大胆追求"个性"解放和作为"人"的自由。女学生作为女性中的"智(知)识阶级",要勇于承担起时代的重任。然而,现实却远非如此。女学生们大多缺乏理想和抱负,对学问本身不感兴趣,仅把入学读书作为日后钓得金龟婿、享受安逸生活的手段。之所以如此目光短浅、贪慕虚荣,大都源于她们懒惰的习性。"这种怠惰的习惯,在中国可说非常普通,而女子为尤甚。这大概因为数千年来,女子受惯了男子的保护豢养,她们的血液中,都充满着这种

[①] 江勇振:《男人是"人",女人只是"他者":〈妇女杂志〉的性别论述》,《近代中国妇女史研究》2005年第12期,第39~68页。

[②] 杉本史子:《一九二〇年代中国における家事科教育——女性と家庭とをめぐって》,《立命館史学》2000年第21号,第61~62页。

[③] 林文方:《我所希望于女学生者》,《妇女杂志》1925年第11卷第6号,第876页。

怠惰的毒素,所以便无从振作了"①。概而言之,"新女性"中间弥漫着轻浮、低俗之风,究其原因,传统的思维方式、心理习惯难辞其咎。

对"新女性"的批驳声中,还存在着党派之间的差异。1924年2月,一篇题为"告知识阶级的妇女"的文章刊载在《妇女杂志》上,作者是曾任上海《民国日报》主编、历任国民党要职的陈德征②。该文旨在为"新女性"指引一条所谓的"正确"之路。

> 目下压迫在资本制度下的妇女们,压迫在横暴无理的男性手下的妇女们,她们目不识丁,没有玩味"社交公开""自由恋爱"这一类名词的机会,还谈不到态度和言语的自由,遑论轻浮? 遑论不检点? 她们身不由主,何况懒? 她们没有可以负责的机会,固然谈不到"负责"……她们也在希望有人去援助她们呢! 援助她们的主力军是谁? 不必说,是现在懂得"社交公开""自由恋爱"的站在知识阶级上的女朋友们!③

将女性划分为接受过学校教育的"知识阶级"与"目不识丁"的劳动阶级,认为"社交公开""自由恋爱"的真谛只有前者才能体会和领悟,而后者缺乏判断力,甚至没有表达自身见解的能力和渠道,对时髦名词的理解更是无从谈起。"知识阶级"一词的使用,暗示着作者对"知识"的功能的信赖和期许,"知识阶级的女性"也就成为能力和才干的隐喻,对于"社交公开""自由恋爱"等词汇的理解也非此阶级莫属。如此一来,"知识阶级"理应担负起对劳动阶级妇女的救赎,纠正其"轻浮""不检点"行为,帮助她们理解"妇女解放"的内涵。作者对于后者的轻视及不屑在此表露无遗。

与此相异,1922年创刊不久的《向导周报》上刊载了名为"女权运动者应当知

---

① 顾实:《对于新女子的罪言》,《妇女杂志》1923年第9卷第12号,第5页。
② 陈德征(1893—不详),字待秋,浙江浦江人,毕业于杭州之江大学。1926年任上海《民国日报》总编辑,兼任国民党上海市党部指导委员及宣传部部长。1929年后历任上海特别市教育局局长、国民通信社社长、国民党上海市党部常务委员等职。1930年秋在南京被蒋介石扣押于宪兵营,后于1931年末被释放。著有《个性教育论》等书(参考李盛平主编:《中国近现代人名大辞典》,北京:中国国际广播出版社,1989年,第583页等整理)。
③ 陈德征:《告知识阶级的妇女》,《妇女杂志》1924年第10卷第2号,第310页。

道的"的文章,署名君宇①。《向导周报》是共产党的机关报,高君宇时任该报编辑,此篇文章应该出自高君宇之手。文章认为女权运动的对象应该扩大,仅有少数特权阶级——"新女性"参加的参政权运动不是群众运动,因而"与'妇女解放'四字丝毫不发生关联"②。如果她们还看不清楚自身所肩负的历史使命,为劳动阶级的女性提高政治、经济等各种社会地位,仅站在资产阶级立场上高唱"男女平等",就只能是所谓的"新妇女运动",真正意义上的妇女解放也就无从实现了②。他建议:"现在女权运动的女同胞们,如果运动的目的是在解放妇女附属地位,那么就要了解:把女权运动不要做成太太小姐的运动,要做一切劳苦妇女政治经济和教育利益的奋斗。更要了解女权运动惟有与工人运动并着前进,才能做到真正的解放"③。

比较前后两篇文章的论调,不难看出围绕着"妇女解放",两者的立场和看法迥然相异。首先,他们对妇女解放运动内涵的理解不同。前者将"社交公开""自由恋爱"等视为"妇女解放"的主题,而后者认为这只是资产阶级阔太太小姐这些有闲阶层参与的运动,具有鲜明的阶级局限性,为劳动阶级的妇女争取各种权益才是妇女运动的主题。其次,前者体现出的是对"知识阶级"女性的欣赏和认同,以及对劳动阶级妇女的蔑视,后者则让人痛感"太太小姐"们肤浅的眼光及她们对社会的冷漠。概言之,对于"妇女解放"应承载的时代内涵,存在着党派之间的不同。尽管如此,将"新女性"置于女性群体的领导地位,强调她们应肩负起的社会责任,在这一点上,国共两党之间的看法是一致的。

不应仅满足于将自身的舞台限定在家庭内部,作为社会一分子的"新女性"应义不容辞地扛起社会责任——这是青年们寄予的厚望。批判与期望之情相互映衬、互为表里,男性知识分子希望借此唤醒"新女性",让她们意识到自身的"优越"

---

① 高君宇(1896—1925),山西静乐人,名尚德、字锡山、号君宇。1916 年考入北京大学,1919 年参加"五四"运动,成为北京大学学生会负责人之一。后参加平民教育讲演团、新潮社等学生社团,成为学生社团的骨干。1920 年 3 月参加李大钊指导的北京大学马克思学说研究会,同年 10 月李大钊在北京创建北京共产主义小组,高君宇成为该小组最早的成员之一。同时,高君宇还参与创建了北京社会主义青年团,当选为北京社会主义青年团第一任书记。1922 年 5 月出席在广州召开的中国社会主义青年团第一次全国代表大会,当选为第一届团中央执行委员,同年 7 月出席中国共产党第二次代表大会,当选为第二届中央执行委员会委员。1922 年 9 月党中央机关刊物《向导周报》正式出版,高君宇任编辑兼记者。1925 年病逝于北京(参考李盛平主编:《中国近现代人名大辞典》,北京:中国国际广播出版社,1989 年,第 583 页;王庆华:《高君宇传》,太原:山西人民出版社,1996 年)。

②③④ 君宇:《女权运动者应当知道的》,《向导周报》1922 年第 8 期,第 65 页。

地位,珍惜仅有少数人才能享受的稀缺资源——女子教育,不为传统所累,不为浮华的世俗所累,认真思考人生和自身价值所在,明确自身作为女界精英的社会责任感。这些就是他们眼中"新女性"应具备的时代特质。

必须注意的是,受到批判的不仅是现实中的"新女性",贤妻良母这一昔日舆论的"宠儿"也成为受攻击的对象。时任主编章锡琛就认为"所谓'良妻贤母主义'","就在学得'服从的美德'",他直言:

> 这是从内则的"女子十年不出,姆教婉娩〈原文〉听从"起头,经过了班昭女诫的推演,以后逐渐严密。在清末创办女学堂的时候,学部所拟女子师范学堂章程第三节规定教育总要的第一项,曾说:"今教女子师范学生……务时勉以贞、静、顺、良、慈、淑、端、俭诸美德,总期不背中国向来之礼教与懿媺之风俗,其一切放纵自由之僻说(如不谨男女之辨,及自行择配,或为政治之集会,演说等事),务须严切屏除(摒除),以维风化[中国男子,间有视女子太卑贱,或待之失平允者,此亦一弊风,但须于男子教育中注意矫正改良之;至于女子之对父母夫婿(婿),总以服从为主]。"照这种意见看来,所谓女学校,就是奴隶养成所,女学生的唯一目的,就在养成自己做一个供男子实用的奴隶。①

追溯贤妻良母教育悠远的历史,章锡琛指出其旨在将女性驯化为只知服从的家庭奴隶,是对个性的泯灭之举。将贤妻良母教育视为传统之糟粕,强调其历史性及不合时宜性,是这篇文章强调的核心内容。问题在于,"贤妻良母"所规定的价值取向以及由此而来的"贤妻良母"女子教育是否真是传统中国的产物呢?

二 对"贤妻良母"的误读

濑地山角②、姚毅③等学者的研究显示:在中国,作为四字熟语的"贤妻良母"并非由来已久,该语汇最初由日本"引进",19世纪末至20世纪初年作为一个相对固定的语汇确立下来。它是外敌入侵、国家民族主义抬头的背景之下,梁启超等一批男性知识分子为了实现"富国强种"的目的而倡导的新规范。濑地山角等学者的研

① 章锡琛:《女学生的人生观》,《妇女杂志》1925年第11卷第6号,第864页。
② 濑地山角:《東アジアの家父長制——ジェンダーの比較社会学》,東京:劲草書房,1996年。
③ 姚毅:《中国における賢妻良母言説と女性観の形成》,中国女性史研究会(日本)編:《論集中国女性史》,東京:吉川弘文館,1999年,第114~131页。

究打破了历来将"贤妻良母"视为封建文化产物的思维定式,为我们重新思考"贤妻良母"开创了新的思考空间。但是,这些研究均未对"贤妻良母"思想的内涵及其特点做缜密剖析,是令人感到遗憾之处。

关于"贤妻良母"教育思想,本书第二章中虽有所涉及,但仅从教育理念、教育制度的层面进行了探讨,并未论及该理念的具体实践过程。"贤妻良母"作为从欧美及日本引进的舶来之物,作为近代以降中国社会围绕女性的第一盏指路之灯,其本土化进程及特色影响到日后"女性"这一性别角色的界定,左右着近代"女性"话语建构的内容。就此而言,探讨"贤妻良母"的本土化过程意义深远。

如前所述,《妇女杂志》创刊之初就以宣扬贤妻良母女子教育为己任,这是该杂志第一阶段的办刊主旨。因此,探讨贤妻良母女子教育理念的本土化过程,《妇女杂志》无疑是绝佳的文本。

(一)妇女的社会角色论

创刊伊始,《妇女杂志》大力宣扬"贤妻良母"思想的重要性,并逐步拓展该杂志的社会影响力。

> 近二十年,中外大通,形见势绌,乃见欧美列强纵横于世界,非徒船坚炮利也,实有贤母良妻淑女之教,主持与内,为国民之后盾也……吾妇女界凤秉慈善之天性,人之好善,孰不如我,合我全国妇女界二万万之心思才力以《妇女杂志》为机关,互换德智,以求有益于吾国。[①]

题为"妇女之天职"的文章中,撰稿人王三云:"男女之界说匪惟于形体上征之亦必于性体上征之故男子形魁梧而性伟岸女子形窈窕而性温和伟岸之性于心理上为严肃温和之性于心理上为慈惠故幼稚儿童恒畏父而爱母于此焉"[②],故"曰女子之天职趋重于家庭而不趋重于社会社会上恒托男子之代理家庭中则维女子所掌管故女子在校日所学之学科亦恒趋重于家庭使与男子并驰逐于社会则家庭中几何之不荒且无也此阐明天职上之所以然者"[③]。王三援引生物学及心理学的知识将男女之间的性差绝对化,将其定义为男女之间的特性,而后以此作为男女社会分工的依据,导出贤妻良母是妇女天职的结论。同样是主张"男事于外女助于内",丁凤珠

---

①　刘盛:《发刊词》,《妇女杂志》1915年第1卷1号,第2～4页。
②③　王三:《妇女之天职》,《妇女杂志》1915年第1卷2号;《论说》栏目;第3页。

等人以《易经》为依据得出"男正位乎外。女正位乎内。此古义也"①的论断。也就是说，丁凤珠等人以前近代的女性规范作为立论的基础。

此外，国家的需要——是主张妇女应成为"贤妻良母"的又一重要依据。飘萍女史云："可以担负家政之一部轻男子之责任使得专心于国家社会之事不至使男子为身家所累百念俱灰且儿童之母教与社会国家之前途均直接有大关系者也女子而能担任此义务即可谓尽忠于国家尽忠于社会矣"②。王三亦感叹道："呜呼。国势荏弱。无良国民不足以挽弥天之厄运。然欲造良国民必先得良国民之母。良国民之母伊何人。吾可亲可爱可敬可钦之妇女同胞是也。然则吾妇女同胞曷鉴诸区区之言。而共商榷之。则不惟著者一人之所感纫不尽。实我中华民国国民无疆之休。"③一方面，"贤妻"通过操持家政减轻丈夫的负担，使他们得以"专心于国家社会之事"。另一方面，优良国民的缔造唯有"良母"莫能为之，这是关乎国家前途命运之大事，故而"贤妻良母"角色才是女性"尽忠于国家尽忠于社会"的表现④。这里的叙述将女性与国家架构在一起，女性对于国家的意义也随之被书写、界定出来。值得注意的是，对于国家而言，女性的意义并非通过其自身直接彰显出来，而是通过服务于"夫"与"子"这种间接的形式才能得以体现。

如前所述，封建宗法社会中，对妇女的教育重视的是"德性"的培养，妇女必备的"美德"被集中描述为"事舅姑""事夫""训男女"等，换言之，主要体现在与公婆、丈夫、子女等一组关系之中。这一点在后汉曹大家的《女诫》⑤、唐宋尚宫撰《女论语》⑥、明仁孝文皇后《内训》⑦等有关妇女规范的典籍里，都被反复强调过。《妇女杂志》中所谓的"贤妻良母"，正如其字面所示，主要是从与丈夫、子女的关系中来判断其是否"贤"与"良"，而"事舅姑"退到了次要的位置上。这就与宗法社会中首重"孝"的观念形成明显的区别。"贤妻良母"思想对女性应该建构何种人际关系做了界定，侧重于"丈夫"与"子女"的特点为我们描绘出一幅近代核心家庭的图景。

---

① 丁凤珠：《振兴女学之功效》，《妇女杂志》1915年第1卷7号：《论说》栏目，第6页。
② 飘萍女史：《理想之女学生》，《妇女杂志》1915年第1卷3号：《论说》栏目，第4页。
③ 王三：《妇女之天职》，《妇女杂志》1915年第1卷2号：《论说》栏目，第4页。
④ 类似的论述，还可在遐珍、丁凤珠（《妇女杂志》1915年第1卷7号《振兴女学之功效》）等文章中看到。
⑤ 曹大家：《女诫》，陈宏谋编：《五种遗规》，台北：台湾中华书局，1981年，第1~5页。
⑥ 宋尚宫：《女论语》，陈宏谋编：《五种遗规》，台北：台湾中华书局，1981年，第6~10页。
⑦ 明仁孝文皇后：《内训》，《女孝经（及其他两种）》，北京：中华书局，1991年，第1~30页。

总之,"贤妻良母"首先将女性定位于"家庭"之内,要求其将全部的精力投入到家政管理及教育子女方面,以此体现作为妻子和母亲的"贤"与"良"。具体而言,作为"贤妻",必须掌握疾病的预防、治疗及护理方法,熟知食品的营养成分并在此基础上进行烹饪,熟悉衣服的缝纫、洗涤、保存等科学方法,知晓与家庭生活相关的百科知识,等等。身为"良母",要熟悉哺育幼儿、教育儿童等的方法。在早期的《妇女杂志》上,这些内容得到充分体现。该杂志的两个主要栏目——"学艺"及"家政"就曾源源不断地向读者介绍与日常家庭生活相关的知识,包括疾病的预防、治疗、护理之法、烹饪方法、食物营养成分、家庭百科常识等的说明,衣服的缝纫、洗涤、保存、手工编织法等的讲解,以及哺育幼儿、教育儿童方法的介绍等等[①]。那么,"学艺"与"家政"栏目究竟是如何讲解介绍这些内容的呢?

(二)近代科学知识传播的载体

大量介绍卫生学、生理学、医学、物理、化学、数学等近代科学知识,或以这些知识为依据展开分析讨论,是早期《妇女杂志》的一个显著特点。这一点在第一章探讨该杂志的版面构成及各栏目所占页码数量时已涉及。由于篇幅所限,在此仅通过一些典型的例子进行详细剖析。

《妇女杂志》从 2 卷 9 号起,由陆咏黄执笔,在"学艺"[②]栏目中开设名为"家事衣类整理法"的系列文章。"绪言"中作者云:

> 家事为女子普通教育之一科。而衣类整理。又为家事之一部。盖人生日用所需。食住而外。厥惟衣服。冬裘夏葛。体温赖以调节。越绮吴纨。仪容饰其外观。则整理之法。尤为主家政者所宜知……[③]

"家事为女子普通教育之一科",这样的叙述其潜台词即认同女性从事家政是理所当然和天经地义。人生日用所需,除了食、住之外就是穿衣问题,是故衣类整理之法是女性理应掌握的内容之一。遵循这样的逻辑,作者对"衣类整理"进行了一系列讲解。以下以第一次的讲解内容为例探讨其叙述的特点所在。

---

① 有关这一点,仅从这两个栏目登载的文章题目就可窥见一斑。比如 1 卷 3 号的《食物之腐烂及防除法》《家庭教育简谈》,《妇女杂志》第 1 卷 3 号、4 号、5 号的连载文章《衣类污点拔除法》《简易家庭看护法》及《家庭医病法》等等。诸如此类的文章数量之多不胜枚举。

② 这一栏目有时亦称"学艺门"。

③ 陆咏黄:《家事衣类整理法》,《妇女杂志》1916 年第 2 卷 9 号:《学艺门》栏目,第 2 页。

讲解纤维的种类、性质、用途及鉴别方法,是第一讲的主要内容。行文中凸现的第一个特点是:注重运用精确的数据及物理化学上的专业术语。谈及植物性纤维的代表木棉纤维的长度、直径及构成时,陆氏写道,"通常长十五粍至六〇粍。直径〇.〇四〇粍"、"由八六%或八七%的纤维、五~八%的水、四~五%的蜡、脂肪、蛋白质、有机酸、色素组成"[①]。介绍动物性纤维绢丝时他描述道:"由蚕茧所得之纤维。其一茧纤维之长度。约三五〇至一.二五〇米。其直径平均为〇.〇一八粍"[②],在空气中的含水量为"百分之一或一.二"[③],白色蚕丝由"腓布洛阴(丝之本之质)(Fibroin)……五四.〇三%;细利希恩(Sericine)……一九.〇八%;蛋白质……二五.四七%;蜡……一.一一%;色素……〇.〇一%;脂肪及树脂……〇.三〇%"[④]构成。涉及羊毛的长度、直径及组织结构时,他说"〔其长度〕皆自二.四糎以至二〇.三糎。直径约为〇.〇一以至〇.〇〇四五糎"[⑤],大约由"纤维……一五~七二%;约克及写恩特(Yolk and Suint)……一二~四七%;水……四~二四%;他之物质……三~二四%"[⑥]组成。

其次,文中亦流露出作者对现代科学仪器及手段的信赖。考察木棉、绢丝及羊毛纤维特点的过程中,均借助显微镜,并将观察结果用图显示给读者。介绍酸对木棉纤维的作用受温度影响时,云"曾有以六%冷硫酸液。浸于木棉纤维上。不起何等作用。易以六%煮沸之硫酸液。则立即起剧烈作用。而使木棉脆化。可知温度与酸之作用有关系焉"[⑦]。在此,他用试验的结果导出结论。探讨碱性液体及列叶氏试药(Loewe's reagent)对绢丝的作用及碱性溶液对羊毛所起的作用等时,亦均用试验的结果予以证明。在《第三章纤维之鉴识》[⑧],分别介绍了用"定性的试验"与"定量的试验"来鉴别纤维种类的方法。"定性的试验"中,首先介绍包括"肉眼试验"、"触觉试验"、"燃烧试验"、"显微镜试验"在内的"物理的方法"。之后,将运用化学方法进行测试的步骤、判断方式等做了详细说明。这些均反映出作者靠"试验"结果说话的理念。

_____

① 陆咏黄:《家事衣类整理法》,《妇女杂志》1916 年第 2 卷 9 号;《学艺门》栏目,第 4 页。
② 陆咏黄:《家事衣类整理法》,《妇女杂志》1916 年第 2 卷 9 号;《学艺门》栏目,第 7 页。
③④ 陆咏黄:《家事衣类整理法》,《妇女杂志》1916 年第 2 卷 9 号;《学艺门》栏目,第 8 页。
⑤ 陆咏黄:《家事衣类整理法》,《妇女杂志》1916 年第 2 卷 9 号;《学艺门》栏目,第 10 页。
⑥ 陆咏黄:《家事衣类整理法》,《妇女杂志》1916 年第 2 卷 9 号;《学艺门》栏目,第 11 页。
⑦ 陆咏黄:《家事衣类整理法》,《妇女杂志》1916 年第 2 卷 9 号;《学艺门》栏目,第 5 页。
⑧ 陆咏黄:《家事衣类整理法》,《妇女杂志》1916 年第 2 卷 9 号;《学艺门》栏目,第 12～15 页。

再次,文中也体现出为近代科学所规范的思维方式。谈及木棉的物理性时,作者先用实验结果得出木棉"在百度前后之温度。颇富于伸缩性。此时若制成何种形式。冷后可不改变"①的结论,继而告诉读者:"故衣类偶有皱纹。湿以水。以熨斗熨之。即可平整。而洗濯后,必须施以熨斗完成之法者。皆不外应用此种性质也。"②在此,他注重的是基于科学原理上的因果论式的讲述。

总之,陆咏黄通过讲解表达了希望妇女能够根据理化知识处理家务的想法,即"以养成有秩序之经验。及有根据之技能"③。讲解中,精确的数据及专业术语的运用、对显微镜等现代科学仪器的信赖以及按照科学的思维方式进行推理等,都充分体现出他已被"科学"完全格式化,充分按照"科学"所推崇的严密性、精确性等价值取向进行知识生产实践的特点,这一点又恰是"学艺"及"家政"栏目的缩影。此类文章不仅在内容上向读者大量宣传科学知识,更将"科学"的精神及价值取向默默地传递给读者,也许这比知识传授本身更不容忽视。

又如,《妇女杂志》1卷1号的《妇女卫生谈》④一文论及妇女需要掌握卫生学知识时云:"盖卫生知识。为人所必不可少。自幼至老。一世之强弱。一家之盛衰。莫不与之有密切之关系……回顾吾国。卫生知识。尚在幼稚。每年因病而死亡者。不知凡几。使卫生知识。普及于人人。侍病之法。研究精良。亦未始不可减少也。然则吾侪为女子者。急于此时尽其天职。使卫生之学及侍病之法。日益精进。以裨益于社会。"⑤按照这一宗旨,作者对女子卫生概要、服侍病人及哺育婴儿时应注意的事项等进行了一系列的讲解,陆续刊登在《妇女杂志》1卷1号和1卷2号中。

《论小半臂与女子体育》⑥一文中,沈维桢批评女学生中间流行的小半臂⑦,谈及这种以束胸为目的的装束时,沈维桢道:"夫既以束缚胸乳为美。此即阻人天然之发育而害生理之甚者也,夫衣服贵为人之美观。尤贵合乎卫生之道。洁净为先。式样相配。艳色适时。非皆合乎卫生之道而何耶……洗之晒之。以去污秽。而杀

---

① ② 陆咏黄:《家事衣类整理法》,《妇女杂志》1916年第2卷9号:《学艺门》栏目,第4页。

③ 陆咏黄:《家事衣类整理法》,《妇女杂志》1916年第2卷9号:《学艺门》栏目,第2页。

④ 沈芳:《妇女卫生谈》,《妇女杂志》1915年第1卷1号:《家政》栏目,第2~9页。

⑤ 沈芳:《妇女卫生谈》,《妇女杂志》1915年第1卷1号:《家政》栏目,第2页。

⑥ 沈维桢:《论小半臂与女子体育》,《妇女杂志》1915年第1卷1号:《家政》栏目,第1~2页。

⑦ 作者对小半臂做了如下的解释,"小半臂者。何物也。女学界新发明之物。小背心是也。即束缚胸乳之物。以为美观也"(沈维桢:《论小半臂与女子体育》,《妇女杂志》1915年第1卷1号:《家政》栏目,第1页)。

病毒。更易新衣。以助卫生。未尝有妨诸械官之发育者。惟过于紧小。不但运动
不便。肺部不舒。血液不易流通。呼吸不易畅达。生理学家常言。人久静坐。终
日埋头伏案。易生结核菌于肺端。致患肺病。矧紧紧紮之。使胸不能发达。肺部
不能伸张。"①也就是说,沈氏反对女学生穿小半臂的主要原因在于其有碍于胸部
的发育和肺部的正常工作。回顾后汉曹大家所著《女诫》的"妇行"中所言:"女有四
行、一曰妇德、二曰妇言、三曰妇容、四曰妇功……盥浣尘秽、服饰鲜洁、沐浴以时、
身不垢辱、是谓妇容。"②同样是要求妇女保持服饰的干净,沈维桢的依据是要"合
乎卫生之道",要不妨碍身体各器官功能的发挥及身体的发育等,即从卫生学、生理
学的角度来立论,而曹大家则把讲求服饰的整洁作为"女人之大节"③,从道德的角
度来约束、评判女性的服饰。

　　"卫生"观念同样也贯穿于介绍烹饪方法的文章当中④。《新烹饪》⑤一文中,在
讲解各种菜肴的烹饪方法之前,朱梦梅在"例言"中说道:"吾国于烹饪一门。素鲜
专书。如中馈录、随园食单等。皆语焉不详。于卫生上尤少说明……是编所载虽
系烹饪诸法。然与卫生学生理学化学医学有关系者。均不敢从略。以期增进家庭
常识……是编所载。大半为普通家庭所不知者。惟调味虽佳而不合于卫生者。概
不载入。"⑥以往烹饪的书籍特别少,仅有的一些其讲解也比较粗略,不仅如此,谈
及饮食与卫生二者关系的内容更是少之又少。针对这一情况,朱梦梅的讲解尤其
注重后者。遐珍也提到类似的问题:"烹调食物。人皆视为简易之事。故未有不委
诸仆人之手。然而文明日进。科学日昌。普通理科之知识。亦为妇人所不可不
备。盖应用于实地。实于家庭卫生上经济上。均大有裨益者也。矧食物烹调。为
家常所必需。而其理科之知识。宁非更属紧要耶。"⑦遐珍认为"过去"人们将烹饪

---

① 沈维桢:《论小半臂与女子体育》,《妇女杂志》1915 年 1 卷 1 号:《家政》栏目,第 1 页。

② 曹大家:《女诫》,陈宏谋编:《五种遗规》,台北:台湾中华书局,1981 年,第 3~4 页。

③ 曹大家:《女诫》,陈宏谋编:《五种遗规》,台北:台湾中华书局,1981 年,第 4 页。

④ 此外,涉及住居方面,也同样渗透着"卫生"意识。例如当时就读于日本三轮田高等女学
校的留学生朱穗秋所言"住居选择。其要凡四。一曰卫生。所以保一家之健康也"(朱穗秋:《住
居之选择及其建筑设计法》,《妇女杂志》1916 年第 2 卷 6 号:《家政门》栏目:第 2 页)。美国康奈
尔大学学士章元善的《居家房屋之构造》一文也持类似观点(章元善:《居家房屋之构造》,《妇女
杂志》1916 年第 2 卷 4 号:《家政门》栏目,第 1~3 页)。

⑤ 朱梦梅:《新烹饪》,《妇女杂志》1915 年第 1 卷 7 号:《家政》栏目,第 13~15 页。

⑥ 朱梦梅:《新烹饪》,《妇女杂志》1915 年第 1 卷 7 号:《家政》栏目,第 13 页。

⑦ 遐珍:《关于烹饪之理科谈》,《妇女杂志》1915 年第 1 卷 5 号:《家政》栏目,第 8 页。

一事看得非常简单,基本交由仆人来处理。而在"文明日进。科学日昌"的"今天",从卫生、经济的角度考虑,为了将烹饪做得更好,妇女也需掌握"普通理科之知识。"在朱梦梅、遐珍等人将"过去"与"今天"的对比当中,我们捕捉到他们欲将"卫生"观念导入中国家庭的历史瞬间。

　　总之,与上述内容相似的例子不胜枚举,"学艺""家政"栏目一方面注重对包括数学、物理、化学等近代科学知识的讲解,同时,由于以家庭为主要服务对象,两个栏目中遍布着撰稿者们强烈的"卫生"意识,以及极力要把这种意识传递给读者的意图。在当时中国处于"每年因病而死亡者。不知凡几"[①]的赢弱时刻,他们将希望寄托于近代卫生学、医学等科学知识,期待有更多的人,尤其是以家政为"天职"的妇女们能够借助科学的力量,从家庭入手改变中国的现状。换言之,众多撰稿者从近代国家建设的角度出发,高唱卫生的重要性,并试图通过"贤妻良母"来实现国民的健康。毋庸赘言,文章中被活用的近代卫生学、医学等知识及近代卫生意识是直接或间接从西方输入的结果。科学、卫生等观念的介入,显然已将"彼时"与"今日"切割开来,西方的近代化像一股涓涓细流,试图以"贤妻良母"为媒介悄无声息地改变中国家庭继而是中国社会。

　　(三)"科学"权威的确立及其本土化特点

　　《妇女卫生谈》一文中,作者通过对比强调欧美和日本诸国在普及卫生知识及取得的效果方面远在中国之上,导出"无怪乎彼之强而壮"而吾国"每年因病而死亡者。不知凡几"的结论[②]。朱梦梅在《新烹饪》一文中说,"与卫生学生理学化学医学有关系者。均不敢从略。以期增进家庭常识……惟调味虽佳而不合于卫生者。概不载入"[③],以此显示其对科学的重视。在另一篇名为"家庭药物学"[④]的连载文章中,朱梦梅试图通过讲解家庭药物学来改变国人科学知识匮乏的现状,以期达到

---

　　① 沈芳:《妇女卫生谈》,《妇女杂志》1915年1卷1号;《家政》栏目,第2页。
　　② 原文的部分叙述如下,"查昔英之伦敦。以传染病而死亡者。日有百计。后于一千一百四十六年。卫生知识。普及以来。患病死亡之数均减。故泰东西各国行政上。无不励行卫生。人民于卫生之知识。浅近之病理及医法。几无不知。无怪乎彼之强而壮也。回顾吾国。卫生知识。尚在幼稚。每年因病而死亡者。不知凡几"(沈芳:《妇女卫生谈》,《妇女杂志》1915年第1卷1号;《家政》栏目,第2页)。
　　③ 朱梦梅:《新烹饪》,《妇女杂志》1915年第1卷7号;《家政》栏目,第13页。
　　④ 由朱梦梅撰稿的名为"家庭药物学"的系列文章陆续刊登在《妇女杂志》1917年第3卷1号至4卷10号名为"学艺"或"学艺门"栏目中。

"引起一般人民关于科学上研究之兴味"①的目的,且强调"是编所采各种中药。学说均本西洋"②。结合遐珍等人的叙述,我们可以清楚地看到:其一,科学作为"新知识",在20世纪初年的知识分子中间已然确立了权威性。科举制的废除,近代学校的兴起,新式教育体系中科学知识占有相当比例,如此种种都在建构一种对近代科学知识认同的基础。其二,这样的认同感为日后"五四"运动将科学提升至一种价值观、一种信仰,一种意识形态的高度——科学主义奠定了不可或缺的基础。其三,近代科学知识、卫生知识、卫生观念等与家庭生活相关的科学知识正在积极参与女性新规范的书写。

另一方面,西方的科学知识在经由《妇女杂志》撰稿人本土化的过程中,也呈现出另一个特点。《家庭药物学》系列文章中,朱梦梅开篇便说:"科学知识。不仅在能读书。尤贵能实地练习。本编立语既极浅显。而选择各种药品。又大半为家庭习见之物……务使未习医学之人。读此可增其医学上之新知识。兼能实地疗治疾病。"③希望自己的著述能够增加读者的医学知识,并成为他们实践生活中的指导。

共计十六章的解说之中,朱梦梅分别就牛乳、肉汁、鸡蛋、豆腐、小粉、饴糖、熟地黄、肉桂、人参、鹿角、鱼肝油、绿礬等的性质、效用、服用方法、药方的调制、适用病症等等做了详细介绍。西医与中医混杂并存于一文是该系列文章的一个显著特点。在"牛乳的性质"中,朱氏先从营养学的角度分析说"牛乳之成分中。含有蛋白乳。油乳。糖及盐类各质。"④而在稍后的"牛乳之处方"里,朱氏则援用中医处方的习惯,分别讲述了四种药方的调制及其功效:"(一)牛乳四两煮沸。加入石灰水一两。(以生石灰二三钱。投入冷开水一茶碗中。用筷搅拌。徐待石灰沉下。乃取其面上之清水一两备用。)混合服之。能治呕吐……"。⑤像这样对药方的调制方法及其功效的详细介绍散布在朱梦梅对每一种物质的讲解之中。

旨在宣扬近代的科学知识,但在具体讲述的过程中,却明显地将西医和中医糅合在一起,是这一系列文章的显著特点。在朱梦梅那里,首先,并不完全否定中医。其次,西医和中医之间并不互相排斥,它们之间存在着相互融通的可能性。这一点在《妇女杂志》刊载的其他文章中也多有体现。知识分子们对待中医的态度,让我们联想到"五四"运动的代表性人物——鲁迅——的表述。在其作品《父亲的病》⑥

---

①③　朱梦梅:《家庭药物学》,《妇女杂志》1917年第3卷1号:《学艺门》栏目,第2页。

②　朱梦梅:《家庭药物学》,《妇女杂志》1917年第3卷1号:《学艺门》栏目,第1页。

④⑤　朱梦梅:《家庭药物学》,《妇女杂志》1917年第3卷1号:《学艺门》栏目,第3页。

⑥　鲁迅:《父亲的病》,《鲁迅全集(第二卷)》,北京:人民文学出版社,1981年,第284～290页。

中,将中西医对立起来的讲述,宣泄的是对中医医师的鄙夷以及对中医治疗方法的质疑和不屑。显而易见,鲁迅与早期《妇女杂志》的撰稿人们在对待中西医的态度上存在明显的不同。20世纪初的中国社会,知识分子在宣传包括近代医学等科学知识时并不排斥包括传统医学等传统文化,试图将两者融合、糅合在一起是这一时期科学在中国本土化的重要特点。换言之,在这一时期,近代科学和传统文化并没有被建构在一个二元对立式的构图当中,这就与"五四"运动及后来的用科学主义反对传统的模式形成了鲜明的对比。

通过上述分析,我们看到民初以男性为主体的知识分子所倡导的"贤妻良母"其内涵。以近代国家建设、性差心理学等为由将妇女放置于"家庭"内部,通过"夫"与"子"将其与国家联系起来,明确了她们作为"国民"的责任与价值所在,并将在操持家务中能否运用科学知识,作为判断其是否"贤""良"的重要标准。

刊载大量教导、示范性文章的同时,《妇女杂志》的编辑也不忘让现实生活中"贤妻良母"的楷模现身说法,用她们的切身经历告诉读者该如何扮演好"妻子"与"母亲"的角色。题为"家庭经验谈"的征文活动中,名叫朱志淑的投稿人介绍了她在家相夫教子、主持家政的情况。朱志淑曾就读于南京转坤女子师范学校,毕业后在该校任教,婚后由于子女渐多的缘故辞去教职。

> 外子置身学界。为养正中学校校长。惟日孜孜从事于教育。家庭计划若何。不暇过问。皆余主持。余之性质。对于家务。虽终日操劳。不但不以为苦。反觉津津有味。故余之家务。似觉秩序井然。
>
> 凡家中一切需用布置。无不格外节制。每年用项。必先立表预算。综计进款之数。以为出款之支配。
>
> ……
>
> 余家中每年用度所余之钱。即回家置办田地房屋。或典或买。每年所收租洋。概存于储蓄银行。每年亦可得利息。
>
> 余之家庭。自余整理以来。幸能无窘迫之虞。职此故也。
>
> ……
>
> 余主持家政。每抱勤俭二字。不辞劳苦。兢兢业业。日夜操作。至于日用。节无益之费用。作正当之预备。衣饰只尚朴素。不准奢华。一切菜蔬。仅取适口。不碍卫生而止。盖以人生自立。非勤也不足生财。非俭也不足节财。故余勤俭为治家之要道。此乃余数年来家庭之经验。敢以为吾女界中之

主持家计者告。非是适当。不敢许耳。①

从朱志淑的言谈中,不难看出她对操持家务的津津乐道,看出其从中获得的快乐和满足。只言片语之间,一个克勤克俭、将全身心投入家庭并乐在其中的贤妻良母形象跃然纸上,充满了自豪感。她治家的宝贵经验当然值得其他女性借鉴,平淡的讲述之外,她更将作为一名"贤妻良母"该何去何从的价值取向传递给了读者。这些无疑是《妇女杂志》编辑刊载此文的用心所在。

小　结

对"旧妇女"的批判之声话音未落,对心目中理想的"新女性"及近代家庭的憧憬,对现实生活中"新女性"的讨伐,对"贤妻良母"的似曾相识与断章取义,期许、批判、误读之声在《妇女杂志》中纵横交错,相互叠加,共同书写了一段处于"进行时"的历史变迁过程,多元而复杂。

男性知识分子主导的"新女性"话语映衬出其对近代家庭的渴求,希望女性告别愚昧承担起治理家庭的重任,同时,作为国家的一分子要勇于承担社会责任,种种诉求体现了其对"女性"这一社会性别角色的思考及再定位。"新女性"话语作为男性知识分子自身寻求自由与个性解放的组成部分,引介西方近代思想抨击传统儒家伦理是这一话语的结构性特点。这些批判性话语承载着双重意义,它既是对"女性"的救赎,更是对男性知识分子自身的救赎与社会功能的再定位。从这层意义上来看,"新女性"恰是男性知识分子自身的一种隐喻。同时,这种批判性话语也映衬出成长起来的青年一代,借助近代媒体逐渐掌握话语权的过程。

当然,还有部分来自"新女性"自身的微弱之声,作为这段批判式话语的见证者与追随者,她们与男性知识分子一起,共同参与了这段历史的书写,旗帜鲜明,义无反顾。

记得我念高中的时候,教我们国文的孙老师正是当时最活跃的新女性,她是黄庐隐、谢冰莹的同学,是写新诗的,她规定我们作文,一律写白话文,不得

---

① 朱志淑:《家庭经验谈》,《妇女杂志》1916 年第 2 卷 1 号:《家政门》栏目,第 1～3 页。

写文言文,从此我接受新文学运动洗礼,弃掉在家塾训练出的桐城笔法,去写"的呀吗啦"的白话文,她的口头语是"双层压迫之下",这句话的意思是中国人在列强帝国主义者压迫下,而中国女人除了列强帝国主义者的压迫,还要受旧礼教的束缚,男尊女卑不平等的待遇,因此女人必须努力争取独立的人格,不要依附男人;她最痛恨"女为悦己者容"这句古话,认为女人涂脂抹粉,穿得花花绿绿来取悦男人,就是自轻自贱的行为。从此我就摘下耳朵上长长的耳环,洗掉脸上的脂粉,头发一直剪成"清汤挂面"式……[①]

除了以文章形式呈现的文本之外,"新女性"话语建构过程中还存在另一个更加立体、复杂的画面。换言之,文字文本与以图案、画面为主体的商业广告并存,两个文本之间互为补充,相互交织,是思考"新女性"话语建构之际不容忽视的元素。对《妇女杂志》中商业广告的探讨,将在第四章中展开。从结论来看,一方面是男性知识分子对"贤妻良母"的批判及对"新女性"的再定位,另一方面是《妇女杂志》商业广告中塑造的追求安逸、享乐的女性形象,以及对"贤妻良母"不遗余力的宣传及讴歌,却唯独不见经济独立、服务于社会的女性形象,更何谈为此类女性设计的商品广告。文本之间的相互矛盾之处,恰好暗示了那个时代的现实:普通民众的观念未曾转变,女性参与社会事务的社会共识和基础尚未形成,女性就业的基础薄弱且就业范围极其有限,等等。诸多因素的缺失让这场对于女性的救赎与再定义更像是一场陷阱,空洞而缺乏现实实践意义。

"新女性"中对男性知识分子言说的追随者,游走于喧嚣浮世的享乐分子,以"贤妻良母"为己任的务实派,弥漫在话语之间的个性解放、自由恋爱、强国保重等西方"启蒙"话语,话语背后隐含的社会进化论逻辑以及商业广告中充斥的资本扩张诉求……"新女性"话语交织出一幅1920年代中国社会理想与现实的画卷,一幅中国与西方的话语政治图景。

---

① 郭如善(郭立诚):《一个五四姑娘的回忆》,《中国妇女生活史话》,天津:百花文艺出版社,2005年,第203~204页。

附表 3-1 《我之理想的配偶》中刊载的女性投稿者个人信息

姓名	年龄	职业	学历	婚姻状况	执笔日期	投稿人居住地
漱琴	不明	不明	不明	未婚	1923 年 8 月 18 日	上海
T.Y.L.	不明	不明	研究医学	未婚	1923 年 9 月 18 日	广州
胡焦琴	21 岁	学生	女子师范学校	未婚	1923 年 9 月 24 日	杭州
沈秋霞	不明	不明	不明	未婚	不明	萧山
舜英	不明	不明	不明	未婚	不明	不明
陆美英	24 岁	不明	曾就读于中等女子学校	未婚	不明	不明
苏仪贞	不明	不明	不明	未婚	1923 年 8 月 31 日	不明
秋心	不明	不明	不明	未婚	不明	不明
瑾瑜	不明	不明	不明	已婚	1923 年 9 月 8 日	不明
W.T.	不明	不明	不明	未婚	不明	不明
小倩	不明	不明	不明	未婚	不明	不明
林珍	19 岁	不明	毕业于师范学校	未婚	不明	不明
汪筠	不明	不明	不明	未婚	不明	不明
金淑英	不明	不明	中学毕业	未婚	不明	不明
梅倩	不明	不明	不明	未婚	不明	不明
若吾	不明	不明	不明	未婚	不明	不明
碧锋	不明	不明	毕业于体育专科学校	离婚	不明	不明

资料来源：笔者根据《我之理想的配偶》(征文发表)、《妇女杂志》1923 年第 9 卷 11 号，第 55～144 页整理。

（貳伍） ——新時代的主婦——

漫画

新時代的主婦

中秋生

（1）她自命為新文化中的人物，不但服裝要新奇，出門時必要和他（她的夫）攜手同行，使他為護衛，走到街市上，他見了友人，垂頭屈腰，佯作不見，然而她却氣勢昂昂的；

（2）每到星期六晚上，她硬派他學習跳舞，無人奏樂，就把留聲器來權當，喚唱片，上法條，還要他職司的

（3）新文化生活夫婦的經濟，各自獨立，他因每月遞款中擔負了多少生活費，至半月中已無餘買煙吸用，只得當她吸煙時，閒些煙氣，借此過癮。

——新女箔——

附图 3-1　刊载在《妇女杂志》上的漫画一

图片出处:《妇女杂志》1927 年第 13 卷第 1 号，第 42 页。

——第十三卷第一號——　　　　（陸貳）

（4）她出外或歸家時，常要和他行接吻禮。她厭開醜朵穢鰲等臭氣，以致喜食醃朵鹹鰲的他，只得預先對着牆壁，呵出餘臭，應她的要求。

（5）星期日，她時常作野外宴飲，出門時，一切食具，果然由他攜帶，迨她擇定地點，只在地上擬布靜坐，調食物，烹咖啡，由他揮汗去承辦。

（6）她就寢時間已過，把房門關定，比城門還要嚴緊，那時他在書房寫信，缺少信封及信紙，而又不便叩門向她房內所備的取用，他只得爬入窗戶檢取，以應急需。

——女子世界——

附图 3-2　刊载在《妇女杂志》上的漫画二

图片出处：《妇女杂志》1927 年第 13 卷第 1 号，第 43 页。

PART 4

第四章　　围绕"新女性"的身体书写构图

　　我们的身体本非自然生物体,而是历史、文化、社会等因素交织叠加后的产物[①]。体格、身高及体重等从外观看来处于最"自然"状态下的身体,的确体现着某种自然状态,但其中充溢着文化气息,是被社会浸染之后的产物。具体而言,身体依据感知到的信息,从根本上规定并"污染"着各种有意识的行为方式,不是我们在运用"身体",而是它在驾驭着我们。所谓纯天然的"自然"状态下的身体是不存在的,其隶属于社会感知范畴,被社会性话语命名,并由此被人们认知和理解,成为权力行使的场域[②]。

　　身体作为权力行使的场域,行为者对自身身体的认知远非仅依据他者的界定与规范进行主观还原那么简单与纯粹,换言之,在行为者本人与他者之间,并非存

---

　　① 关于身体建构问题的著述已有相当多的学术积累,本书主要参考文献:フーコー、ミシェル:《臨床医学の誕生》,神谷美恵子訳,東京:みすず書房,1969 年;フーコー、ミシェル:《性の歴史Ⅰ　知へ意志》,渡辺守章訳,東京:新潮社,1986 年;フーコー、ミシェル:《監獄の誕生:監視と処罰》,田村俶訳,東京:新潮社,1977 年;ターナー、ライアン・S:《身体と文化:身体社会学試論》,小口信吉ほか訳,東京:文化書房博文社,1999 年;ブルデュー、ピエール(Pierre Bourdieu):《身体の社会的知覚》,桑田禮彰訳,栗原彬ほか編:《身体の政治技術》,東京:新評論,1986 年,第 79~92 頁;ドゥーデン、バーバラ:《新版　女の皮膚の下　十八世紀のある医師とその患者たち》,井上茂子訳,東京:藤原書店,2001 年;シノット、アンソニー:《ボディ・ソシアル:身体と感覚の社会学》,高橋勇夫訳,東京:筑摩書房,1997 年。

　　② ブルデュー、ピエール(Pierre Bourdieu):《身体の社会的知覚》,桑田禮彰訳、栗原彬ほか編:《身体の政治技術》,東京:新評論,1986 年,第 80~83 頁。

在所谓"支配—抵抗"的简单模式,二者之间共享某种共通的价值评价体系,构成了共谋、共犯的权力关系①。也正因为如此,所谓具有普遍性生物学物体的、超历史的身体并不存在,身体受制于具体的历史背景与社会环境,在行为者与他者之间的张力作用下被界定、被规范,成为勾勒历史轮廓时重要的切入点。

正是在上述思想脉络下,"身体"在生物学意义上的"自然性"受到质疑,从研究的盲区进入世界各地研究者的视野。"身体"的历史性、阶级性、地域性等受到历史研究学者的关注,近代中国女性史的重构也找到新的突破口②。其中较为突出的是学者游鉴明的系列研究。《近代中国女子健美的论述(1920—1940 年代)》③一文中,游鉴明查阅了《申报》《大公报》《时报》《生活周刊》《女子月刊》《良友画报》《家庭周刊》《家庭良友》等大量史料,对 1920 年代至 1940 年代有关健康美的讨论进行了解析。该研究时间跨度大,有助于我们从整体把握近代女性身体的相关讨论。然而不容忽视的是,抗战爆发带来巨大的动荡并由此产生历史断裂,其带来的创伤和痛楚触及历史的每一个角落,这是我们在探讨"身体"史时不能忽略的重要因素,遗憾的是该研究并未对此做出相应的考量。此外,作为上述研究的延伸,2012 年游

---

① ブルデュー、ピエール(Pierre Bourdieu):《身体の社会的知覚》,桑田禮彰訳、栗原彬ほか編:《身体の政治技術》,東京:新評論,1986,第 81～89 頁。

② 相关主要研究参见:李从娜:《近代中国报刊与女性身体研究——以〈北洋画报〉为例》,北京:中国社会科学出版社,2015 年;曾越:《社会·身体·性别:近代中国女性图像身体的解放与禁锢》,桂林:广西师范大学出版社,2014 年;杨兴梅:《身体之争:近代中国反缠足的历程》,北京:社会科学文献出版社,2012 年;杨兴梅:《观念与社会:女子小脚的美丑与近代中国的两个世界》,《近代史研究》2000年第 4 期,第 59～92 页;游鉴明:《超越性别身体——近代华东地区的女子体育(1895—1937)》,北京:北京大学出版社,2012 年;游鉴明:《近代中国女子健美的论述》,游鉴明主编:《无声之声(Ⅱ):近代中国的妇女与社会(1600—1950)》,台北:"中研院"近代史研究所,2003 年,第 141～172 页;タニ・E・バーロウ(Barlow, Tani・E):《買うということ——一九二〇年代及び三〇年代上海における広告とセクシー・モダンガールのイコン》,伊藤るり、結城淑子訳,伊藤るりなど編:《モダンガールと植民地の近代——東アジアにおける帝国・資本・ジェンダー》,東京:岩波書店,2010 年,第 60～87 頁;周春燕:《女体与国族——强国保种与近代中国的妇女卫生(1895—1949)》,台北:丽文文化事业股份有限公司,2010 年;姚霏:《近代中国女子剪发运动初探(1903—1927)——以"身体"为视角的分析》,《史林》2009 年第 2 期,第 52～61 页;坂元ひろ子:《中国民族主義の神話:人種・身体・ジェンダー》,東京:岩波書店、2004 年;夏晓虹:《晚清女性与近代中国》,北京:北京大学出版社,2004 年;杨念群:《从科学话语到国家控制——对女子缠足由"美"变"丑"历史进程的多元分析》,汪民安主编:《身体的文化政治学》,开封:河南大学出版社,2004 年,第 1～50 页;谢黎:《チャイナドレスをまとう女性たち——旗袍にみる中国の近・现代》,東京:青弓社,2004 年。

③ 游鉴明:《近代中国女子健美的论述》,游鉴明主编:《无声之声(Ⅱ):近代中国的妇女与社会(1600—1950)》,台北:台湾"中研院"近代史研究所,2003 年,第 141～172 页。

鉴明出版的专著《超越性别身体——近代华东地区的女子体育(1895—1937)》[①]中,从媒体宣传、学校政策等多个视角出发,探讨了近代体育对女性身体、民众思维方式的改造等问题。该书综合运用当时的报纸、杂志以及校史、传记、回忆录等资料,为我们呈现了立体、多元的历史景象,该研究有许多值得借鉴之处。但是,疏于对历史背景及历史脉络的梳理,缺乏宏观视野,未将"女子体育"放在一个具体的历史语境下进行解析,是令人感到遗憾之处。

白露(Barlow, Tani)是另一位较早关注近代中国女性身体建构问题的学者。探讨20世纪二三十年代中国社会充满情欲色彩的"摩登女郎"形象的建构过程,思考交织其中的社会进化论、近代科学与启蒙意识等西方理论介入中国社会的本土化进程及其特点,白露对上述问题进行持续的关注和思考。将女性身体放在近代民族国家、科学话语、资本扩张等更广阔的历史脉络下进行探讨,运用后殖民主义理论等思想资源展开分析,白露的思考富于启发性,拓展了我们的思维空间,身体的政治性等色彩在其剖析之下暴露无遗。同时,她的研究也留下了有待解决的课题。其一,关注的焦点集中在广告构图本身,对广告之外围绕身体的诸多叙述性文字史料涉及较少,史料运用的单一性导致分析本身过于平面,加之缺乏对广告刊载情况等数据的宏观把握,致使论述的推进过程显得松散,疏于逻辑性;其二,渗透于"摩登女郎"形象中的近代女性"身体"与传统之间有着怎样的交替与传承?这是我们在思考民众观念的近代化转变问题时至关重要的一环。

基于此,本章将聚焦1920年代中国社会新女性"身体"建构的具体过程及特点。

第一节　近代体育观念在中国的确立及发展

回望历史,参与国人"身体"近代化改造的诸多元素中有两个元素不容忽视,其一是近代体育,其二是近代卫生。这些源自西方的舶来之物如何进入中国并参与"身体"的重塑与书写,是首先要探讨的问题。

中文的"体育"一词来自于日文,最早出现于19世纪末。如近代女子教育一

---

①　游鉴明:《超越性别身体——近代华东地区的女子体育(1895—1937)》,北京:北京大学出版社,2012年。

般,近代体育在中国的确立也经历了渐进式过程。有关近代西方体育导入中国社会的研究近年来多有积累,本文将主要参考张晓龙①等学者的研究成果再次进行梳理。

《孝经》云:"身体发肤,受之父母,不敢毁伤,孝之始也",《大学》云"古之欲明明德于天下者,先治其国;欲治其国者,先齐其家;欲齐其家者,先修其身;欲修其身者,先正其心;欲正其心者,先诚其意;欲诚其意者,先致其知;致知在格物。物格而后知至,知至而后意诚,意诚而后心正,心正而后身修,身修而后家齐,家齐而后国治,国治而后天下平。"这些经典无不传递出儒家文化对"身体"的认知及定位。注重修身养性,强调用"礼""仁"等来约束、规范身体。换言之,对于士大夫而言,身体首先是作为体现儒家伦理道德的载体才进入人们认知、评价的视野,而所谓的体育运动则是难登大雅之堂的雕虫小技。体育活动在前近代中国社会里的评价一直较低,尤其是宋代以后,重文轻武的风气基本主导着社会的价值取向。

与此相对,古代及中世纪的欧洲一直都有身心并重的传统。游戏精神及尚武观念使体育运动在古希腊占据非常重要的地位。步入中世纪,骑士体育及骑士精神是构成西欧社会文化的重要组成部分。与传统中国观念中的"武=野蛮"相异,骑士精神往往意味着英勇无畏而又诚实守信,是高贵与典雅、礼仪与风度完美结合的象征。古代及中世纪的欧洲都有体育运动得以开展的土壤,其体育运动观念为日后的发展奠定了基础。

文艺复兴及随后的启蒙运动等使欧洲在各个层面经历了前所未有的思想及文化变革,近代体育观念也由此逐步形成。推崇人文主义精神,强调以人为中心而非以神为中心的人本主义,注重人的价值及尊严,倡导个性解放,认为人生的目的就在于对现实生活中幸福的追求。文艺复兴及启蒙运动的思想解放之旅孕育了近代体育观念的诞生——从人的现世幸福出发强调培养身心全面发展的重要性,锻炼身体保持健康体魄的不可或缺等。当然,近代科学的发展,尤其是近代医学的研究成果被更多地吸收进来,成为近代体育获得发展的重要基石。

鸦片战争及《南京条约》的签订打破了东西方之间的平静,客观上推动了近代体育的输入。西方人在租界的聚居让他们将生活方式连同生活观念一并带入中国。在近代早期的国人眼中,赛马、划船、板球、足球等西方侨民热衷的体育活动是

---

① 张晓龙:《近代国人对西方体育认识的嬗变(1840—1937)》,长春:东北师范大学出版社,2015年。

一种来自于异域的新奇娱乐活动。这种寻求刺激、竞争的娱乐方式对于士大夫阶层而言,是不登大雅之堂的低下游戏,并没有上升到所谓"近代体育"的理性认识。如果说西方侨民的体育活动是一种生活方式在域外的延续,与这种无心插柳相异,踏入中国的传教士对于体育运动的普及则是有心栽花之举。他们在教会学校中设置体育课程,热衷于传播西方近代体育运动,其中基督教青年会的贡献尤为突出,许多运动项目由他们引入中国。但在传统眼光的支配下,传教士在中国的体育运动普及收效甚微。概言之,西方侨民及教会学校开展的体育活动,对近代体育在中国的传播有开风气之先的效果。但是,由于近代教育在当时仍未获得社会的广泛认可,选拔人才的体制仍为科举取士,教会学校的存在本身又受质疑,此时的体育运动只是租界、通商口岸内以西方人为主体的小众之间的自娱自乐。

与此相异,洋务运动的开展却对近代体育在中国的生根发芽起到实质性的推进作用。两次鸦片战争及历次与西方列强交手的失败,使士大夫阶层中的部分人开始警醒,"师夷长技以制夷"成为他们面对虎视眈眈的西方提出的应对策略,也成为洋务运动的指导思想。在洋务派眼中,西方军队之所以能够战胜清军,除了拥有先进的军事技术,强健的体魄是其战斗力优于清军的重要因素,将西式兵操、军事操练引入军队训练无疑成为提升军队战斗力的最佳手段。北洋水师学堂、江南水师学堂等洋务派开办的学堂都积极导入西式兵操。值得注意的是,"由于当时没有'体育'一词,国人习惯称这些以兵操为主的西洋体育活动为'体操'"。[①] 洋务学堂中的体育活动主要出于军事训练的目的,被视为是增强武备的有力手段。但是,正如"师夷长技以制夷""中体西用"等口号中所浓缩的对于东西方的价值定位,洋务派看重的是西方以兵操为主的体育运动对于强国强兵的作用,他们对传统的伦理道德、价值核心依然充满自信与自负,"这种状况就导致了士大夫们的一种矛盾心理。一方面西方的强大政治军事压力使他们不得不接受现实,放弃传统的思维方式,接受富强和'霸道'观念,以强兵和武备的方式引入西方体育;另一方面,其内心深处又深深眷恋着传统,在自身个体行为上仍坚持着儒家重文轻武和轻视身体运动的传统"。[②] 无论如何,在新式学堂中引进西方体育,此举无疑为其传播打开了一扇实质性的窗口。但同时,内心深处的不屑之情让倡导者及在校学生均缺乏实

---

① 张晓龙:《近代国人对西方体育认识的嬗变(1840—1937)》,长春:东北师范大学出版社,2015 年,第 77 页。

② 张晓龙:《近代国人对西方体育认识的嬗变(1840—1937)》,长春:东北师范大学出版社,2015 年,第 81 页。

践欲望,西方体育与西方军事技术等诸多事物一样,处于一种尴尬境地。

"吾国四千余年大梦之唤醒,实自甲午战败割台湾偿二百兆以后始也"①,甲午战争的惨败犹如当头一棒,让士大夫阶层体会到危机的深重,这"不仅提升了'武'在士大夫心中的地位,尤为重要的是使相当一部分士人的文化自信心开始瓦解,使他们对待'武'和身体运动的态度开始发生改变"。② 该如何效仿日本摆脱民族危机,赴日考察的结果让他们意识到日本各类学校普遍重视体育教学,由此愈发激起了尚武强兵的迫切感。也就是说,在日本的冲击下清政府开始重新审视自身,思考国家强大的途径,这一过程既是以往以儒家文化为核心的传统价值观受到质疑的过程,亦成为效仿西方将近代代推向深入的重要契机。20世纪初军国民思潮的到来正是对这一时代需求的回应,同时也将这股潮流推向新的高度。军国民主义的广泛传播极大打击了重文贱武的旧文化价值体系,也为军国民教育的实施铺平了道路。清末民初,清政府及民国政府颁布的一系列法令中均有军国民思想的痕迹,近代体育也在这样的思想背景下在中国社会生根发芽,获得了广泛认可。当然,将近代体育与国家的兴衰联系在一起,是尚文轻武的中国社会转变态度接受并鼓吹近代体育的关键所在。不仅如此,此时的身体书写中也存在性别差异,这一点将在后续部分详细探讨。

总而言之,鸦片战争后,大批的传教士来到中国,通过创办报刊、兴办教会学校等多种形式展开传教活动,西方的各种体育活动以及体育观念、理论及方法正是借助这一途径踏上中国的土地。传教士们的活动虽出于宣扬基督福音的目的,却在客观上开拓了中国人的视野,使近代体育思想、各种体育项目得以在中国生根、发芽,为日后近代体育在中国的开展搭建了平台。与传教士不同,洋务派、维新派人士则从民族危亡的忧患意识出发,站在"强国保种"的立场上大声疾呼效仿西方强身健体已迫在眉睫,正如严复在《原强》一文中所言:"今者论一国富强之效,而以其民之手足体力为之基,此自功名之士观之,似为甚迂而无当。顾此非不佞一人之私言也,西洋言治之家,莫不以此为最急。历考中西史传所垂,以至今世五洲五六十国之间,贫富弱强之异,莫不于此焉肇分。"③当优胜劣汰、适者生存逐渐成为有识之士之间的一种共识,教会学校及新式军事学堂中体操成为必修科目之际,近代体

---

① 梁启超:《戊戌政变记》,《饮冰室合集》,上海:中华书局,1936/1989年,第1页。

② 张晓龙:《近代国人对西方体育认识的嬗变(1840—1937)》,长春:东北师范大学出版社,2015年,第83页。

③ 胡伟希选注:《论世变之亟——严复集》,沈阳:辽宁人民出版社,1994年,第36~37页。

育观念也逐步为更多的人理解和接受。迫于内外压力的清政府于世纪之交宣布实行"新政",《钦定学堂章程》《奏定学堂章程》等的颁布确立了近代学校教育制度,"体育"作为其中的教授内容获得了政府的认可和承认。近代女子体育在中国的出现正是基于这样的历史脉络,只是在时间上要稍晚于男性。

中国的近代体育最初始于西方侨民在租界的自娱自乐,而后传教士在教会学校积极推进,洋务运动中也开始对西方体育加以引进。甲午战败后尚武强兵的迫切感以及20世纪初年军国民主义的兴起,进一步推动了近代体育在中国本土化进程。近代体育开始广泛参与国人"身体"的改造,"新女性"成为第一批受此观念浸染的女性群体,这也标志着中国女性的身体开始被近代收编。

第二节 近代卫生观念的输入与 其对"身体"的书写

探讨身体的近代化时,还有一个重要因素不容忽视,即近代卫生观念。诚如黄金麟、余新忠等学者指出,"身体"从前近代步入近代的过程,经历了被"国家化""纪律化"的过程,近代卫生行政的导入,在制度上确立了国家介入个人身体的合法性,让国家借助"卫生"话语实现对国民身体的控制及干预,完成了对中国人身体近代化的书写与规范。[①] 一言以蔽之,貌似从前近代社会获得解放的近代身体,其实进入了另一个建立在现代医学等近代科学基础上的管控体系。那么,这套体系经历了怎样从无到有的过程?本节将依据余新忠、罗芙芸(Ruth Rogaski)等学者的研究成果进行梳理和总结。

与直接借用日文"体育"一词不同,"卫生"在前秦典籍《庄子·杂篇·庚桑楚》中就已出现。"南荣趎曰:'里人有病。里人问之。病者能言其病,病者犹未病也。若越之闻大道。譬犹饮药以加病也。趎愿闻卫生之经而已矣。'"传统意义上的"卫生"意指"养生","大都是在与身体健康相关的语境中被使用的,内涵包括对'生命'

---

① 黄金麟:《历史、身体、国家:近代中国的身体形成(1895—1937)》,北京:新星出版社,2006年;余新忠:《晚清"卫生"概念演变探略》,《西学与清代文化国际学术研讨会论文集》(下册),北京:中国人民大学清史研究所,2006年,第915～950页;余新忠编:《清以来的疾病、医疗和卫生:以社会文化史为视角的探索》,北京:三联书店,2009年等。

的养护和医疗"①,与此相异,近代意义上的卫生则一般指"社会和个人为增进人体健康,预防疾病。创造合乎生理要求的生产环境、生活条件所采取的措施"(《辞海》,1999 年)。二者相较最主要的区别在于:其一,前近代的"卫生"主要指涉个人的调养行为,强调个人通过静心、节欲等方式有效地调节、养护身体以此实现养生之道。近代卫生则不再仅限于个人私事,而是"关涉社会乃至民族国家的公共事务,需要借助社会和国家的力量来加以管理"②。其二,传统的养生之道依托的是古人的天地观、宇宙观以及基于经验之谈的中医知识,近代卫生则建构在近代医学等科学之上。其三,传统的养护着重自身内在的调节,而近代卫生则以一种积极主动的姿态去谋求"改造外在环境以使之更为适合人的健康需要"③,因此近代卫生概念更强调人的主动性及对外部环境的改造。

当然,从前近代的个人养生到近代卫生观念及制度在中国的确立,经历了一个转变过程,其中,来自欧美的直接影响自不必说,通过日本辗转而来的间接作用亦不容小觑。传教士作为引介西方文化的媒介,首先发挥了重要的先锋作用。其中较为突出的是英国传教士傅兰雅(John Fryer)④及其中国同事的一系列翻译工作,其中尤以《化学卫生论》的问世最引人注目。《化学卫生论》首先在《格致汇编》中连

---

① 余新忠:《晚清"卫生"概念演变探略》,《西学与清代文化国际学术研讨会论文集》(下册),北京:中国人民大学清史研究所,2006 年,第 921 页。

② 余新忠:《晚清"卫生"概念演变探略》,《西学与清代文化国际学术研讨会论文集》(下册),北京:中国人民大学清史研究所,2006 年,第 922 页。

③ 余新忠:《晚清"卫生"概念演变探略》,《西学与清代文化国际学术研讨会论文集》(下册),北京:中国人民大学清史研究所,2006 年,第 923 页。

④ 傅兰雅(John Fryer,1839—1928),生于英国肯特郡海斯(Hythe)小城牧师家庭,自幼受父亲影响对中国充满浓厚兴趣,甚至被同学冠以"傅亲中"(Chin-chong Frung)的绰号。1861 年大学毕业后受英国圣公会派遣出任香港圣保罗书院(St. Paul's College)校长。1863 年辞去香港圣保罗书院教职,接替圣公会传教士包尔腾(John Shaw Burdon)至京师同文馆担任英文教习。1865 年出任上海新开办的英华书馆校长。1868 年赴曾国藩、李鸿章在上海创办的江南制造总局翻译馆,自此开始长达 28 年的译书生涯。译书之余,1874 年与江南制造总局翻译馆同事徐寿创办格致书院,旨在推广西方的科技知识。1876 年创办近代中国第一份科学期刊《格致汇编》,用以介绍、普及自然科学知识。1885 年创办格致书室,旨在经销科技书籍、仪器等。1877 年应邀参加基督教新教在华传教士组织的学校教科书委员会——益智书会,1879 年被推举为该会总编辑,着手编撰教科书。江南制造总局翻译馆的译书及益智书会编撰的教材等成为当时中国人了解、学习西方科学知识的重要窗口。1896 年,甲午战败洋务运动宣告破产后赴美,后被聘为加州大学伯克利分校东方语言文学教授。1928 年在美去世(参考熊月之:《西学东渐与晚清社会》,上海:上海人民出版社,1994 年,第 567~586 页)。

载,1881 年集结成书出版。与传统的书目相异,这是目前所知中国最早在近代卫生的意义上使用"卫生"一词的著述。其英文原名为 *The Chemistry of Common Life*,意为"日常生活中的化学",重点讲解了包括空气、水、土壤、粮食五谷、肉、鱼、茶叶等与日常生活息息相关的事物的化学元素构成、物理化学性质及日常生活中的化学现象等问题①。

该书中的知识源于 18 至 19 世纪初西欧化学家及物理学家对动植物进行的试验②,讲解充斥着西方近代科学,尤其是近代化学色彩。介绍饮用水之时,对水的化学组成、物理化学性质、氢气的制取及其性质等进行了详细介绍。书中对于现象及原理的解释与中国人所熟知的知识体系相去甚远,从这一点来看,该书的问世无疑具有鲜明的"近代性"。但同时,并非有意识地要将西方围绕近代卫生形成的一整套观念及制度引介到中国来,其初衷仍站在传统宇宙观的基础上要人们与自然融为一体顺从天意以护卫生命。这一点在序言等处多次体现出来,"人之安然以生者,固终生由之,而不知其所以生之道,又乌知所以就安利避危殆以无负天地好生之德。至有戕其生、蹙其生,昧昧焉而不知所悔者,夫岂天之道哉? 此书之作,所以阐人之聪明,示人以利害,所裨诚非少矣。"③《重刻〈化学卫生论〉叙》中强调:"惟卫生之理,非由积习俗见,人云亦云。非藉忆度虚拟我是则是,要本确凿之据,出乎自然,取诸造化之奇,合乎天性,则为生之理,始信而不虚矣。欲如斯者,非出自化学不可。盖化学之道,足泄天地之奇,能发万物之隐,凡起居动作之理,日用饮食之物,莫不可化学而推其详"。④ 这些都体现出译者们再创作时"旧瓶装新酒"的痕迹。无论这是取悦于中国读者的有意而为之,抑或是出于其他原因,从结果来看,《化学卫生论》中叠映出"传统"与"近代"的双重影子,留下了过渡时期特有的足迹。⑤

《化学卫生论》之后,傅兰雅又相继翻译了一系列卫生题材的著作,包括《居宅

---

① 季鸿崑:《〈化学卫生论〉的解读及其现代意义》,《扬州大学烹饪学报》2006 年第 1 期,第 18~25 页。

② 罗芙芸:《卫生的现代性:中国通商口岸卫生与疾病的含义》,向磊译,南京:江苏人民出版社,2007 年,第 119 页。

③ 傅兰雅等译:《化学卫生论·序》,《格致汇编》,上海:格致书院,1880 年第 1 卷。

④ 傅兰雅等译:《重刻〈化学卫生论〉叙》,《化学卫生论》卷首,上海:格致书室,1890 年。

⑤ 余新忠:《晚清"卫生"概念演变探略》,《西学与清代文化国际学术研讨会论文集》(下册),北京:中国人民大学清史研究所,2006 年,第 919 页;罗芙芸:《卫生的现代性:中国通商口岸卫生与疾病的含义》,向磊译,南京:江苏人民出版社,2007 年,第 145~175 页。

卫生论》(*Sanitary Engineering to Cure the Poor*,1890 年)、《孩童卫生编》(*Health for Little Folks*,1893 年)、《幼童卫生编》(*Lessons in Hygiene*,1894 年)和《初学卫生编》(*First Book in Physiology and Hygiene*,1895 年)等①。这股"卫生"之风的袭来引起谭嗣同、梁启超等精英知识分子的注意,他们接受并汲取了其中的养分②,但以傅兰雅为代表的西方传教士及其对近代卫生知识的宣传,其影响力仅限于部分精英阶层,并未对中国社会发挥实质性的影响③。

在东亚世界,近代意义上的"卫生"首先出现于日本④。而与在中国的传播特点相异,在日本近代卫生经历了完全不同的本土化过程,医生长与专斋(1838—1902 年)被视为是推进这一过程的最大功臣。1871 年,长与专斋跟随岩仓具视使节团赴欧美考察,初衷是考察西方的医学教育和医师制度,但在考察的过程中他关注到近代化的卫生制度,这在东亚世界还是一个未知领域,也没有与 sanitary、health 等对应的翻译。考察回国后,长与专斋创造性地将中国古典中"卫生"一词对应于"hygiene",更致力于日本的卫生行政制度建设。而后,"卫生"一语在日本日趋成为一个被广泛接受的通用语,日本的近代卫生事业也获得了长足进步⑤。也就是说,与近代教育制度等一样,近代卫生制度在日本的确立也经历了一个自上而下的过程。这一切对隔海相望的中国而言似乎既遥远又陌生,除了被派往日本就任驻日参赞官的黄遵宪等个别人十之外,几乎无人关注日本的变革之路⑥。

然而,这种局面在甲午战争后出现了重大变化,痛感民族危机的中国社会一时间掀起了全方位学习日本的热潮。在此背景下,一方面,早年黄遵宪的《日本国志》

---

① 余新忠:《晚清"卫生"概念演变探略》,《西学与清代文化国际学术研讨会论文集》(下册),北京:中国人民大学清史研究所,2006 年,第 930 页。

② 罗芙芸:《卫生的现代性:中国通商口岸卫生与疾病的含义》,向磊译,南京:江苏人民出版社,2007 年,第 134~140 页;季鸿崑:《〈化学卫生论〉的解读及其现代意义》,《扬州大学烹饪学报》2006 年第 1 期,第 22 页。

③ 余新忠:《晚清"卫生"概念演变探略》,《西学与清代文化国际学术研讨会论文集》(下册),北京:中国人民大学清史研究所,2006 年,第 935 页。

④ 罗芙芸:《卫生的现代性:中国通商口岸卫生与疾病的含义》,向磊译,南京:江苏人民出版社,2007 年,第 145~175 页;余新忠:《晚清"卫生"概念演变探略》,《西学与清代文化国际学术研讨会论文集》(下册),北京:中国人民大学清史研究所,2006 年,第 919 页。

⑤ 余新忠:《晚清"卫生"概念演变探略》,《西学与清代文化国际学术研讨会论文集》(下册),北京:中国人民大学清史研究所,2006 年,第 923~924 页。

⑥ 余新忠:《晚清"卫生"概念演变探略》,《西学与清代文化国际学术研讨会论文集》(下册),北京:中国人民大学清史研究所,2006 年,第 924~926 页。

等有关日本的著述开始进入大众的视野。另一方面,赴日考察、留学迎来高潮,日本考察记、日本游记中有关日本的卫生制度、机构的介绍随之增多,《日本法规大全》《日本警察法讲义》《警察学》等译著经商务印书馆等出版机构出版发行,其中就包含大量与卫生相关的知识。不仅如此,郑观应、梁启超等精英知识分子也多从国家兴亡的角度撰文关注卫生问题,各种经世文编中,"卫生"一词的出现频率明显增高。1900年,中国人撰写的第一部以"卫生"为名的著述——丁福保《卫生学问答》问世,《盛京时报》《京话日报》及《东方杂志》等报刊媒体也在宣传卫生知识,介绍西方的卫生制度,探讨卫生与国家建设的关系等。种种迹象表明,甲午战争后,卫生问题作为关系到国家危亡的课题备受国人关注。[①]

由于"卫生"一词在明治维新后的日本是一个旧瓶装新酒的崭新语汇,从一开始就蕴含着近代卫生概念及制度,因此日本影响力的增强一方面意味着中国社会有更多的机会使用"卫生"一词,更为重要的,随着甲午战争后中国精英阶层意识到近代卫生对于国家建设的意义,相关的知识也随之被不断翻译、介绍到中国来。与传教士立足于古典养生的角度介绍近代卫生知识不同,这些举措丰富了"卫生"一词的内涵,使它与古典语义愈走愈远,使其是更具科学性、社会性及管理色彩,这些因素都为近代卫生的制度化及卫生观念的普及做好了思想铺垫。[②]

1905年,在借鉴日本等国经验的基础上,清政府设立巡警部,在其下警保司设立卫生科。次年,清政府设民政部,原巡警部警保司卫生科归属民政部,升格为卫生司。至此,"'卫生'一词被纳入到了国家正式行政机构名称之中,标志着国家对在新意义使用这一词汇的认同,并为'卫生'最终成为表示维护健康、预防疾病这一内容的社会标准用语提供了直接的动力和保障。其次,卫生司'检查医药、设置病院'等职能的规定,明确了医政管理而非医学本身乃卫生行政的重要组成部分,从而确立了近代广义卫生的内涵。"[③]1907年,清政府为立宪改律而设立的修订法律

---

① 余新忠:《晚清"卫生"概念演变探略》,《西学与清代文化国际学术研讨会论文集》(下册),北京:中国人民大学清史研究所,2006年,第935~944页。杜丽红:《清末北京卫生行政的创立》,余新忠编:《清以来的疾病、医疗和卫生:以社会文化史为视角的探索》,北京:三联书店,2009年,第303~304页。张进藩:《中国法律的传统与近代转型》,北京:法律出版社,1997年,第369~371页。

② 余新忠:《晚清"卫生"概念演变探略》,《西学与清代文化国际学术研讨会论文集》(下册),北京:中国人民大学清史研究所,2006年,第935~944页。

③ 余新忠:《晚清"卫生"概念演变探略》,《西学与清代文化国际学术研讨会论文集》(下册),北京:中国人民大学清史研究所,2006年,第945页。

馆翻译完成《新译日本法规大全》并公开发行,其中涵盖了十分全面的日本卫生行政法规,清政府还专门派官员赴日学习包括卫生行政在内的警察制度[1],政府的这些举措意味着国家层面在为制度建设做着进一步准备。官方的认可及推进工作无疑发挥着强有力的示范效应。在这一背景下,围绕"卫生"问题的讨论及著述已不再局限于精英知识阶层,"开始较为广泛地出现在公文、告示、日用医书、乡土志等与民众关系密切的文献以及竹枝词、小说等通俗文学作品中"[2]。这些现象都说明"卫生"观念的社会化进程得到进一步推进,它不断渗透并参与到民众的日常生活中来,"新女性"也不无例外地成为这一观念的载体和媒介。

第三节　近代消费文化对女性"身体"的重构

毋庸赘言,近代化重要的标志之一是都市的出现和繁荣。近代工业、服务业等产业的出现和发展,一方面带来了对劳动力的大量需求,让更多的人口涌入城市。同时,大量被生产、销售出来的商品成为都市居民赖以生存的物质保障,满足人们对日常必需品的需求。不仅如此,近代化的推进也在不断点燃、煽动消费者的消费欲望。尤其是上海,自19世纪开埠以来,急速发展成为远东首屈一指的大都市,其风向标的示范作用更是不可小觑。

一　近代化进程的推进与消费文化的形成

追溯历史,鸦片战争前上海作为苏州下属的一个县,还只是长江下游黄浦江畔以渔业为主的小地方,鲜为人知。然而,作为长江与东海、黄海的交汇口,上海具备了发展国际贸易的潜在优势。不仅如此,依托长江流域发达的内河运输,上海在国内贸易方面也占得先机,长江流域河网密布,历来就是中国经济最发达的地区。正是洞察到上海在经济、交通等领域的潜能,鸦片战争后西方列强将上海定为五口通商的口岸之一,在此圈地建立租界。上海被历史的洪流裹挟而步入近代,成为中外交流的窗口,由此经历了飞速的近代化、都市化进程。从19世纪后半期到20世纪

---

① 杜丽红:《清末北京卫生行政的创立》,余新忠编:《清以来的疾病、医疗和卫生:以社会文化史为视角的探索》,北京:三联书店,2009年,第304～305页。

② 余新忠:《晚清"卫生"概念演变探略》,《西学与清代文化国际学术研讨会论文集》(下册),北京:中国人民大学清史研究所,2006年,第945页。

初,电话、自来水、电灯、汽车等先后登陆上海,从道路、桥梁、码头、港口、建筑物的修建,到煤气、自来水、电力、交通、通讯等城市基础设施的日趋完善,上海经历着日新月异的变化。①

进入民国时期,阻碍近代工业发展的制度性障碍已然消除,随着国内外投资的急剧增加,上海的轻工业、金融证券业、不动产业等迅速发展。尤其值得一提的是,民族工业在一战期间得到长足发展,在面粉、火柴、肥皂、香烟、电灯泡等供给方面,国货占相当大的比例②。同时,化妆品、服装、收音机、唱机、家具、钻石首饰、轿车等海外消费品也大量涌入③。举例而言,受到一战的影响,1910年代后半期从国外经由上海进口的商品价值总额维持在不到2亿两水平,一战后经由上海港进口的外国商品总额从1920年的3.7亿两蹿升至1930年的6.7亿两④,翻了近乎一倍。1920年代时,上海已成长为中国国内的工业中心,同时还是内地及国际航运的枢纽城市。工业生产总值占当时全国生产总值的一半以上,拥有包括上海至美国、上海至欧洲、上海至日本等国际航线10余条,每年有数万艘轮船出入。繁忙的海上航线让上海顺理成章地成长为国际贸易中心及金融中心⑤。

与城市化、近代化的脚步相伴,新的雇佣机会被不断创造出来,这些岗位吸纳了众多本地及其他地区的人才及劳动力,再加之战乱导致的影响,上海的人口呈现显著增长的趋势。统计数据显示,1852年上海的人口约为54万余人,到了1930年增长至314万余人,短短70余年间增长了近六倍。其中,居住在租界的人口从最初的500人增至1930年的144万余人⑥。租界是上海的中心,最繁华的地区,上海尤其是租界地区人口的急剧增长,为商业的发展源源不断地输送着潜在的消费者。

供给不断制造、催生新的市场需求,商业的发展繁荣刺激着市民的消费行为。经营服装、陶瓷、钟表、茶叶等的专卖店、销售日常生活用品的小杂货店不断增多,

---

① 沈嘉荣:《中国现代化百年探索》,南京:南京出版社,1998年,第131页;忻平:《从上海发现历史——现代化进程中的上海人及其社会生活(1927—1937)》,上海:上海人民出版社,1996年,第378~379页。
② 潘君祥等:《上海通史第8卷民国经济》,上海:上海人民出版社,1999年,第77页。
③ 罗苏文等:《上海通史第9卷民国社会》,上海:上海人民出版社,1999年,第144页。
④ 张仲礼:《近代上海城市研究》,上海:上海人民出版社,1990年,第123页。
⑤ 沈嘉荣:《中国现代化百年探索》,南京:南京出版社,1998年,第131页;忻平:《从上海发现历史——现代化进程中的上海人及其社会生活(1927—1937)》,上海:上海人民出版社,1996年,第131~132页。
⑥ 邹依仁:《旧上海人口变迁的研究》,上海,上海人民出版社,1980年,第90页。

散布在市区的各个角落。有实力的店铺为了吸引更多的顾客,通过媒体、张贴广告牌等方式为自身及销售的商品做宣传。与此同时,大型的百货商店也开始登陆上海,进一步促进了商业的发展。1917 年,上海滩首个大型百货商店——先施百货公司,在繁华的南京路开业。永安百货公司和新新百货公司紧随其后分别于 1918年及 1926 年开业,这三家百货公司和 1936 年登陆上海滩的大新百货公司,并称为"四大公司"。这些百货公司背后有巨额的资金支持,在繁华地段坐拥醒目气派的建筑物,商品一应俱全。以先施公司为例,当初该公司的资本为 200 万港元,五层的建筑物总面积超过一万平方米,设有 49 个商品部,经销一万余种商品[①]。这些百货公司的建筑物内还设有剧场、餐饮店等的休闲设施,集购物与娱乐于一身。南京路作为新型商业街日趋成熟,这里大商场云集,小商店鳞次栉比,宽敞明亮的橱窗里陈列着琳琅满目的商品,熙熙攘攘的人流让这里终日充斥着喧嚣和热闹。他们在营销上竭尽所能,努力让购物更便捷也更迅速,这些举措也在无形中助长了市民的消费欲望。

　　另一方面,一战后欧洲诸国的经济趋于恢复和发展,1920 年代后美国的工业化进程加速推进,迎来经济的飞速发展,经济实力大幅增长,社会财富不断积累,消费水平日趋提高。在此背景之下,以美国为首的西方社会先后步入消费社会,随之而来的,是以对物品的绝对占有和追求享乐主义为特征的消费主义文化的诞生。鼓励人们对奢侈的生活和对金钱的追求,崇尚无节制的消费和物质享受,消费作为一种"美德"让人们将其视作生活的目的和人生的终极价值,亦让消费者在情感上获得满足。同时,报刊、广告等大众传媒的发展对消费文化的推广又起到推波助澜的作用,如此种种催生了消费主义文化——一种全新的价值观。作为连接西方与东方的纽带,上海很快被这种消费观席卷,其实上海早已为迎接它的到来做好了准备。换言之,消费主义文化在上海的落地生根可谓水到渠成。以外国商品为主的新商品大量涌入,广告等各种宣传媒介的大肆渲染,人们对舒适生活的向往,诸多因素的叠加使消费文化很快就在上海开花结果。

　　此外,从居民的构成情况来看,相较于其他城市,上海滩的情况比较复杂。这里既有土生土长的本地人,也有因谋生等各种原因涌入的外来人口,还有漂洋过海的外国商人、传教士,人口的流动相对频繁。从阶层角度而言,资本家、中间层主要居住在租界内,而从上海的周边地区或是内陆不远千里到上海来谋生的劳动者及

---

　　① 　潘君祥等:《上海通史第 8 卷 民国经济》,上海:上海人民出版社,1999 年,第 69 页。

其家属,则主要居住在租界以外的贫民窟街区。从文化层面来看,注重科学、强调个性色彩的西方近代文化在上海受到大众的追捧,充满西洋风情的风俗及商品点缀着人们的生活,同时,中国传统的风土人情仍依旧影响、支配着民众的思维。

如上所述,清末民初的70多年中,上海由一个名不见经传的小城镇发展成为中国最具近代化特色的大都市。这一点不仅在经济领域,在文化、教育等各个方面都得到集中体现。在与外国频繁交往的过程中,西方的近代文化对上海产生了巨大影响。与注重传统与国粹的"京派"文化不同,融合了外国元素的"海派"文化在上海生根发芽,逐渐形成自身独有的特色。"海派"文化实用主义色彩浓重,对外国的新鲜事物抱着好奇之心,对新产品、新思想、新文化显示出吸纳百川的包容,抱着为己所用的心态积极导入,没有因固守传统的坚持而滋生的对新事物的排斥与抗拒。汲取了诸多外国文化元素的"海派"文化,从本质上来讲是半殖民地化的大都市上海孕育出的一种全新的近代市民文化。在中国广袤的大地上,它既不同于注重传统、趋于保守的"京派"文化,也与墨守成规、闭塞的乡村文化相异,上海与其他都市、乡村之间形成了巨大差异。换言之,从经济、思想文化、教育等方面来看,上海是中国发展的最前沿,它与众不同,拥有自身独有的气质。

二 近代消费文化构建的女性身体

步入20世纪20年代,消费文化伴随着商品经济的日趋繁荣接踵而至,加之近代报刊媒体的不断壮大,广告业迎来发展的高峰期,报刊广告占据举足轻重的地位,所谓"一纸风行,不胫而走。故报纸所到之区,即广告势力所及之地。且茶坊酒肆,每藉报纸为谈料。消息所播,谁不洞知。永印脑筋,未易磨灭。非若他项广告之流行不远,传单之随手散佚也。是故新闻愈发达广告之作用亦愈宏"[①]。与民国初年相比,报纸刊载广告的比重大幅增加,广告所占篇幅及版面数量成倍增长,报刊媒体的生存发展依赖于广告的收入,广告也随之成为报刊经营的生命线[②]。从化妆品、服饰、衣料、书籍、杂志、药品、滋补品、食品、香烟、眼镜、灯泡、电影、京剧等演出的文化讯息,到银行、信托公司等的金融行业的宣传,广告内容可谓包罗万象,应有尽有。

（一）《妇女杂志》中商品广告的变迁

置身于这样的时代背景下,《妇女杂志》中的广告又呈现出何种特点呢?

---

① 薛雨孙:《新闻纸与广告之关系》,上海:申报馆,1923年,第87页。
② 黄玉涛:《民国时期商业广告研究》,厦门:厦门大学出版社,2009年,第111～112页。

总体而言,广告刊载量大且种类丰富是其重要特点。表 4-1 显示了《妇女杂志》各卷刊载的商品广告总数及各期平均数量的变化状况。自 1915 年创刊以来,每期广告刊载量的平均值达到 26.1 支,且各卷刊载的广告数量呈现不断上升的趋势。各类广告超过 45 种之多,大体可分为"身体装饰品""书籍·杂志""药品""滋养品·补品""食品""文教用品"及其他共计 7 类(如图 4-1 所示)。

表 4-1　《妇女杂志》中各期刊载广告状况及刊载广告总数

年度	合计(支)	各期广告数量
1915	350	29.2
1916	258	21.5
1917	204	17.0
1918	267	22.3
1919	260	21.7
1920	345	28.8
1921	201	16.8
1922	257	21.4
1923	279	23.3
1924	340	28.3
1925	383	31.9
1926	339	28.3
1927	314	26.2
1928	420	35.0
1929	338	28.2
1930	342	28.5
1931	425	35.4
平均数量(支)	313.1	26.1

资料来源:本表是笔者对《妇女杂志》各期刊载的广告数量进行统计的结果。

各类商品广告的刊载量因时期不同存在较大差异,是又一重要特点。具体而言,创刊早期的《妇女杂志》留给广告的篇幅并不多,且商务印书馆自身出版、发行的教科书、图书、杂志等广告占据绝大多数。而到了《妇女杂志》办刊的中后期,"身体装饰品"类广告的版面占有量大幅增加。如图 4-1 所示,从 1919 年起,"书

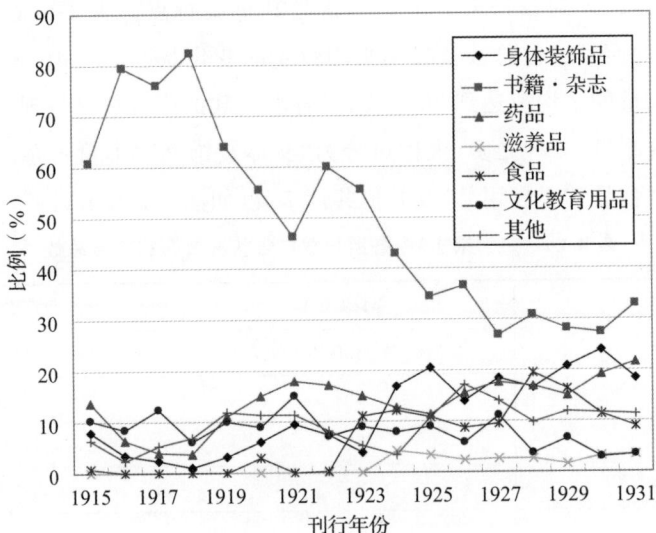

图 4-1　各类商品广告所占比例变迁状况

资料来源:本图是笔者对《妇女杂志》中各类广告逐年的变化状况进行统计、整理而成。

籍·杂志"类广告量呈现下降端倪,1924 年后,已不足广告总量的 50%,1927 年后,骤减至广告总量的 30%左右。与此相异,除"文教用品"之外,其他商品的广告总体呈现攀升趋势,"身体装饰品"类广告的增幅尤为显著。1918 年,该类广告的刊载量是各年份中最少的一年,仅占当年各类广告总量的 1.1%,其后呈逐年上升趋势,1924 年其刊载量一跃超过 10%,之后一直在 10%～20%浮动,1920 年代后期"身体装饰品"类的广告数量一直稳居《妇女杂志》刊载各类广告的三甲地位。1930 年达到峰值,占当年《妇女杂志》刊载广告总量的 24.0%。

《妇女杂志》中有关书籍、杂志类的广告量一直稳居各类广告之首,尤其是创刊早期,书籍、杂志类广告可谓独占鳌头,一枝独秀(如图 4-1 所示)。这与创办《妇女杂志》的商务印书馆有直接关系。借助《妇女杂志》这一平台,商务印书馆频繁地宣传自家编撰的教科书及创办的刊物。然而,这一情况随着《妇女杂志》办刊的日趋稳定成熟而发生变化。"身体装饰品""药品""食品"等的广告量呈现上升态势,其中尤以"身体装饰品"类广告的增长格外显著。如图 4-2 所示,除去刊载商务印书馆出版发行的"书籍·杂志"类广告,"身体装饰品"类广告年均占到 10%～30%,1920 年以前大多维持在 10%～20%,而到 20 年代,大多维持在 20%～30%,1925 及 1930 年则分别高达 35%和 33.5%。不仅如此,在"身体装饰品"类广告中,海外舶来品占据很大比重。统计数据显示,《妇女杂志》17 卷刊载的所有"身体装饰品"广告中,洋货与国货所占的比例分别为 82.5％ 和 13.8％,此外还有 3.7％ 的产品产地不明。

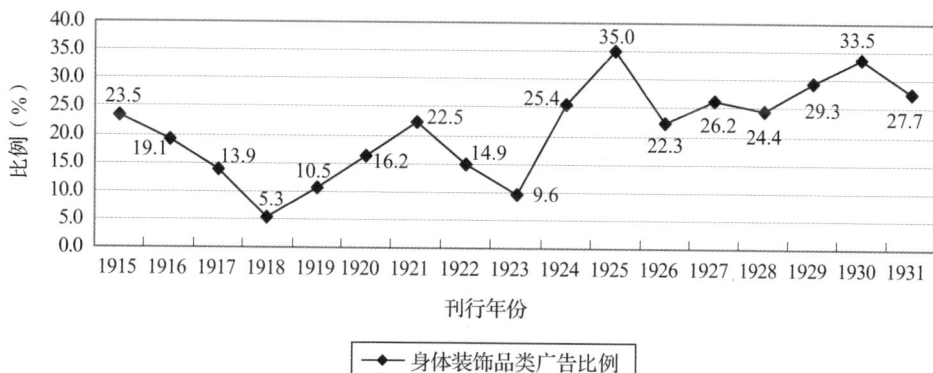

图 4-2　身体装饰品类广告在非商务印书馆商品中所占比例的变迁状况

资料来源:本图依据笔者的统计整理而成。

　　"书籍·杂志"类、"文教用品"类的广告中,商务印书馆出版发行的书籍杂志及
生产的产品占绝大多数,此类商品广告所占比例的下降与"身体装饰品"类等广告
数量的增加,暗示着《妇女杂志》拿出版面刊载能带来更大经济效益的广告,表 4-2
从侧面有力地证明了这一点。这是 1924 年在《妇女杂志》上刊登广告所需的费用
明细说明,这则广告价目一览表显示:广告的大小、广告的位置等因素都会对广告
费用产生影响。同时,根据广告使用的纸质及文字大小的不同还要额外收取相应
的费用。对连续刊载的广告,《妇女杂志》还实施打折优惠。可以说这是一份非常
专业的刊载广告价目规定。

表 4-2　《妇女杂志》广告价目一览表

等地	特等	优等	上等	普通
地位	底封面之外面	封面之内面及对面正文首篇对面及底面之内面	图画中正文前	正文中正文后
全面十六方	四十元	三十二元	二十四元	十六元
半面		二十元	十四元	十元
四分之一			八元	六元五角
一方			二元五角	二元

广告概用白纸黑字,如用色纸或彩印价目另议,绘图刻图工价另议,连登多期价目从廉欲知详
细情形请至上海棋盘街商务印书馆内附设"广告公司"接洽,远地函询即行奉复。

资料来源:本表是笔者依据 1924 年《妇女杂志》各期中刊载的广告费信息整理而成。

  总之,《妇女杂志》曾长期连续刊载这则广告价目一览表,对广告所需费用做出详细说明,并特意强调商务印书馆为推进广告业务设立了专门的部门。不仅如此,《妇女杂志》在刊载商品广告时,还频繁地在页面下方标注"请声明由妇女杂志介绍 Please mention the LADIES' JOURNAL"(参见后图的商品广告),这些都足见商务印书馆对广告影响力及相关收入的高度重视,可见其为了增加广告收入的用心所在。

  概而言之,《妇女杂志》从 1915 年创刊到 1932 年被迫停刊,刊载了大量商品广告。早期的《妇女杂志》中,"书籍·杂志"类广告的刊载量极大。随着杂志社会知名度的不断提升,广告的种类更趋丰富多样,广告的整体结构亦发生了改变。"身体装饰品""药品""食品"等广告呈上升趋势,其中"身体装饰品"类广告的增长尤为显著。《妇女杂志》自创刊之日起,发行从未中断,这在近代名目繁多的女性杂志中是非常难能可贵的。连续十七年的持续发行意味着这本杂志是我们研究近代广告面向"女性"提出各种诉求的绝佳窗口。同时,广告版面的变化,暗示着消费主义文化正试图借助名目繁多的商品将其宣扬的消费理念渗透到人们的日常生活中去,诱导、左右消费者的品味及选择。从身体变迁史的角度来看,《妇女杂志》就是我们探讨源于西方的近代资本主义漂洋过海收编中国女性身体这一历史变迁过程的重要线索。

(二)商品广告对女性"身体"的塑造

  "身体装饰品"类广告所占比重之大,尤其是舶来品广告占绝大多数,这证实市场上洋货的泛滥。伴随着消费主义文化的繁荣,化妆品、服饰品等商家均将女性,尤其是受过学校教育的中产阶级"新女性",视为其产品的主要消费群体,把目光瞄准了她们。《妇女杂志》中刊载的商品广告对女性的"身体"的塑造发挥了何种作用? 具体而言,广告是如何参与"流行"的塑造[①]、诱导消费者的行为、左右他们的

---

  ① 在所谓"流行"诞生的过程中,广告发挥着不可替代的重要作用。其内容虽是对个别商品进行阐述,实质上却对所有的商品加以赞许,是通过对个别商品或商标的阐述继而对所有商品及商标加以概括。同样,广告通过对个别消费者展开宣传进而面向的是全体消费者,抑或通过对全体消费者进行宣传从而将注意力瞄准每一个消费个体。强迫消费者在无形之中认同广告所提供的信息及价值观,其强迫性又通常是以一种充满温情的方式,即通过"劝诱、诱导"将消费者卷入广告所宣扬的价值体系当中。参见:ボードリアール、ジャン:《消費社会の神話と構造》,今村仁司・塚原史訳,新宿:紀伊国屋書店,1979,第 180 页;フィンケルシュタイン、ジョアン:《ファッションの文化社会学》,成実弘至訳,東京:せりか書房,1998 年,第 80 页。

品位及选择的？又是如何描述、再现女性的身体并将它们纳入消费主义文化视野之中的呢？

与传统绘画中女性精致的妆容相较，《妇女杂志》广告中的女性依然延续着以往梳妆打扮的习惯，但是此"梳妆打扮"与往昔的"梳妆打扮"已相去甚远。美国珂路掰公司(有时也译作"珂而掰子"，笔者注)(COLGATE'S)的"金头香水"、美国蔻丹修指用品公司(CUTEX)的修甲用品、法国巴黎的面霜"西蒙香粉蜜"(Crme Si-mom)、英商德康有限公司代理的"翠鸟牌美颜霜"(KINGFISHER)、高登洋行总代理的"奥林"(Oriental Cream)美颜水、美国纽约勒夫脱公司监制的"丹祺"(TAN-GEE)点唇管等等，女性的身体已然成为商业、尤其是外国商业资本的"猎物"，香皂、香水、面霜、香粉、美发霜、唇膏等，应有尽有。尤其像美国珂路掰(COLGATE'S)及蔻丹修指用品(CUTEX)等大公司，经常以整版广告来博取消费者的关注。这些商品通过远洋轮渡纷至沓来，一方面，点缀、丰富着女性"传统"梳妆打扮的行为，另一方面，也在彻底颠覆"传统"，赋予其"近代"意味。

物质的文明，推陈出新，无日不在前进中。本公司是专以最时新的货品，供献社会。所以需用最时新的货品，应向本公司采购。通信现购，概照市价，寄发快捷，邮寄章程，函索即寄。

这是先施公司 1930 年刊载于《妇女杂志》上的一则广告，主旨是为该公司的邮购商品服务做宣传。广告劝诱消费者们不断追求"最时新的货品"，强调该公司紧随时代潮流，致力于为消费者提供更方便的服务。画面中女性收获商品时的喜悦之情，将消费与获得"满足"之间密不可分的关联性表达得淋漓尽致。

如此说来，使用"蔻丹"(Cutex)牌修指用品也就成为情理之中的必然之选。

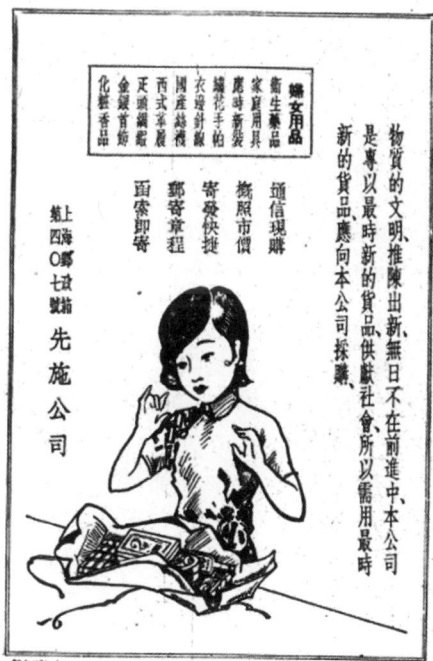

图 4-3　先施公司广告

《妇女杂志》1930 年第 16 卷 6 号)

“旧俗喜指甲长。新俗喜指甲短。虽时代所尚不同,其待于修饰则一也。交际场中,无论衣履若何入时,容妆若何美丽,如手粗指糙,爪甲皴皱。则如连城之璧,惜有微瑕。人之讥笑,岂能免乎。蔻丹修指用品,专能补此缺陷。成为完人,求最新式之美者,曷一试之。”鼓励女性抛弃“旧俗”迎接“新俗”,用最新的方式让自己成为完美无瑕之人,避免在交际场中遭他人诟病和讥笑,这里的弃旧迎新同样被赋予了积极意味。值得注意的是,众多广告在煽动消费者不断求新求变的同时,其自身也遵循此逻辑不断演绎出新的版本。美国珂路搿公司(COLGATE’S)的“金头香水”、美国蔻丹修指用品公司(CUTEX)的修甲用品、法国巴黎的面霜“西蒙香粉蜜”(Crme Simom)、高登洋行总代理的“奥林”(Oriental Cream)美颜水等广告,在《妇女杂志》中均有多个不同的版本。尤其是珂路搿公司(COLGATE’S)、蔻丹修指用品公司(CUTEX)等大公司推销的产品,同一商品拥有多个版本的宣传广告,不仅如此,广告经常独占整个一个版面,醒目且显眼,再加上制作的精良,令人过目难忘。

图 4-4 “蔻丹”牌修指用品广告

(《妇女杂志》1925 年第 11 卷 7 号)

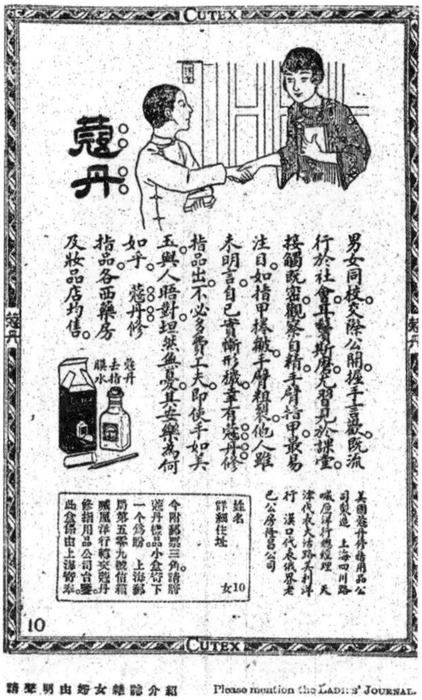

图 4-5 "蔻丹"牌修指用品广告一
(《妇女杂志》1927 年第 13 卷 2 号)

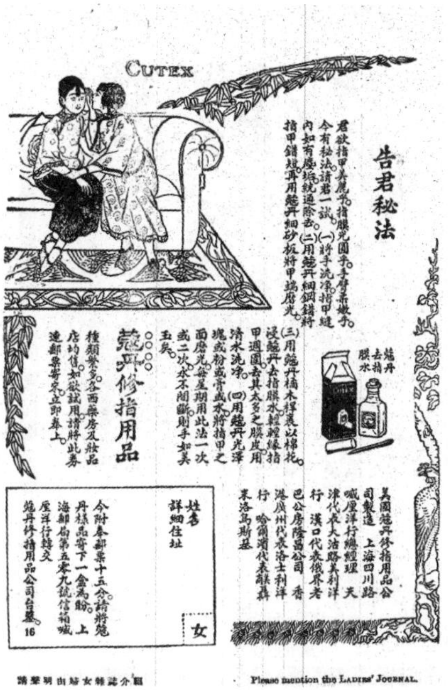

图 4-6 "蔻丹"牌修指用品广告二
(《妇女杂志》1925 年第 11 卷 7 号)

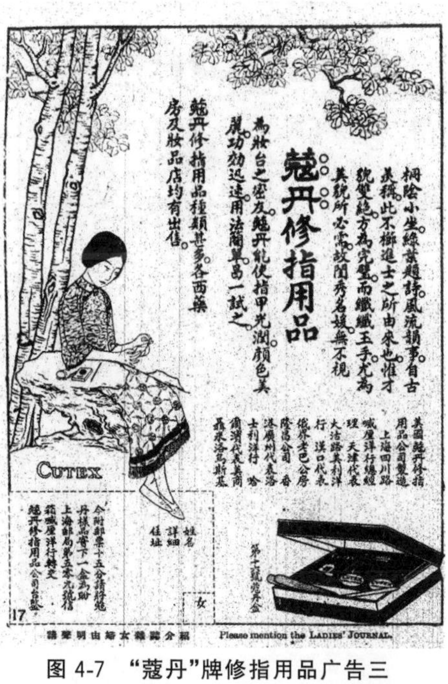

图 4-7 "蔻丹"牌修指用品广告三
(《妇女杂志》1927 年第 13 卷 7 号)

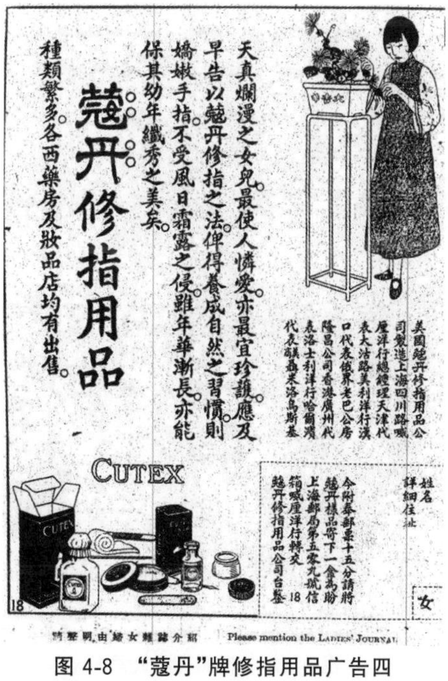

图 4-8 "蔻丹"牌修指用品广告四
(《妇女杂志》1927 年第 13 卷 4 号)

图 4-9 "蔻丹"牌修指用品广告五
(《妇女杂志》1924 年第 10 卷 10 号)

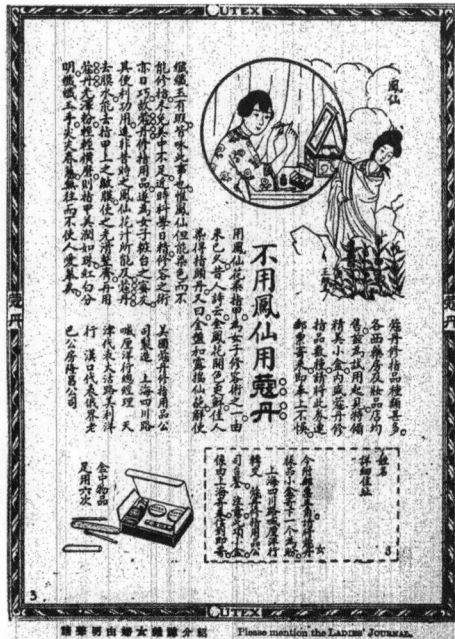

图 4-10 "蔻丹"牌修指用品广告六
(《妇女杂志》1925 年第 11 卷 8 号)

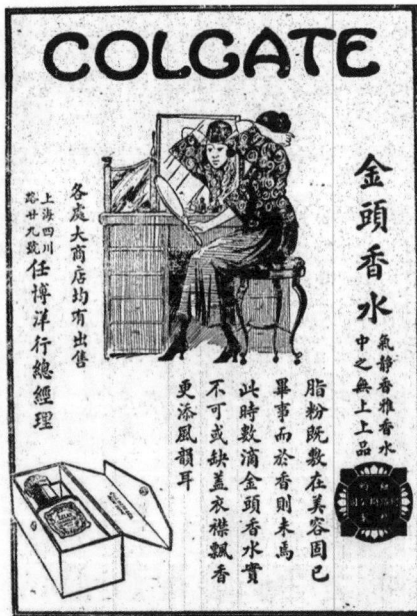

图 4-11 "珂路挌"公司广告
(《妇女杂志》1922 年第 8 卷 12 号)

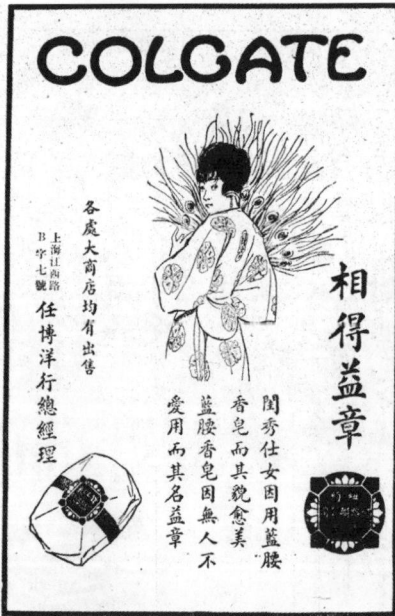

图 4-12 "丝带"牌牙膏广告
(《妇女杂志》1925 年第 11 卷 9 号)

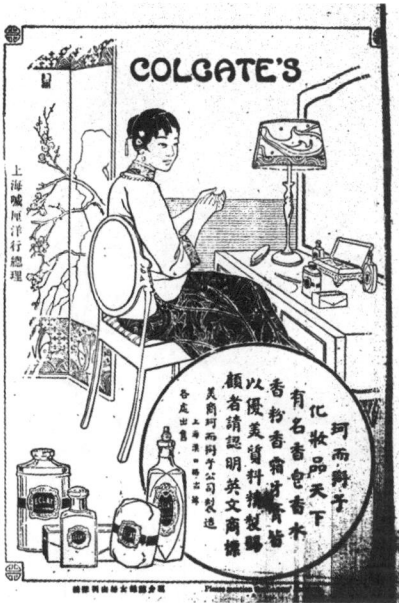

图 4-13 "蓝腰"香皂广告

（《妇女杂志》1925 年第 11 卷 8 号）

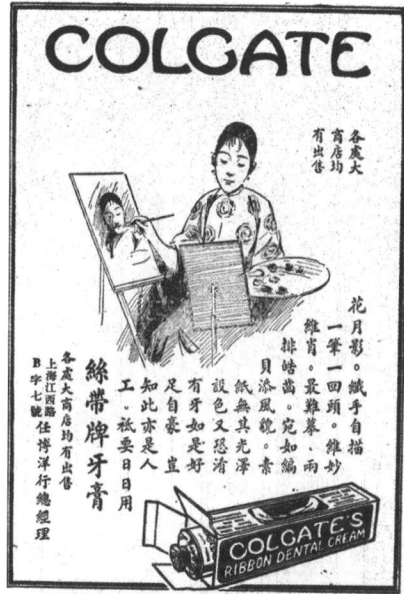

图 4-14 "金头"香水广告

（《妇女杂志》1925 年第 11 卷 7 号）

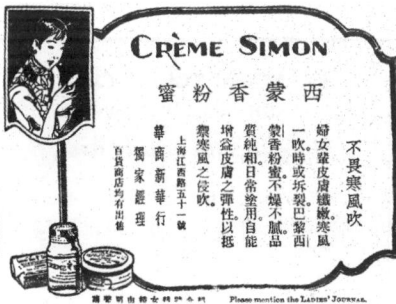

图 4-15 "西蒙"香粉蜜广告一

（《妇女杂志》1928 年第 14 卷 12 号）

图 4-16 "西蒙"香粉蜜广告二

（《妇女杂志》1929 年第 15 卷 3 号）

图 4-17 "西蒙"香粉蜜广告三

（《妇女杂志》1928 年第 14 卷 11 号）

图 4-18 "西蒙"香粉蜜广告四

（《妇女杂志》1928 年第 14 卷 10 号）

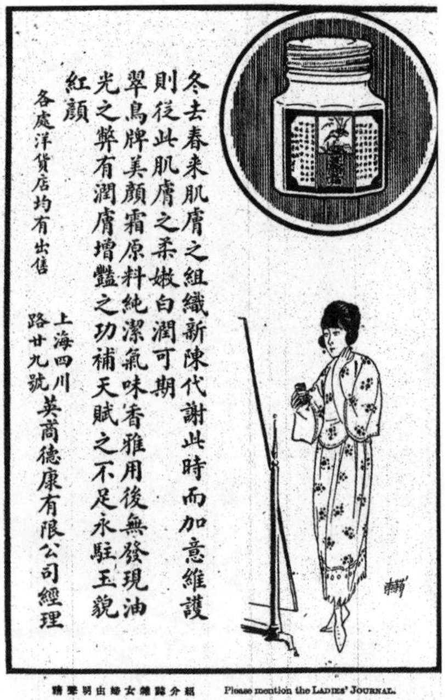

图 4-19 上海"新波利"女子美容室广告
（《妇女杂志》1927 年第 13 卷 5 号）

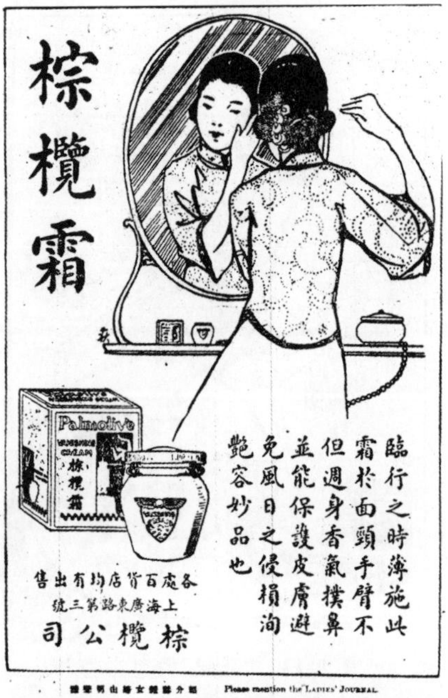

图 4-20 "棕榄"牌美颜霜广告
（《妇女杂志》1928 年第 14 卷 11 号）

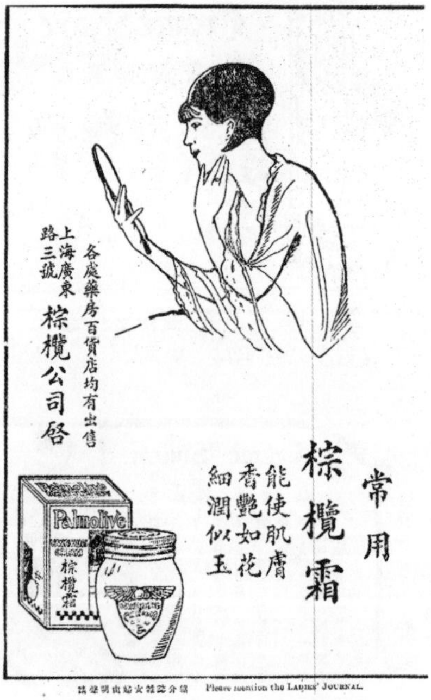

图 4-21 "棕榄"牌美颜霜广告
（《妇女杂志》1927 年第 13 卷 12 号）

图 4-22 "翠鸟"牌美颜霜广告
（《妇女杂志》1925 年第 11 卷 5 号）

当然,对于崭新的、"进步"的追求不应停留在表层,更应渗透到肌肤骨髓直至思维之中。一款名为"维脱"的去毛膏的广告,正试图由外到内地改变中国女性。镜中的西方女子身着抹胸装,双臂弯曲向后抬起,将剃掉腋毛后的腋窝完全裸露出来呈现给读者。与中国模特大都衣着旗袍、一副矜持内敛的表情不同,广告中的西方模特将自信和悠然自得演绎得淋漓尽致,其示范效应也就不言自喻了。再配以如下的广告语:

> 妇女而生腋毛,西人每以其有碍雅观而去除之。
>
> 现在中国妇女亦已有仿行。
>
> ……

妇女之腋毛,西人每加去除。谓去后可得舒适与清洁。维脱去毛膏为一种香膏,力能在五分钟内去除之。

图 4-23 "维脱"牌
去毛膏广告
(《妇女杂志》1924 年
第 10 卷 1 号)

图 4-24 "维脱"牌
去毛膏广告
(《妇女杂志》1924 年
第 10 卷 4 号)

由于西方女性要剃除腋毛,因此"我们"也要仿效。广告不仅强调了外在形式的模仿,更以"谓去后可得舒适与清洁"的台词向人们灌输"清洁"观念及其获取方式。同时,对具体的使用方法及产品的优势也进行了讲解说明:"其法只须将膏少许擦于欲去之毛上,五分钟后以冷水洗之。其毛即自脱落,毫不觉痛。用法既便奏效,尤速较之从前之以刀薙剃,愈剃其长愈速而愈硬者,实不可以道里计矣。"在这一点上,"丹祺"(TANGEE)点唇管的广告有异曲同工之妙:"试以此管点唇,则管中橘黄之色,即一变而为玫瑰红。朱唇鲜艳,美乃绝伦。点时若稍用力,色乃益丽,弥复鲜妍且一点以后,丹祺与唇化为一体,纯洁卫生,美艳爽润。娇艳之色,竟日不脱亦不退。故以丹祺点唇,则唇之美,唇之可爱,完全出于自然,请即试用之。此外如丹祺胭脂香粉美容霜等,悉为增进美观之著名唯一工具。"告诉消费者该如何使用才能获得最佳效果,同时,传授给消费者应注重"卫生"与"自然"的观念,更将"卫生""自然"与"美丽"捆绑在一起,引导她们该如何做出所谓的"正确"选择。从中我们看到,伴随着近代卫生学在西方的兴起,"清洁""卫生"等观念也随着这些舶来品一起漂洋过海登陆中国的动态过程。

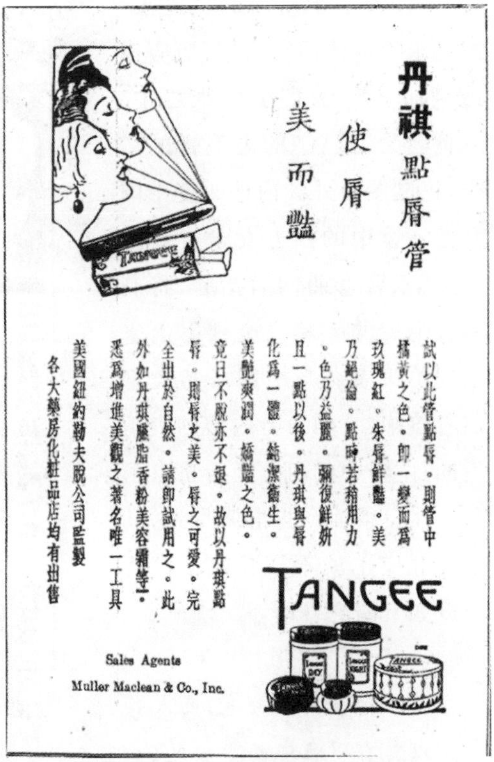

"维脱"去毛膏的广告旨在"唤醒"中国女性要紧随时尚潮流,养成剃除腋毛的习惯,以获得"舒适与清洁"的身体感觉。这种叙事逻辑不仅在对"舒适"下定义,更试图通过广告改写人们,尤其是女性,旧有的身体感觉。换言之,依附于这些西方商品的重要元素,还有围绕着身体的卫生观、身体感觉等近代观念的传递和输送,它们

图 4-25 "丹祺"牌口红广告

《妇女杂志》1930 年第 16 卷 6 号

正试图在潜移默化间改写中国"传统"对"身体"的判断标准,让古国的女性们抛弃固有的审美观念,确立一套"身体美"的新标准。"上海新波利女子美容室"的广告词特别强调由"西洋专家"提供"手艺高妙"之服务,传递出"西洋专家"作为西方审美及价值观的代言人,他们在改造女性身体方面拥有超前感和优越感。

总之,1920 年代的中国,在上海等大城市高度商品化的消费社会已然形成,这里各种商品琳琅满目,价格高昂的舶来品广告无处不在,其间充斥着诱惑与煽动、渴望与欲求。无论女性本人的意愿如何,她们已被放置在一个被近代消费文化不断吞噬淹没的世界当中。"美艳""爽润""自然""卫生",广告通过这些溢美之词诱发女性的购买欲,让消费与获得情感上的满足之间架构出某种必然的关联。除此之外,也将西方的近代身体观念悄然输送而来,改变着固有的身体规范和书写范式。

此外,"煽动"女性要及时尽情地享受商品带来的愉悦,更要时时注重自身形象

及自我感受,是众多广告试图传递出的另一层重要讯息。与安静、端庄、闲适、内敛且多居于室内的传统女性形象相比,广告中的女性不再是过往大门不出二门不迈、轻言细语笑不露齿的温润形象,她们拥有更广阔的社会舞台①,透露出积极向上、神采奕奕的韵味。换言之,广告也在传递一种有别于传统的"近代"生活方式。性感、张扬、高调、自我满足、喜新厌旧等这些过往被否定的形象,如今被赋予积极、正面、进步的韵味。

同时,近代消费文化也让女性更趋注重自身与男性不同的性别韵味,体态轻盈、青春永驻、娇媚性感等,广告不断怂恿女性去实现这些不可能实现的目标。借助近代媒体广告,消费文化近乎用强制的手段规范着女性的生活内容,成为近代家父长制社会中对女性性别歧视进行再生产、构建统治性意识形态的一部分②。流行、广告与社会性别规范的生成之间不仅存在上述逻辑关系,在 1920 年代中国社会的脉络当中,更叠加着"西方""东方"间的差异及权力关系。广告作为消费主义文化侵蚀蔓延的载体,竭尽所能地塑造出一个精于追求美,刻意保持年轻、较好的体态及容貌,彰显奢华的女性身体,不仅如此,更试图在东西方的文化之间树立一种明晰的构图,即创造—模仿、引领—追随的权力关系。

第四节　男性知识分子对女性"身体"的诉求

一　拒绝传统的"新身体"

铺天盖地的广告在对产品的宣传、溢美声中重塑了女性的身体,同时,不可忽视的还有那些"传统"的文字表述。游鉴明的研究显示,近代围绕女性身体的叙述

---

① "男女同校""交际公开""交际场"等新事物、新思维方式的出现,打破了旧有的男女规范。20 世纪二三十年代的广告宣扬"新女性"的生活空间与传统妇女存在不同,学校、商场、社交场所等公共空间都应是她们活跃的舞台,"新女性"的"进步性"也在这里得到体现。参见:タニ・E・バーロウ(Barlow, Tani・E):《買うということ——一九二〇年代及び三〇年代上海における広告とセクシー・モダンガールのイコン》,伊藤るり、結城淑子訳,伊藤るりなど編:《モダンガールと植民地的近代——東アジアにおける帝国・資本・ジェンダー》,東京:岩波書店,2010 年,第 60～87 頁。

② フィンケルシュタイン、ジョアン:《ファッションの文化社会学》,成実弘至訳,東京:せりか書房,1998 年,第 100 頁。

主要从两方面展开。其一,从强国保种、体育救国的角度出发将女性的身体政治化;其二,试图从健康美的角度重新定义女性的身体①。在政治、经济等各方面环境相对平稳的 1920 年代,有关女性身体的讨论是如何展开的? 其中又蕴含着怎样的逻辑特点呢?

如第三章所述,《妇女杂志》曾在 1923 年 11 月推出《配偶选择号》专刊,其中刊载名为"我之理想的配偶"的征文选登,这一征文活动成为青年们集中探讨个人理想配偶及家庭的舞台。探讨这一话题时,女性的身体条件也多被列举出来。换句话说,《我之理想的配偶》征文选登活动也是青年们集中谈论女性身体的场域。这些稿件就成为探讨男性知识分子对女性"身体"想象及建构的重要线索。

总体而言,选择未来的伴侣时,青年男女们极其关注对方的健康状况,129 名男性投稿者中约有一半的人明确要求对方必须拥有健康的身体。26 名女性投稿者中也有 16 人对对方的健康提出要求,占到 60% 以上。

> 要有美的体格!"健全之精神,寓于健全之之(原文,笔者注)身体",要是康健,才有 Woman's Innocent,才能态度快乐。"楚楚可怜"的病妇,不但不配受美的尊号,并且遗家庭以大不幸,而害及子女! 所以我不希望我的妻子"肤如凝脂",而希望她体色红润,我不愿意她"弱不胜衣",而愿意她肌肉发达,我不喜欢她"姗姗来迟",而喜欢她步履如飞。总之,身材高大,体段匀称,没有外病,没有暗疾,便是我理想里的美人了……②

这是一篇十分有代表性的叙述,通过引用 17 世纪英国著名的哲学家、政治家和教育思想家洛克的名言"健全之精神寓于健全之身体",投稿者强调只有身体健康的人才能拥有开朗、明快的性格,给人以赏心悦目的"美"的享受。他用"楚楚可怜""肤如凝脂""弱不胜衣"及"姗姗来迟"等来形容受传统"束缚"的"身体",将"旧妇女"描述为脸色青白,瘦弱不堪,因缠足而步履蹒跚的模样。体虚柔弱带来的不仅是身体上的"残缺",也造就了她们阴郁、沉闷的性格。但是彰显其弱不禁风的"可怜"不仅是出于怜悯,而是要烘托出一种全新的身体形象——一种面色红润、肌肉发达、洋溢着自由

---

① 游鉴明:《超越性别身体——近代华东地区的女子体育(1895—1937)》,北京:北京大学出版社,2012 年,第 56 页。

② 林熹:《我之理想的配偶》,《妇女杂志》1923 年第 9 卷 11 号,第 118 页。

灵动气息的体态,同时更要勾勒出"健康"体魄与"美"之间的内在联系。不仅如此,投稿者还从优生学、遗传学的角度出发,阐明与"旧身体"的诀别于个人及家庭而言有着十分重要的现实意义。也就是说,无论从审美的角度还是从现实生活的角度出发,"健康美"对于组建"健康"的家庭而言都至关重要。对比修辞手法的运用,投稿者旨在突出"美"与"丑"的天壤之别,对传统规范全盘否定的同时,一种围绕身体的崭新的"美"——灵活敏捷、"动感"色彩十足的身体观也便跃然纸上。

如果说上文通过一组词汇的列举抽象地强调了配偶健康的重要性,投稿者中亦不乏从更具体、更实用的角度给出注解的例子。

> 体质也是选择配偶的一种重要的要素,有强健的身躯,才能担认(担任)重大的任务。女子管理一家的财政,交际,内务,责任何等的重大,像那侍儿扶起娇无力的杨玉环,多愁多病的林黛玉,只合做男子的玩物,闺阁中的陈列品,够不上做主妇的资格。而且将来的小国民,和母体尤有极大的关系,像这种母体,是亡国的病征,是灭种的现像。所以体质的强弱,足之大小,先天的遗传病等,都应在考究之列,容貌的美恶,那是不发生问题的。[①]

自古以来,林黛玉就以多愁善感、敏感娇弱却富于才情的形象示人,寄人篱下的境遇让她处处小心谨慎,围绕着她的是一种让人怜香惜玉的凄美。杨玉环作为古代四大美人之一,身材丰盈,肤如凝脂,"回眸一笑百媚生,六宫粉黛无颜色""天生丽质难自弃,一朝选在君王侧""云想衣裳花想容,春风拂槛露华浓"等出自白居易、李白的溢美之词更让后人对其国色天香般的美貌浮想联翩。尽管外形相去甚远,但杨玉环及林黛玉作为前近代社会中"美女"的代表,都曾是大众心目中"美"的典范。时过境迁,如今在投稿人眼中她们却是"男子的玩物,闺阁中的陈列品",非但不美,甚至成为令人唾弃的对象。与此相异,一套评价女性身体的新标准在投稿人的心中早已了然于胸,是否能够胜任近代主妇的角色——操持家政、管理家庭经济、外出参加必要的交际和应酬,将"优秀"的基因遗传给下一代,这些才应是评判的重要因素。这里,通过把"旧妇女"定格为体弱多病、行动迟缓、性格忧郁的代名词,一个对于近代家庭及国家而言充满积极意义的"新女性"的价值和意义得到了充分的彰显。

---

① 谭祥烈:《我之理想的配偶》,《妇女杂志》1923 年第 9 卷 11 号,第 309 页。

　　总之,在《我之理想的配偶》征文活动中,投稿者们纷纷从个人择偶的角度出发谈及对方的身体,众口一词地对那些耳熟能详的古典美女形象加以否定和批判,同时也描绘出他们心目中的理想,由此建构出两种截然不同的女性形象——饱受摧残、被局限在狭小空间的"旧妇女"和拥有自由"身体"和朝气蓬勃、积极向上也因此充满无限可能的"新女性"。对"健康美"的称颂及对优生学思想的活用,是推进讨论时众多文章中呈现出的结构性特点。女性的身体在近代家庭、近代国家建设的层面上被重新塑造和诠释,"健康美"也由此获得了存在的价值和意义。

　　《我之理想的配偶》征文活动凸显了男性知识分子择偶时作为个体的主观愿望,同时,《妇女杂志》上也不乏另一种作为局外人客观论述的声音。瑟庐在《妇女之解放与改造》一文中道:"盖身体之改造。乃一切改造之根本。必先有健全之身。然后乃有健全之心。吾国妇女。素以纤细荏弱著名。在旧日为家庭之人。尚多弱不胜任之概。果使一旦获达解放之目的。其能以此荏弱之躯体。担任社会国家之大事乎。故吾国妇女不言解放则已。苟言解放。不可不自改造身体始。此后在女子教育中。当首先注重体育。以为女子教育改造之基本。"[①]在他看来,所谓的妇女解放首先要从改造妇女的身体做起,体育就是达到这一目的的重要手段。

　　《妇女的健康》一文中,叶曾骏从多个角度探讨女性与健康的问题。

　　　　……在本文开始以前,先将健康的真谛,切实的解剖一下……照字面上解,康是含有"心安体泰"的意思,身体没病痛,一切都安好舒适,倘使心绪还不安宁,心灵还不活泼,却连康字都够不上讲,何况再添一个健字。健字的意义,和懦弱正相反,是有运动的技能,有进行的勇气。例如运动员,称作健儿,健字是很高贵的。以健康二字作安好无恙解,真谛已全然失去了。若拿健康仅用作气力粗蛮讲,那更相差天壤了。我们用简单的语言来解释,是不可能的,总之健康是由卫生上得来,而以运动发挥的。

　　　　中国的妇女,对于健康,是不认为妇女们所应有的。因为她们以为妇女是应该柔弱的,应该"弱不胜衣"的,倘使妇女一健康,便要将她的美丽整个的掩没了,变成一个强盗婆——母夜叉,孙二娘。唉,始作俑者,其无后乎! 妇女的美丽,果然在乎婀娜轻盈,但是健康自健康,婀娜自婀娜,健康和婀娜,是绝对可以并立的。我以前讲过,健康与粗蛮,是完全相异。妇女们因为要求美丽,而对于健康

---

　　① 瑟庐:《妇女之解放与改造》,《妇女杂志》1919年第5卷12号,第6页。

便不注意,何况健康并不是真要有损天然的美丽的,这是何等可痛的事啊![1]

开篇之初,作者就急于纠正过去的"偏见",呼吁大家摒弃以往视柔弱为美、认为女性的美丽只能透过"弱不胜衣"的柔弱身躯才能表现出来的"传统"观念。告诫人们健康并不等同于粗俗野蛮,与女性优美的体态、婀娜多姿之间并不存在二者择一的对立关系。试图颠覆人们心目中已然形成的"健康=粗壮=野蛮"的固有观念,唤醒大众重新审视、反思以往审美标准的必要性,从而以积极开放的心态尝试接受全新的标准,是这篇文章的核心所在。

"我们试研究什么才算美丽?美丽以什么作为标准……生活的纯洁,举动的轻盈,身体的修短合度,肤色的莹洁光润,谁都要羡赞她一声美丽。真美丽的人,无论做什么举动,一切都能合于美的原则,而在活泼快乐的时候,愈显得出妙在自然"[2],作者给出了他心目中标准。

女性的健康不仅关乎"美",更与国家民族的前途命运息息相关。作者紧接着从"妇女的健康与子女的关系"等角度出发进一步展开说明。他一边援引优生学创始者英国人弗朗西斯·高尔顿(Francis Galton,1822—1911 年)等学者的研究成果和调查数据,同时结合优生学和遗传学的相关知识,强调女性的身体状况会对孩子的健康产生重要影响。感叹道:"以'工愁善病'为美丽的腐化思想,还未经确实的打破。世界的潮流'工愁善病'的美丽,是不能立足了,妇女们负着的责任重大,岂可再盲从了以前可笑的话,使身体不能强健。我中华二万万的女同胞,都应该负起责任来,和男子一同为国家和民族奋斗!"[3]

为了让自己的观点更富于时代意义,作者又将女性的健康与当时时髦的话题——妇女运动联系在一起。"妇女运动巨大的呼声中,妇女都要自谋生活的独立……女子的本能,不如男子的雄厚,身体也似乎不及男子的强健,现在要在男子们的手中,觅到相当的生活,干男子一样劳力的事,这尤其是非有健康的身体不可的。还有一层,我们普通的观察,身体的强弱,与勇气的充分,是成正比例的。身体弱的,比较勇气也弱一点,身体一强健,而勇气也能振足了。妇女运动,是凭着一股锐气直起的……由此可见妇女的健康,在现今的社会中,对于自身的需要,是何等的重

---

① 叶曾骏:《妇女的健康》,《妇女杂志》1930 年第 16 卷 6 号,第 10~11 页。
② 叶曾骏:《妇女的健康》,《妇女杂志》1930 年第 16 卷 6 号,第 11 页。
③ 叶曾骏:《妇女的健康》,《妇女杂志》1930 年第 16 卷 6 号,第 13 页。

大!"①健康的身体不仅是维持独立生活的保障,而且与健康的精神状态成正比。最终实现妇女解放,不仅需要女性在体力上做好准备,更要具备勇往直前为之奋斗的勇气,而强健的体魄就是将理想化为现实的坚强后盾。这里,女性健康的体魄与其实现独立自由、与妇女解放运动的成功形成了互为因果的逻辑关系。

从对感性"美"的说明入手到强调民族国家大义,从国家民族的繁衍生息到女性自身的切身利益,多层次的讨论让女性的身体有了更多元立体的意义。文章最后作者慨叹道:"世界各国的妇女,现在如何?中华民国的妇女,现在又如何?我中华民国的女同胞,应如何的注意而急起直追呢!"②作者用一张图来揭示"健康的妇女与不健康的妇女"③之间的区别(图 4-26)。

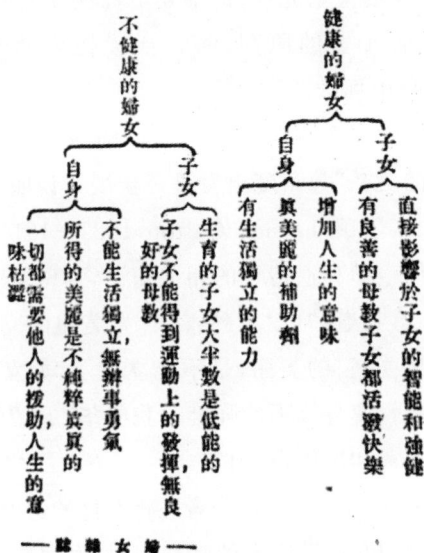

图 4-26　健康的妇女与不健康的妇女

资料来源:叶曾骏:《妇女的健康》,《妇女杂志》1930 年第 16 卷 6 号,第 16 页。

《妇女的健康》一文不仅内容丰富,其探讨问题时的推进方式亦值得关注。作者首先对"美"进行定义,阐明"健康"与"美"之间的必然联系,接着从健康与民族国家、健康与女性自身的角度出发进一步解析。最后通过介绍 1928 年美国选美的例子以"使我国的妇女,有所勉励和鉴照"。④尽管作者之前的讨论基本都援用的是欧

_____

①④　叶曾骏:《妇女的健康》,《妇女杂志》1930 年第 16 卷 6 号,第 14 页。
②③　叶曾骏:《妇女的健康》,《妇女杂志》1930 年第 16 卷 6 号,第 16 页。

美学者的理论和研究成果,即便如此,他还是觉得不够,最后拿出美国的例子强调说:"以上的一段事实,很可窥见世界各国最近对于妇女健康热烈鼓吹的趋势。"①近代优生学、遗传学,国家民族主义,个性解放,从知识本身到知识推进的逻辑都遵循着"西学东渐"中隐含的秩序,这篇文章用近乎完美的形式演绎了这一法则。

青年们不遗余力地鼓吹"健康"的重要性,积极建构身体"美"的新标准,这种呼喊映衬出的是何种社会现实呢?

游鉴明的研究显示:女学生对体育课的厌恶是当时社会上普遍存在的问题②,对这种现象的批评也多次成为《妇女杂志》撰稿人的议题。《女学生与体育》一文中,作者就将批判的矛头直指自诩为"新女性"的女学生,称她们虽进入学校学习各种知识,与以往幽居闺阁之中的"旧妇女"的生活截然不同,然而光鲜亮丽的外表之下,却依然为旧有的身体规范所束缚。他慨叹道,"很多很多的女学生,视体操一科为畏途,常常托故缺席。有许多女学校因不允应试者免修体操的预先请求而不能招足学生",③"何以大多数自命为新女子的女学生却非常漠视体育呢?"④究其原因,"女样观念的遗留"是罪魁祸首,换言之旧观念的遗留是症结所在。女学生们要刻意保持"优雅、沈静、纤弱"⑤的气质,说话、举止就要轻声细语、小挪碎步,否则便被看作是"染了男子气"⑥。而体育"不但减杀她们的『女样』,并且养成蛮夫泼妇的神情——在她们看来是这样,——她们当然是不欢迎或者甚至憎厌的了。"⑦体育要求的是对身体的解放,这与传统的"女样"规范背道而驰,这是女学生及其父母对体育课敬而远之的重要原因。

如前所述,近代以降,有关女性身体的探讨中,"健康""卫生""近代国家"等成为建构新的身体观时频繁使用的语汇,这些词大都是源自欧美或经由日本辗转而来的"舶来品"。近代西方的体育观念能够进入中国社会,是西方传教士、洋务派、维新派人士以及清政府等几股力量共同作用的结果。步入1920年代,男性知识分子对传统身体观的批判及对体育重要性的呼吁,说明近代体育观念已在青年们的心中生根发芽。更为重要的是,这些声音还原了一幅"新"与"旧"相互交织、相互缠绕的历史图景。在这幅图景中,健康美、近代家庭、近代国家建设成为男性知识分子将自身言论

---

① 叶曾骏:《妇女的健康》,《妇女杂志》1930年第16卷6号,第16页。
② 游鉴明:《超越性别身体——近代华东地区的女子体育(1895—1937)》,北京:北京大学出版社,2012年,第130页。
③④⑤ 伯恩:《女学生与体育》,《妇女杂志》1925年第11卷6号,第989页。
⑥⑦ 伯恩:《女学生与体育》,《妇女杂志》1925年第11卷6号,第990页。

正当化时的思想资源被活用。营造健康美、"健康"的近代家庭虽是青年们探讨问题时的"近景",但它却与现实生活存在不小的距离。也许正是强烈地意识到旧观念已然成为阻碍近代体育、健康观念普及的最大障碍,男性知识分子将"传统"与"近代"放置于二元对立的叙事结构中,凸显了传统的身体规范与近代体育及近代卫生观念之间的互不相容。换言之,男性知识分子要强调的是,以近代体育及近代卫生为主要框架的近代健康观念,以及建构在近代健康观念之上的美意识,其在中国社会的确立需以批判摒弃固有的身体规范为前提。这一点,无论对女性自身还是种族的繁衍而言都至关重要,也正因为如此,破旧立新就显得更具紧迫性和必要性。

二　远离近代消费文化的"身体"

值得留意的是,对于男性知识分子而言,需要排斥的因素不仅来自于传统,还有近代资本的扩张对女性身体的诉求。

> 近年来广州(别处我不多讲,只就足迹常留的地方来说)的女学生,朴素诚实的,固不能一笔抹煞,而妖冶顽艳的实居大多数。她们上课走读,稍为差些;如果遇着星期日或放假的时候,出街便扮得光怪陆离,短其袖,高其裤脚,窄其腰,高底其鞋,还不算什么一回事;那几十块钱一件的衣,几十块钱一套的嵌花边的裙,十几块钱一对的鞋,她们还不觉得什么贵。有髻子辫子的,戴上满头贵重的首饰,自不消说,就那减了发的,仍加上一个金箍,使头部的装饰不至寂寞。至于那託力克的眼镜啊,金手錶啊,钻石约指啊,手提的袋啊,她们视为不可少的装饰品。像这样九妖八怪的装饰品,我无以名之,恕我大胆说一句『娼妓化』的装饰而已。①

《装饰与人格的关系——敬告艳装的女学生》一文中,作者以广州女学生的装束为例,批判繁华都市中女学生们热衷于梳妆打扮、对"时髦"趋之若鹜的行为,用"妖冶顽艳""光怪陆离""九妖八怪"来形容仍觉得不够,最后用"娼妓化"来定位她们的行为,言辞之激烈由此可见一斑。首先,有必要追溯与所谓的"时髦"相对应的"传统",也就是说,"传统"的女学生装束是什么样的装扮?

---

① 余竹籁:《装饰与人格的关系——敬告艳装的女学生》,《妇女杂志》1922 年第 8 卷 1 号,第 20 页。

罗苏文的研究显示：清朝时女性的外衣式样宽松且长及膝下，将女性身体的曲线完全遮掩起来是其一大特点①。进入民国后，受留日女学生着装的影响，国内的女学生之中流行所谓的"文明新装"——偏长但合身的上装，配上没有任何图案的黑色长裙，不佩戴簪子、耳坠、戒指等任何饰物②。"五四"运动前后白色上衣加上黑色裙子的"文明新装"成为典型的女学生装束③。上装从"宽松、长及膝下"到"偏长合身"，从中我们不难推测，这种变化说明中国女性的服装汲取了欧美、日本服装中展现女性身体曲线的流行因素。但是，由于严禁将女性的性特征暴露于众的传统禁忌依然存在，女学生们在选择合身的上装的同时，通过"束胸"将性特征掩藏起来，由此传达出纯洁的形象④。积极吸收西洋流行要素的同时兼顾固有着装规范中的禁忌，试图展示女性身体曲线的同时不忘尽量贴合"传统"口味，"文明新装"中承载了女学生们中西合璧的独到匠心。

步入 20 年代，对于女学生们热衷于装饰打扮、追赶时髦的行为，男性知识分子中有人认为这是违背"卫生、经济、时间、自然"⑤的举动，强调其不合理性。也有人通过古今对比，将旧时代的"裹足""穿耳"与"着高跟鞋，束腰，缚乳，露胸"⑥等行为相提并论，用"野蛮恶习""犯罪式的装饰"⑦等词汇评价她们的装扮，认为女学生中间盛行的"束腰，缚乳，露胸"等充满浓厚的情欲色彩，其目的无非想要引起男性的注意，这与"旧妇女"讨好男性的意图并无本质区别。

尽管男性知识分子在批判时援用的思想资源各不相同，有从近代医学、近代时间观念出发立论的，也有立足于"传统"的思维定式⑧来探讨的，但他们有一个共同

① 罗苏文：《女性与近代中国社会》，上海：上海人民出版社，1996 年，第 179 页。

② 华梅：《中国服装史》，天津：天津人民美术出版社，1989 年，第 91 页。

③ 吕美颐：《中国近代女子服饰的变迁》，《史学月刊》1994 年第 6 期，第 52 页。

④ 周叙琪：《一九一〇——一九二〇年代都会新妇女生活风貌：以〈妇女杂志〉为分析实例》，台北：台湾大学出版委员会，1996 年，第 89 页。

⑤ 徐学文：《我所希望于女学生者二》，《妇女杂志》1925 年第 11 卷 6 号，第 880 页。

⑥⑦ 董纯标：《我所望于现代新妇女者》，《妇女杂志》1926 年第 12 卷 8 号，第 14 页。

⑧ 受儒家伦理观念的影响，前近代男女之间只能是"观看者"与"被观看者"的关系，此过程中女性明显成为"看"的"对象"（参见郑在书：《东亚女性的起源——从女性主义角度解析〈烈女传〉》，北京：人民文学出版社，2005 年，第 150～163 页）。不仅如此，该如何说话、走路、行动，保持何种坐姿、站姿，展现何种笑容等等，女性的举止、身体语言被限定在最小幅度之内，处于一个消极、被动、弱势的位置，由此被定义出来的"女性美"蒙上了浓重的被动色彩。换言之，女性的身体语言在被观看、受评价中被界定出来，其间充斥着被"物化"及被"对象化"的韵味。这里，男性知识分子认为"新女性"的装扮与"旧妇女"一脉相承，甚至有过而无不及，"新女性"在心理上仍未从传统的"献媚""引诱"男性的被动中摆脱出来。这种理解方式本身就有沿用"传统"眼光的痕迹。郑在书为韩国人。

点,即几乎众口一词地用"娼妓化"来定位女学生的装扮。他们眼中,"女学生是受教育的人物,比其他部分的妇女,地位高尚得许多,头脑也清醒得许多,应该去求真学问"①,而不应对"流行"、"时髦"趋之若鹜,给人以"贪婪"与"轻浮"之感。更不该一味追求时髦贪慕虚荣,依靠卖弄色相招惹男性的注意。这种从物质到精神层面的"堕落"不仅丧失高贵人格,更与妇女解放的目标背道而驰,其行为实在令人唏嘘。换言之,这种情欲色彩十足而充满诱惑的装扮,从头到脚用金钱堆砌起来的拜金女式的轻浮,与男性知识分子心目中朴素大方、纯洁无垢、冰清玉洁的"新女性"形象相去甚远。女学生须懂得洁身自好,要树立朴素、充满知性美的个人形象,不仅如此,更要肩负起挽救社会的"堕落"之风。所谓"狡猾的人性,总使社会愈加堕落! 受教育的人,负有矫正社会上一切的责任。劝告一般求学的女子,要有忠实的态度,纯正的行为,来处理自己,对待他人。"②

将近代消费文化浸染的女性"身体"等同于"堕落",男性知识分子的话语之间透露出警觉与恐惧之意。女学生们充满情欲色彩的装扮与妓女如此相近,她们不但无法维持"高尚"的形象,更容易导致女性集团内部秩序的混乱,这是令其感到不安之处③。那么,为什么要刻意保持女学生的领导地位?

因为现在是女子解放的好时机,为男子压迫而为附属物的女子,正好在这些时候向男子们努力奋斗,要回女子原来的人身自由,要回女子原来的为人权利,而能唤醒女子起来作这种运动的唯有女学生,能切切实实去帮助妇女群众去作这种运动的也唯有女学生,能引导妇女群众去作这种运动的也唯有女学生! 女学生在妇女队中处在优越的地位。对于妇女解放问题有这样重大的职责……④

在此,男性知识分子将有无近代学校教育经验,作为区分知识阶层与普通女性的重要标准。将二者之间定位为"唤醒"与"被唤醒"、"帮助"与"被帮助"、"引导"与

---

① 余竹籁:《装饰与人格的关系——敬告艳装的女学生》,《妇女杂志》1922 年第 8 卷 1 号,第 20 页。

② 徐学文:《我所希望于女学生者二》,《妇女杂志》1925 年第 11 卷 6 号,第 880 页。

③ 何璇:《1920 年代中国社会における〈新婦女〉——〈婦女雑誌〉を主なテキストとして》,お茶の水女子大学ジェンダー研究センター編:《ジェンダー研究》2004 年第 7 号,第 65 页。

④ 林文方:《我所希望于女学生者一》,《妇女杂志》1925 年第 11 卷 6 号,第 878 页。

"被引导"的关系,通过这样的序列化处理,男性知识分子强调唯有身处知识阶层的女性才能给予普通女性切实的帮助,她们在女性中间身处优越的地位,理应承担重大职责。他们力主女学生要维持"高尚"形象,以便与其肩负的社会责任相匹配,在此叠映出的是男性知识分子对自身的定位及优越感。换言之,男性知识分子通过对女学生身体装饰的批判,通过对其领导地位的强调,隐含着对其自身社会角色及定位的再确认,即男性知识分子对于普通民众的领导地位。同时,我们还可以看到,儒家传统知识分子"先天下忧而忧"的自身定位及以天下为己任的责任感,也在潜移默化地影响着接受过近代学校教育的年轻知识分子,换言之,传统的价值观及阶层定位在新一代的青年中间得到了传承。

将近代消费文化浸染的女性"身体"等同于"堕落",这其中还透露出另一层警觉与恐惧之情。如前所述,经历过版面革新后,在校学生和教职员工成为《妇女杂志》投稿人的主力军。军阀混战导致军费负担加重,军费积欠的情况也波及到教育经费的发放。受此影响,20 世纪 20 年代,从小学到大学都存在着经营方面的问题及隐患,各类学校教职员工的经济状况十分拮据。[①] 以奉天、直隶两派军阀拥立的靳云鹏内阁为例,政府就曾推迟对以北京大学为首的北京国立专门以上八校的教育经费发放,其中也包括发放给教职员工的工资及事务性经费。[②] 从 1920 年 12 月起,教育经费一直存在拖欠状况,这八所院校的教职员工及学生从 1921 年 3 月中旬开始罢工、罢课,各种请愿活动一直持续到同年 7 月 28 日,直到靳云鹏内阁妥协让步解决措施出台后才结束。然而这次请愿活动并未彻底解决政府拖欠教育经费的问题,此后类此情况屡屡出现,而且愈发严重。[③] 政府拖欠教育经费还有另一层原因,即北京的军阀政府试图通过这种手段对大学的自治体制、学生及教职员工的言论、思想、集会等自由进行封杀[④]。这些情况说明当时的大学经营常年存在隐患,同时言论自由也受到限制和监控,教职员工及学生们不得不在险恶的环境下,为自身的权益不断与军阀政府进行抗争。

---

① 小林善文:《中国近代教育の普及と改革に関する研究》,東京:汲古書院,2002 年,第 54～158 页。

② 小林善文:《中国近代教育の普及と改革に関する研究》,東京:汲古書院,2002 年,第 158 页。

③ 小林善文:《中国近代教育の普及と改革に関する研究》,東京:汲古書院,2002 年,第 158～159 页。

④ 小林善文:《中国近代教育の普及と改革に関する研究》,東京:汲古書院,2002 年,第 159 页。

经济方面的压力也许让不少教师感慨生计无法保障,师道尊严又从何谈起?当他们饱受无可奈何、焦躁不安等负面情绪煎熬时,身边擦肩而过的,也许是打扮时髦、充斥着情欲色彩的女学生们。自身的窘迫与她们的不谙世事,两者之间的差距无疑会加剧青年们的焦躁与无奈,对女学生的批判也许是一种宣泄方式,当然,也将其自身在消费社会面前的无能为力暴露得淋漓尽致。

第五节　介于资本扩张欲望与男性知识分子诉求之间的女性"身体"

至此,本章以《妇女杂志》为主要分析文本,对1920年代围绕女性的"身体"话语建构进行了探讨。

如前所述,伴随着西方资本主义、近代消费文化跨洋过海登陆上海等沿海城市,一种区别于"传统"的身体书写就此拉开帷幕。借助广告等媒体的宣传,鼓吹对时尚的追求和享乐,宣扬奢华的生活方式,煽动大众对商品的购买欲和占有欲,这些消费文化所倡导的理念毫不费力地登陆中国,一种被近代商品重新包装过的女性"身体"随之呼之欲出。它要求消费者紧追潮流,求新求变,讲究卫生,追求"舒适""清洁"之感,装扮富于情欲色彩,等等。

与此同时,青年男性知识分子也对女性"身体"提出诉求。他们强调女性应从"楚楚可怜""弱不胜衣""多愁多病""肤如凝脂""姗姗来迟"这些传统的身体规范中摆脱出来,拥有行动自如、充满动感色彩的身体,同时对"过度"的身体装饰保持警惕,坚持简单朴素的装扮,认为这些才是所谓的"健康美"。这种诉求一方面指向近代家庭和近代国家,同时也指向女性自身,它既将"传统"视为攻击对象,也不遗余力地诟病消费文化所倡导的生活方式。

围绕着女性的"身体",《妇女杂志》的文章、广告等文本呈现出一组矛盾与批判之声,传统规范对于女性身体的阐释与以"体育""卫生"等观念为核心的近代身体观之间存在冲突,男性知识分子对简约、素朴的身体诉求与近代消费文化之间存在碰撞。如此一来,女性,尤其是那些有良好近代教育背景的"新女性"的身体就成为各种冲突与碰撞交集的场域。当然,对于"新女性"身体表现的种种批判,同时也叠映出男性知识分子内心深处理想与现实之间的碰撞与冲突。他们义愤填膺的抨击声中充满对国家、社会、女性前途等的责任心和正义感,同时,除了这些"冠冕堂皇"

的理由之外,还挟裹着窘迫的经济条件导致的对所谓"过度"消费的排斥与恐惧。

1920年代男性知识分子对消费文化所采取的慎重和警戒,也许是其窘迫的经济条件所致,然而当消费文化像旋风一般从欧美席卷而来之际,它侵蚀了中国旧有的封建秩序、伦理道德等一整套价值体系,生活于其中渺小的个体又岂有招架还手之力?换言之,消费文化的出现和繁荣是中国走向近代化的必然产物,试图封杀、遏制其发展的言论似乎都显得苍白无力。更何况其自身亦是消费社会中的一员。不仅如此,资本的运作亦要求《妇女杂志》——这一男性知识分子借以发表批判言论的杂志作为消费市场的产物谋求更大的发行量,更好的销售业绩。为此《妇女杂志》每期都要刊载大量商品广告,而且很大一部分是来自欧美的奢侈品。如此就出现了十分有趣的一幕,一方面男性知识分子批判"新女性"的装饰太过奢华、攻击她们崇尚拜金主义的言论不断出现在《妇女杂志》上,另一方面,大量的广告以傲人的姿态占据着《妇女杂志》每一期的版面,丝毫没有示弱之势。二者一同点缀着《妇女杂志》,使其版面内容更加丰富多彩,精致而引人注目,让它在夹杂着矛盾的同时不断成长壮大。

从"看"与"被看"的模式来看,女性在视觉文化的政治构图中依然处于被动地位,这似乎是传统的延续,然而,在身体表现上她们与"旧妇女"存在着本质区别。这些被近代商品重新包装起来的"新身体"所受到的诱惑,早已不同于往昔的"旧妇女"。如果说"旧妇女"基本上是儒家伦理道德的听命者,近代的到来,资本的运作则让这种局面变得复杂和立体。一方面,女性的身体要接受舆论的主导者——男性知识分子的检阅,另一方面,资本扩张和延伸的欲望要求女性的行为符合其运作逻辑,这就是《妇女杂志》呈现的历史构图。概而言之,近代女性的身体受到了男性知识分子与资本的双重包围。

在这一关系中,成长起来的青年男性知识分子一方面品尝着摆脱父辈的"传统"、获得话语权的愉悦,但同时,身处半殖民地、半封建的特定环境,使他们感受到更多的是自身的无奈与无能为力。换言之,青年们一方面品尝着"近代"带来的自由以及随之而来的主宰命运的愉悦,同时,面对消费社会的无能为力、束手无策之感也相随而生,由此再一次感受到自身的渺小。这种无能为力滋生出一种焦躁的情绪,最终以声讨"新女性"的方式呈现出来。这种站在道德制高点上的批判也许让他们从中获得些许的安心与喘息,找到了精神层面的释然与解脱,同时也捕捉到自身作为时代督导者的使命感,然而同时,刚刚获得新生的青年们似乎已然步入垂暮,与那些他们不屑一顾、嘲讽的"旧"知识分子如出一辙,扮演着"卫道士"的角色。

PART
5

第五章 "新女性"与近代中国女子教育
——吴贻芳个案研究

吴贻芳(1893—1985)是近代中国第一批留学海外取得博士学位的"新女性"、第一位出任女子大学校长并带领金陵女子大学不断进取发展的教育实践者、首位在《联合国宪章》上签字的中国女性,近现代中国著名的教育家和社会活动家,众多殊荣铸就了其蜚声海内外的显赫地位。

近年来有关吴贻芳及其教育思想和实践的研究成果不断涌现,其中以朱峰《基督教与近代中国女子高等教育——金陵女大与华南女大比较研究》[①],程斯辉、孙海英《厚生务实巾帼楷模——金陵女子大学校长吴贻芳》[②],金一虹《吴贻芳的教育思想与实践》[③],张连红《金陵女子大学校史》[④],徐海宁《中国近代教会女子大学办学研究——以金陵女子大学为个案》[⑤]等最具代表性。这些研究揭示了吴贻芳的教育思想特点以及金陵女子大学从无到有的发展历程,对吴贻芳自身的受教育经历及金陵女子大学这所教会学校进行了详细探究,打破了旧有历史学研究对基督教及其创办大学的禁忌,试图更客观、更全面地探讨基督教对近代中国教育发展所

---

① 朱峰:《基督教与近代中国女子高等教育——金陵女大与华南女大比较研究》,福州:福建教育出版社,2002年。

② 程斯辉、孙海英:《厚生务实巾帼楷模——金陵女子大学校长吴贻芳》,济南:山东教育出版社,2004年。

③ 金一虹等:《吴贻芳的教育思想与实践》,南京:江苏人民出版社,2005年。

④ 张连红主编:《金陵女子大学校史》,南京:江苏人民出版社,2005年。

⑤ 徐海宁:《中国近代教会女子大学办学研究——以金陵女子大学为个案》,南京:南京师范大学出版社,2008年。

带来的影响和贡献。上述研究对历届毕业生名录及毕业生的回忆资料进行收集整理，对曾经任教于金陵女大的教师进行统计列表，对使用的教材、校歌等进行梳理，诸如此类的学术积累挖掘整理了大量史料，开启了一个有关吴贻芳、金陵女大、近代中国社会、近代东西方权力版图的新的思考空间和领域。上述探讨富于创造性因而弥足珍贵，也为相关研究的进一步推进开辟了道路。

以往的研究多着眼于吴贻芳作为教育家的经历，关注她作为金陵女大的校长如何带领该校发展壮大的教育实践，鲜有从"新女性"的角度分析其与时代之间的关联，站在更广阔的历史脉络上探讨作为一名"新女性"其所做的选择及其必然性问题，并以此为线索探究吴贻芳为我们呈现的历史构图。基于此，本章将以吴贻芳为线索，探究"新女性"身上折射出的社会图景，思考近代中国社会对"新女性"而言的意义所在，解析以"新女性"为媒介的知识生产的历史性及政治性特点。

第一节　　　吴贻芳的个人经历

1893 年冬，吴贻芳出生于湖北武昌，祖上是江苏泰兴的名门望族。父亲吴守训有感于女儿出生于腊梅飘香的寒冬时节，为女儿取名"贻芳"，别号冬生。曾祖父曾为翰林，祖父曾任湖北荆州知府，父亲也供职于湖北官场，曾任牙厘局局长及当阳知县等职。书香门第的家世使吴贻芳幼承家学，跟随堂兄吴益荪接受启蒙教育。也由于这样的家世，吴贻芳早早就被母亲裹脚缠足。但是，身体上的时代烙印却没有让吴家的女儿就此走上一条与母辈相同的道路，贻芳和姐姐贻芬从小就憧憬新式学堂，对于传统的女红却兴致索然。守旧的父亲曾反对姐妹俩进入学堂读书，通过抗争她们最终如愿以偿。

1904 年，贻芳和姐姐贻芬回到杭州外祖母家，一起入读公立杭州女子学校。姨父陈叔通是杭州名士，思想开放知识渊博，对两姐妹的学业尤为关心。1906 年，在陈叔通的支持下，姐妹二人转读上海启明女子学校，后又转至苏州景海女子学堂。从武昌到杭州、上海再到苏州，求学经历开拓了吴贻芳的视野，让她对家门之外的新世界充满好奇，多所教会学校的求学经历也为她打下良好的英语基础。渡过了平静安逸的童年和少年时代的吴贻芳，本该迎来充满朝气和希望的青年时代，但噩耗却不期而至。

1909 年，父亲被上司诬陷"挪用公款"，倍感愤怒和无奈，倾家荡产后投江自尽。家庭遭遇如此大的变故,受此影响,哥哥吴贻榘、母亲朱诗阁及姐姐吴贻芬在1912年不到一个月的时间内相继去世。不到20岁就失去众多至亲,一连串打击使吴贻芳近乎丧失了活下去的勇气。艰难之时,姨父陈叔通不仅多方鼓励,还将吴贻芳及其妹妹、祖母接到自己家中。在姨父一家的接济之下,吴贻芳立志继续求学,1913年2月到杭州弘道女中四年级插班读书。一年后,随姨父一家移居北京,在北京女子高等师范学校及其附属小学担任英文教员。1915年搬回上海后,吴贻芳收到金陵女子大学美籍教师诺玛丽的信函,诺玛丽邀请她去金陵女子大学读书。诺玛丽曾在杭州弘道女中任教,吴贻芳的勤奋好学和积极上进给她留下很深的印象。

1916年2月,作为插班生的吴贻芳进入金陵女子大学一年级读书,很快以全优的成绩转为正式学生。其后,由于表现突出被推选为金陵女大第一届学生自治会会长。1918年,她在好友徐亦蓁的影响下受洗入教,成为基督教信徒。1919年"五四"运动期间,吴贻芳带领同学罢课并打着校旗手持十字架加入学生游行的行列。同年,她以优异的成绩从金陵女子大学毕业,成为中国首批获得学士学位的女大学生,并开始任教于北京女子高师。1922年5月,在美国蒙特霍力克女子大学校长布莱克女士的推荐下,吴贻芳获得巴勃尔奖学金并进入美国密执安大学研究生院攻读生物学,留学期间先后当选北美中国留学生会会长、留美中国学生会副会长、密执安大学中国学生会会长等职。1928年,吴贻芳提交论文《黑蝇生活史》并获得生物学博士学位,同年收到金陵女子大学校董会的邀请函,回国担任金陵女大校长,时年35岁。

图5-1 1928年吴贻芳回国就任
金陵女子大学校长

图片来源:南京师范大学吴贻芳研究中心:
http://ptr.chaoxing.com/course/529744.
html? edit = false&knowledgeId = 530096&
module = 2#content(2016-07-31)

自此,吴贻芳开始了二十余年执掌金陵女大的管理生涯,也让金陵女大从教会女校逐渐变成近代中国"新女性"实现其教育理念的试验场。正如金陵女大第一任校长德本康夫人所言:"凡是熟识吴博士的人都会意识到,金陵的成就,在很大程度上应归功于她在最困难的年代富有能力的忠实的领导。金陵在中国所获得的高度重视,在一定程度上也表达了人们对金陵校长的尊重的感情。没有她不屈不挠的勇气和毅力,很可能金陵在战争年代将做不出任何积极的贡献。"[①]吴贻芳对金陵女大的贡献由此可见一斑。换言之,作为中国第一位女子大学的校长,吴贻芳成就了金陵女大,金陵女大也成就了吴贻芳作为近代中国知名教育家的人生定位。

1945 年,吴贻芳作为民国政府出席旧金山联合国制宪会议代表团的成员赴美,成为首位在《联合国宪章》上签字的女性。1946 年及 1949 年,她两次拒绝出任国民党政府的教育部长。1949 年,以特邀代表的身份参加中国人民政治协商会议第一届全体会议。1951 年,中美关系的恶化使具有教会学校背景的金陵女大失去办学的经济来源,最终导致金陵女大与金陵大学合并,吴贻芳也就此结束了金陵女子大学的校长生涯。之后她历任金陵大学校务委员会副主任委员、南京师范大学名誉校长、江苏省教育厅厅长及江苏省副省长等职。1979 年,吴贻芳荣获母校美国密执安大学为世界杰出女性专设的"智慧女神奖"。1985 年 11 月,吴贻芳在南京鼓楼医院辞世。

第二节　金陵女子大学的创办与近代中国社会"新女性"的培养

伴随着两次鸦片战争,尤其是第二次鸦片战争后西方传教士的大量涌入,教会创办的各种学校日益增多并逐渐受到中国民众的接受和支持。一方面,教会女子中学及毕业生的数量在逐年增长,另一方面,这些学校却苦于聘请不到中国籍女教师,学生毕业之后除了留学再无升学的空间和条件。在这样的背景下,1911—1912年,江浙一带的教会女子中学校长在上海举办了一系列会议,商讨在长江流域一带创建女子大学,南、北美浸礼会(Baptists,North and South),基督门徒会(Disciples),圣公会(Episcopalians)等 8 个美国教会组织的代表也出席了会议。此次会议达成初步共识,之后在历经筹款、组建筹委会、校董会、选取校址、甄选校长人选等诸多筹备工作之后,女子大学取址古都南京,取名金陵女子大学,由北美长老会

---

① 德本康夫人、蔡路得:《金陵女子大学》,杨天宏译,珠海:珠海出版社,1999 年,第 61~62 页。

推荐的德本康夫人担任校长。1915 年 9 月 17 日,金陵女子大学(Ginling College)在南京正式挂牌开学,租用绣花巷李鸿章家旧宅作为临时校园。这是继北京的华北协和女子大学和福州的华南女子大学之后,教会在中国创办的第三所女子大学。

作为一所教会学校,金陵女子大学坚持以基督教精神办学,以培养信奉基督教的妇女领袖为己任。德本康夫人曾强调说:"爱是金女大建校之根基所在,这种来自上帝之爱,通过耶稣基督彰显出来。它给予所有人丰盛的生命,充满知性的生活,赐予人们智慧和对人生的意义的理解。"[①]她认为:"我们必须保持学校的高学术水准,为社会培养高质量人才,注重学生的人格培养,以耶稣基督为榜样塑造学生的崇高人格。"[②]

办学伊始,由于学校缺乏知名度和社会认知度,首先要解决的是招生难的问题。1915 年 9 月 17 日正式开学时,校门口挂着"大美国金陵女子大学"的校牌,开学典礼上仅有 8 名学生和 6 名教师参加。[③]"开课时只有 11 个学生。这一年,共有 13 名学生注册。她们来自 4 个省的 9 个城市,分别从 6 所学校毕业,代表 3 个彼此协作的教会,其中 1 人当时还不是基督徒。5 人在升大学前教过书。因此,平均年龄为 23 岁。"[④]由于当时学校的生源主要依赖于教会和教会中学推荐,为了使学生数量达到并保持一定规模,同时又保证招生的高标准,金陵女大在招生方面采取多渠道、多形式的办法。比如每年暑期面向全国单独招考两次,同时也接受推荐入学等。除了招生难的问题,如何保障师资也是创办初期的金陵女大必须面对的难题。教师不但在数量上极其匮乏,受所学专业所限能开设的课程也极为有限,这导致学校的许多课程无法开设。受制于上述条件,开办之初金陵女大仅设文、理两科,直至 1924 年后这一情况才有所改观,文理两科之下分别开设代表不同专业方向的系,文科方向下设包括英文、历史、社会学、体育四个系,理科方向下设数理、化学、生物、医预科四个系。其后文科分别在 1925 年增设音乐系,1926 年增设宗教系,1927 年增设中文系,这期间理科一直未有变动。

---

① Mrs. Lawrence Thurston. Address by the Retiring President, *Ginling College Magazine*, Vol.1,1929,p.6.

② The letter from Mrs. Lawrence Thurston (Nov. 3,1928). Yale Div. UB Archives, Box 144,Folder 2860.

③ 徐海宁:《中国近代教会女子大学办学研究——以金陵女子大学为个案》,南京:南京师范大学出版社,2008 年,第 27 页。

④ 德本康夫人、蔡路得:《金陵女子大学》,杨天宏译,珠海:珠海出版社,1999 年,第 13 页。

南、北美浸礼会、基督门徒会等教会组织为金陵女大提供了大量捐助,校园建设、图书设备采购、教师薪酬发放等维持学校基本运营的资金均赖于此。为了获得更多的援助,德本康夫人也在积极寻求其他的资助来源。1916 年金陵女大与美国马萨诸塞州史密斯女子学院结为姐妹学校,史密斯女子学院开始不断向金陵女大捐款,且数量呈递增趋势。其后伦敦传教会(The London Missionary Society)、美国新教教会(Reformed Church)等教会组织,中国医学会等社会团体也对金陵女大给予了捐助支持。各方资金的到位有效地推进了金陵女大的新校园建设,在完成新校园选址、购置土地、校园建设规划等一系列筹备工作后,1923 年新校址竣工,金陵女大于当年秋迁入南京鼓楼附近的陶谷新校园。

表 5-1　早期金陵女子大学在籍学生数和毕业生数变迁表

年份	在籍学生数	毕业生数
1915	9	
1916	17	
1917	36	
1918	52	
1919	70	5
1920	52	8
1921	70	10
1922	81	10
1923	95	10
1924	133	10
1925	137	15
1926	153	20
1927	97	18

转引自徐海宁:《中国近代教会女子大学办学研究——以金陵女子大学为个案》,南京:南京师范大学出版社,2008 年,第 37 页。

经过十余年建设,学校在确保及扩大生源、师资聘任、专业与课程设置、新校址建设、拓展资金来源等方面取得了长足发展。如表 5-1 所示,这所近代中国最早一批出现的教会女子大学,很快摆脱了招生难的困境,总体保持快速发展的势头。但与良好的招生趋势形成鲜明对比,毕业生人数持续低迷。数据显示,尽管近代女子教育自清末就已出现并不断发展壮大,但女子高等教育一直未获得实质性的发展。女性自身对接受高等教育及获取相应文凭持消极态度,普通民众对女性接受高等教育态度冷漠,社会缺乏相应的需求,这些因素均是女子高等教育发展的阻力。种种困难也成就了金陵女大为近代中国社会培养"新女性"的表率和示范作用,让那些最终完成学业,获得毕业证书的学生成为当之无愧的女界精英。吴贻芳作为首届五名毕业生中的一位,其价值和意义尤为突出。日后她能够出任金陵女大校长,显然是一种水到渠成和历史必然性的体现。

学校经营步入平稳期后校外社会大环境的改变,是最终将吴贻芳推上金陵女大校长职位的另一历史动力。非基督教运动的兴起,五卅惨案后民族主义情绪的高涨,收回教育权运动迎来高潮,这些因素促使金陵女大不得不做出应对之策。金陵女大也由此迎来了新一任校长——吴贻芳。1928年6月1日,吴贻芳从美国回到上海,7月1日正式就任金女大校长,金陵女大由此步入了由中国"新女性"掌舵的新时代。

第三节　国家民族主义抬头与"新女性"

在非基督教运动及收回教育主权运动迎来高潮的背景下走马上任的吴贻芳,首先需要面对的是西方传教士与民国教育部之间教育理念的差异。办学宗旨该何去何从成为首当其冲的问题。

一　金陵女子大学校训及办学理念的转变

金陵女大的校训是"厚生","厚生"一词源自《圣经·约翰福音》,本意是"我来了,是为了叫人得生命,并且得的更丰盛"。首任校长德本康夫人解释"厚生"的含义时,认为"厚生就是在各个方面获得至真至善至美的发展。在多项发展当中,学生人格的塑造,基督信仰的培育最为重要。只有获取了丰盛生命的学生才懂得

图5-2　金陵女子大学校训"厚生"

为社会多做贡献"。[1] 谈及金女大的教育目标时,德本康夫人在上任不久的演讲中强调:"我们需要受过教育的基督教妇女为她们的姐妹广传福音,并且我们盼望有一天,教会能够动员所有中国妇女的力量去传布天国的消息"。[2] 培养学生的基督教信仰及健全的人格,充实她们的校园生活,重视其作为个体的自我发展,令其领悟为社会做贡献的价值所在,是建校之初金陵女大的办学宗旨。

1928 年,吴贻芳担任校长之后,虽仍沿用"厚生"作为校训,但对其内涵做了新的诠释:"人生的目的,不光是为了自己活着,而是要用自己的智慧和能力帮助他人和社会,这样不但有益于别人,自己的生命也因之而丰满。学校用这个为目标来教导学生,并通过学校生活的各方面以潜移默化的方式引导学生向这个方向努力"。[3] "不光……而是……"这一修辞手法的运用,显然已将强调的重点置于叙述的后半部分。也就是说,珍视生命作为个体的意义所在,虽看重这一点,但她认为更应将目光从个体转向他人和社会。照亮他人、服务社会之际获得更丰富、更有意义的人生,吴贻芳从中想要传递的是为社会、为他人服务以成全自身的道理。从这层意义上看,吴贻芳的上任对金陵女大而言意味着办学目标的转向,也是她希望对国家和社会有所担当的表露。

转变的不仅是校训,还有金陵女子大学的办学理念,其中最值得一提的是"人格"培养的方针及目的。注重人格塑造,倡导博爱和牺牲奉献精神,以皈依基督教为教育主旨,是基督教教育理念的核心。德本康夫人执掌金陵女大时代时曾强调:"建立一所以基督教理念管理、充溢着基督教精神的女子大学是我们的目标所在。"[4]步入吴贻芳时代,她表示:"建设新中国需要大量受过专业训练的人才,他们仅仅接受专业技能知识还远远不够,教会大学要培养富于基督品格的专业人才。"[5]秉承基督教教育中对人格塑造的重视,同时又将重点做了转移,不再以宣

① Wang Shuh-His. Our Mother's Ideals and Aims, and My Appreciation of her. *Ginling College Magazine*, Vol.10, 1928, p.4.

② Mrs. Lawrence Thurston. The higher education of Chinese women, aims and problems. *Educational Reviews*,1916,pp.95~101. 转引自朱峰:《基督教与近代中国女子高等教育——金陵女大与华南女大比较研究》,福州:福建教育出版社,2002 年,第 133 页。

③ 吴贻芳:《金女大四十年》,中国人民政治协商会议江苏省委员会文史资料研究委员会:《江苏文史资料选辑第十三辑》,南京:江苏人民出版社,1983 年,第 20 页。

④ Thurston's Letter. Yale Div. UB Archives, Box 144, Folder 2860.

⑤ Dr. Wu's Talk at the Annual Dinner (May, 1943). Yale Div. UB Archives, Box 148, Folder 2922.

教、感化学生成为基督信徒作为金陵女大教育方针的重中之重,侧重于专业人才的培养,是吴贻芳带给金陵女大的新色彩。不容忽视的是,专业人才的培养不仅限于近代科学知识的习得,知识应该服务于何种信仰,应该在何种品格指引下得以践行,吴贻芳给出了明晰的答案,即旗帜鲜明地将基督博爱和奉献精神指向了近代国家建设。立足于现实需要,调整办学理念使其更好地回应时代需求,是这一时期金陵女大的转变,也是身为校长的吴贻芳所做的历史选择。

二　国家民族主义高涨与家政学专业的创办

金陵女大就像一叶小舟,从其起航到后来的发展变化都与那个时代的脉搏紧密相连,校训的变化如此,专业设置、校址西迁等均不例外。社会学、体育、音乐及家政是金陵女大的特色品牌专业,社会学及体育专业创建于早期的 1924 年,音乐专业设置于次年的 1925 年,与这三大专业相比,家政学专业开设得很晚,成立于抗战时期的 1940 年。尽管抗战开始之前就有人劝说吴贻芳开设家政学,但吴贻芳一直持否定态度,直到抗战爆发后学校西迁至四川后,金陵女大才开设这一专业。从否定到肯定,吴贻芳态度的变化源从何起呢?

"在我看来,我们与男性在大学设立家政专业持不同看法。他们似乎只在乎推广家政学走向大众化的实际意义,而我们的教师则认为,倘若开设家政学专业,应显示出大学应有的标准和要求,具备高度科学化的特色,是家政学专业应有的标准。"[①]这是吴贻芳在 1937 年的表述,非常隐晦地表明金陵女子大学没有开设家政学专业的打算。然而到了 1940 年,她在金陵女大的年度报告中说:"之所以尝试设立家政学专业,不仅是因为女子大学应该设立家政学专业,且与近年来大学进行的乡村重建工作相关。"[②]此番表述传递出三重信息:其一,吴贻芳对开设家政学专业的态度发生了转变。其二,明确了对该专业的定位。其三,彰显了其态度变化背后的妥协与坚持。

如果吴贻芳认同女子大学应开设家政学专业之说,金陵女大为何在有人劝说之际迟迟未有动静,而学校因战争爆发被迫西迁之后,却在非常困难的情况下增设家政学专业?尽管吴贻芳没有正面解释个中缘由,联想到当时人们对家政学及对

---

①　The letter from Wu Yi-fang to Miss Griest（Apr 16, 1937）. Yale Div. UB Archives, Box 143, Folder 2910.

②　Mintures of Executive Committee.（Dec 8, 1938）. Yale Div. UB Archives, Box 148, Folder 2914.

女性的定位,不难想象吴贻芳对家政学以培养贤妻良母为预设目标所持的否定态度,她眼中的女性精英应具有家国情怀,对国家社会有所抱负和作为。然而,当社会现实需要家政学来为之服务时,吴贻芳一方面应和所谓的大众论调,更有意借大众论调改变家政学的功能,让其直指当时的"乡村重建工作"。事实上,服务于当时社会的实际需要,是金陵女大家政学专业设立的初衷并成为其与众不同的一大特色。

面对战时经济苦难、物资匮乏的情况,成立之初的家政学专业以强调营养学为主,1942年家政学专业还专门举办保持膳食营养平衡的展览,这个看似普通寻常的展览在战时"具有特别重要的意义"①。这一点还充分反映在当时的课程设置上,家政学专业17门必修课中,直接与营养学相关课程就有三门,分别为"营养学原理""高级营养学""营养学群书博览"。此外,如何应对战争孤儿也成为当时急需解决的问题:"在中国和美国的金陵人都越来越关注在各种不同的儿童福利工作中训练妇女这一社会需要。中国有如此多的战争孤儿,以至于孤儿院和类似的儿童福利机构都只能仓促组建。但是他们关怀流离失所、无家可归急需救助的儿童的努力却常常因为缺乏经过训练的人员而遭受挫折。"②针对这种社会现实,家政学专业后来关注儿童福利工作,除了不断增加完善相关的课程设置之外,更与社会学系分别设置儿童福利组以培养专业人才。不仅如此,还与社会学专业一道开展了多方面的社会实践活动,用专业知识服务于在战争中需要救助的儿童。家政学专业师生们的身影活跃在学校开设的乡村服务处、儿童福利实验所等地,向农村妇女传授营养卫生、家庭管理等知识,向她们教授一定的谋生技能,免费照看家境困难的儿童。培养学生的专业素养及实践能力,使她们更好地投身于社会服务,这一点成为金陵女大家政学专业的最大特色。

一般而言,家政学以培养日后步入家庭的贤妻良母为宗旨和目标,强调女性作为"妻"与"母"对于"夫"与"子"的责任,宣扬通过服务于家庭彰显女性对近代国家建设所具有的重要意义,这一特点既是该专业作为欧美及日本舶来之物办学理念的秉承,也已成为当时中国社会上至政府官员下至普通民众的共识。将女性禁锢在家庭之内,把她们的意义局限于对于"夫"与"子"的狭小空间,这一点与固有的家父长制文化存在异曲同工之妙,正因为如此,吴贻芳对金陵女大设置家政学专业一

① 德本康夫人、蔡路得:《金陵女子大学》,杨天宏译,珠海:珠海出版社,1999年,第121页。
② 德本康夫人、蔡路得:《金陵女子大学》,杨天宏译,珠海:珠海出版社,1999年,第122页。

直持消极态度。时过境迁,当国家、民族需要家政学来武装女性,用专业知识为儿童、妇女服务时,吴贻芳决定在战时增设家政学专业,超越家庭,超越"夫"与"子",将女性的存在价值与民族国家直接连接在一起,这一举动意味着她在创造性地阐释家政学专业的目的,为其注入了新的内涵。一言以蔽之,在当时特殊的历史条件下,吴贻芳所做的选择,就是将创设家政学的意义直指民族国家,改变了西方社会对女性及家政学专业的思维模式。为家政学赋予新的服务宗旨及内涵,这个与时代理念相悖的再创造也许是对那个时代所需最好的注脚。

第四节　"新女性"与近代中国社会的知识生产

究竟何谓"知识",该如何完成知识的传递,反映在具体的教学管理和教学实践中,知识传递的过程应建构在何种校园氛围及师生关系的基础之上?对此,吴贻芳通过多重渠道给予了阐释和实践,也透露出她对西方近代的理解和取舍。

一　对博爱和奉献精神的坚持和守护

"教师必须明白教育是包含基督的爱和服务精神。作为一位教师,他是全然的付给学生。倘若学校有足够数量的教师存在这种的心志教学,学校的基督办学精神必能保存。真正的基督教气氛比圣经课程及崇拜更重要。教师的素质直接影响学校的学术水平及健康的风气。"[1]这是1930年吴贻芳发表在《教育评论》的文章中的表述。从中我们看到她挑选师资的标准,更反映出她在师生关系的构建、校园氛围的塑造等方面的匠心所在。

学校规模偏小,教师大都住在校内宿舍,师生比高等诸多因素使金陵女大早年就确立了导师制和姐妹班制,为师生间、学生间的接触提供了客观条件及制度保障,让金陵女大将家庭氛围式的校园风气贯彻到底。德本康夫人的这些匠心之举在吴贻芳接任校长后得到传承和弘扬。谈及导师制时,吴贻芳曾说"学校实行过导师制,每个学生可以找一位教师当导师。一位导师带八九个学生,用小组活动或其他方式帮助学生解决学习上、生活上及其他方面的问题。导师制密切了学生与学

---

[1] Wu Yi-fang. A Possible Way Ahead for Our Christian Schools, *Educational Review*, 1930, p.362.

校的联系。"①导师制拉近了师生间的距离,姐妹班制则推动了高低年级学生之间的联系和互动。新生刚入学时,高年级的班级与新生班级结成姐妹班,姐姐班的同学会来指点她们如何选课、如何尽快适应大学校园生活等现实问题。姐姐班要为妹妹班开迎新会,姐姐班毕业时,妹妹班要为姐姐班举行送别会。学校还会安排高年级学生与新生同住,让新生尽快适应环境的同时,也使高年级学生多了一份责任感和对他人的关爱。

金陵女大的学生曾不无自豪地说:"本校素以'金陵大家庭'自居。因本校师生间一向即保存着传统的融乐亲挚的空气。教员于课堂内做学生智育的指导,而在生活中即负起家长的责任,自动帮助学生解决一切生活之困难。"②"金陵的家庭精神已广为人知。这是个有广泛联系的家庭圈子,德本康夫人好像母亲,教职员们好比姨妈,毕业校友就像大女儿,在读学生就是小女儿。"③1948年,纪念吴贻芳担任校长二十周年的庆典上,各届毕业生纷纷献辞,称颂吴贻芳为"兼教育家、贤母、社会指导者于一身"。④

尽管学校完成注册立案后宗教色彩全面褪色,宗教课改为选修课,早祷也改为自由参加,但宗教信仰中传递出的博爱、奉献精神,对于曾因家庭变故而倍感磨难和艰难的吴贻芳而言,当年在金陵女大求学时体会到的温暖一定铭刻于心。尽己所能为学生营造一个值得信赖和托付的精神家园,注重个体之间的指导和交流,构建有益于身心健康的校园人文环境,是吴贻芳的用心所在,也显示出其对博爱和奉献精神的坚持和守护。

二 对汲取西方文化知识的注重

注重将博爱、牺牲和服务精神播种到学生心灵深处,让教会大学的办校优点继续传承下去,是吴贻芳的用心所在。同时,她也看重与西方对话的维系与畅通,这一点在重视外语教学中得到充分体现。"一二年级的必修英语,在二年级读完后举行一次英语概括考试,测试学生对英语的理解和运用能力。测试及格才准升入三

① 吴贻芳:《金女大四十年》,中国人民政治协商会议江苏省委员会文史资料研究委员会:《江苏文史资料选辑第十三辑》,南京:江苏人民出版社,1983年,第26页。
② 《金陵女子文理学院训导概况》,《中国第二历史档案馆馆藏档案,全卷宗六六八》,南京:私立金陵女子文理学院,案卷号195。
③ Liu Bao Dju. Fourteenth Annual Founder's Day. *Ginling College Magazine*, 1929.12.
④ 吴校长任职后各届同学献词,《金陵女子文理学院校刊》1948年第153期。

年级,除主修或辅修英语者外,免读英语。如果测试不及格,必须在三年级补读一年英语,再参加概括考试,如果仍不及格,就须自动退学。在普通英语课中,每学期必须读若干本英语小说名著。英语系四年级学生的作文,教师批改后还个别辅导,十分认真。学生平时读、写、听、说英语的机会较多。除中文外,教师讲课多用英语,参考书也以英语者为多。记笔记、答考题、写报告也多用英语。每学期都有英语演讲会、辩论会,还表演英语剧。英语系还举行用英语讨论的英语文学座谈会。所以凡是金女大毕业生,不论主修哪一系,都具有一定的英语水平。但部分英语基础较差的学生却感到负担过重。"①之所以基础薄弱的同学感到吃力和负担过重,正是因为金陵女大对英语教学的重视程度非同一般。除了作为一所教会学校重视外语教育的必然之外,亦是吴贻芳作为校长的有心之举。英语教学背后的英语世界才是吴贻芳的着眼所在,她自身的求学经历,再加上东西方之间在人文、社会、科学技术等方面的差异,这些因素也许都让她痛感英语对于学生的求知具有重要意义。

对西方知识的注重,尤其体现在对新兴学科的坚守和发展上。众所周知,社会学作为一门新兴的社会科学,诞生于19世纪上半叶的欧洲,19世纪末经由今文学派人士等介绍传入中国。20世纪初,上海圣约翰大学、沪江大学等教会大学开风气之先,相继开设社会学课程或设置社会学专业。"五四"运动后,国内的许多大学开始陆续开设社会学课程或创办社会学专业,步入20世纪20年代,社会学逐步在中国传播开来。金陵女大的社会学专业创建于1924年,在当时属于较早开设的一批专业,后来发展成为金陵女大最受欢迎且规模最大的专业。据统计,金陵女大历年毕业生中有将近23%出自该专业。②

德本康夫人担任校长时期的1923年,金陵女大首次聘任在美国克拉克大学获得社会学博士学位的女教师玛丽·特德雷(Mary B. Treudley)开设社会学课程,其后直至1928年离任,她成为金陵女大筹建社会学专业的拓荒者。吴贻芳出任校长后,延续了德本康夫人的做法,从1930至1937年,长期聘请学术积累更为丰富的梅雷伯·莫斯曼(Mereb E. Mossman)担任社会学系主任。抗战开始后,学校迁至

---

① 吴贻芳:《金女大四十年》,中国人民政治协商会议江苏省委员会文史资料研究委员会:《江苏文史资料选辑第十三辑》,南京:江苏人民出版社,1983年,第14页。
② 曾芳苗:《民国教会女子教育——金陵女子文理学院的个案研究(1915—1951)》,台湾"中央大学"历史研究所硕士论文,1996年,第190页。

四川,又聘请留美博士龙冠海①担任系主任。朱觉方、张芗兰、李美筠、吴璇仪等一批学成归国的硕士、博士等也是社会学系的重要师资,其中朱觉方是当时女性当中屈指可数的社会学博士。此外,社会学系还通过与金陵大学合作等方式,加强师资建设,丰富课程设置。②雄厚的师资力量是金陵女大社会学专业的一大亮点,也映照出决策者对于学术前沿的关切、慧眼用人的果断和前瞻性的思维及眼光。

日趋完备的专业课程,强调理论服务于社会的实践性,办学中既有对西方社会学理论的推崇,更有将理论联系实际、让学说转化为解决社会问题手段的变革,是金陵女大社会学专业走向成功不可或缺的重要因素。能够在动荡的近代社会、尤其在抗战的艰难岁月中不断成长和壮大,让学术理论直面中国社会遇到的现实问题,这些无疑体现着校长吴贻芳的人文关怀及对社会的关切和责任感。吴贻芳对知识生产的前瞻性眼光造就了金陵女大的名牌专业,为前沿的学术思想在中国社会的传播发展播种了可能和希望。但同时,也暗示着近代中国社会知识生产的历史性特点。

第五节　"新女性"与近代中国社会

吴贻芳曾就读于金陵女子大学,在校期间表现突出,1928 年临危受命回国出任母校校长。试想如果没有对母校的热爱和责任,如果缺乏对母校办学理念及专业设置等大方向的认可,她不可能在仓促之间做出这一决定。然而,在非基督教运

---

① 龙冠海(1906—1983),海南琼山人,著名社会学家,毕生从事社会学教学和研究,治学严谨,著述丰厚。曾考入清华学堂留美预备班,后赴美留学,先后就读于斯坦福大学及南加州大学,完成题为"中国社会思想的演变"论文,获得南加州大学社会学博士学位。后回国任教于金陵女子大学,担任社会学系主任。著有《社会学》《社会思想史》《社会学与社会问题论丛》《社会学与社会意识》《都市社会学的理论与应用》《社会思想家小传》等,其中《社会学》一书多次刊行,在学界影响较大。1939 年同,将学生关于社会问题的调查报告汇编成《社会调查集刊》(上、下)出版。1949 年移居台湾,曾任教于台湾大学,1960 年创办该校社会学系,任第一任系主任兼教授。常年担任台湾"中国社会学社"理事长,1982 年获该社"特殊贡献奖"。参考百度百科网站,2016-07-31,http://baike.baidu.com/link? url＝3_n0QTZ2fl92VWV6_yTCvRNhCxqSqyQyGAryfv8cTDk HFeMjF38q-v_9FRMnKuYfn3pWsN_ku2GAYJS5Yg_kVa;台湾大学社会学系网站,2016-11-10,http://sociology.ntu.edu.tw/brow.php? id＝113&fid＝41。

② 徐海宁:《中国近代教会女子大学办学研究——以金陵女子大学为个案》,南京:南京师范大学出版社,2008 年,第 134 页。

动及收回教育权运动背景下出任校长一职,意味着她必须要考虑多方因素,既要应对社会大环境,又要顾及母校的生存和发展,让二者兼顾。对金陵女大校训内涵的再创造性诠释,抗战期间创办旨在为社会大众服务的家政专业,这些均反映出吴贻芳作为"新女性"的智慧与融通之道,更是社会大环境留给她屈指可数的选择肢的一种必然结果。这一点在接管金陵女大之初,学校完成向国民政府教育部的注册立案问题上体现得尤为突出。

作为一所教会学校,一方面维持学校运营的经费大部分来自教会人士在西方的募集所得,宗教色彩是学校得以维系下去的重要因素。另一方面,考虑到金陵女大未来的发展和毕业生的前途,学校完成向政府注册又显得十分必要。然而,进行注册就意味着要全方位改变学校的宗教色彩。如何在金陵女大委员会与教育部之间做好协调工作,吴贻芳做了大量工作。最终学校有关办学宗旨的阐述中取消了全部与"基督教"相关的叙述及字样。同时,在学科设置上取消宗教系,将宗教课程纳入哲学系,并将其改为选修课程。1930年底,金陵女大根据教育部的要求完成了注册立案。[1] 注册立案过程中,"她所做的工作更多的是说服校董会按政府的要求申请注册"[2]。出任一所教会大学的校长,自身又在求学时代接受过洗礼,这些因素使她更能体会母校的坚持及其缘由所在,但同时也要兼顾政府对完成注册的标准。如何协调政府与学校一直以来坚持的办学理念,从中谋求一个平衡点,如何在情况复杂的局面下确保学校的生存和发展,考验的是吴贻芳的智慧和决断。

当然,有融会贯通也会有坚持,吴贻芳自幼经历的磨难,使她对博爱精神所带来的温暖和力量比常人更能感同身受。不仅如此,海外求学的经历也拓展了她的视野。如此种种后来在教学管理上得到充分体现,譬如她对博爱精神的坚持和守护,对英语教学的重视。换言之,这些人生经历让这位留学归国的博士能够不受外界所累,站在更广阔和理智的平台上,指引着她的学校和学生为更加长远的人才培养付出点滴努力。"当中国每千位适龄女童只有三个能上学时,我们还可以感到自豪吗?……如果我们只是为自己的特权和运气而窃喜,那么,金陵的大学教育根本

---

① 针对该问题徐海宁做了详细研究。参见徐海宁:《中国近代教会女子大学办学研究——以金陵女子大学为个案》,南京:南京师范大学出版社,2008年,第43～55页。

② 徐海宁:《中国近代教会女子大学办学研究——以金陵女子大学为个案》,南京:南京师范大学出版社,2008年,第54页。

不值一文。"①"受高等教育之女子,应知责任之重大,盖社会之事业,既不能有男子独负,则女子教育当然不能落后,而此种责任,先知先觉之女子,责无旁贷也。"②新中国成立后,金陵女子大学的毕业生能够活跃在各个舞台,熠熠生辉的她们是对吴贻芳人才培养的最好诠释。

图 5-3　吴贻芳从国际大会归来,受到校友们热烈欢迎

图片来源:南京师范大学吴贻芳研究中心:http://ptr.chaoxing.com/course/529744.html? edit=false&knowledgeId=530096&module=2#content(2016-07-31).

通过上述分析,我们看到吴贻芳作为一名"新女性",在近代中国社会面临的命运与机遇。虽是个案,却暗示着当时一批"新女性"直面的历史缩影,勾勒出近代中国社会的现实图景。设想如果缺乏国家、民族主义抬头的社会背景,吴贻芳可能没有机会出任金陵女子大学校长,成全她的正是爱国主义热情在全社会的蔓延。然而同时,当近代中国社会置身于东西方间的权力构图之中,在教育制度、文化理念

---

① The class of 1919,The Pioneer,Shanghai:The Presbyterian Mission Press,1919,P38.转引自朱峰:《基督教与近代中国女子高等教育——金陵女大与华南女大比较研究》,福州:福建教育出版社,2002 年,第 322 页。

② 《金陵女子文理学院校刊》1935 年第 24 期,第 16 页。

等方面表现出冲突与对抗①,身临其中的"新女性"又必须要有所取舍,无法置身世外。具体而言,金陵女子大学作为一所创建于中国的教会学校,经济来源、资金供给主要来源于传教士的海外募捐及基督教会的捐助。这所教会学校必须面对的是国家民族主义的高涨,还有叠加其中的中国社会对"女性"这一性别角色的固有观念。在这一特定场域,学校及"新女性"成为东西之间、新旧之间较量与融合的前沿,所谓去基督教化、办学理念的不同,实质上是处于文化优势的西方教会及传教士,与处于劣势的民国政府及民众之间的冲突与对抗。吴贻芳作为"新女性"的代表,一方面怀揣强烈的精英意识和领袖意识,顶着诸多光环而备受瞩目,另一方面也不得不品味夹缝中求生存的无可奈何与疲惫不堪,也许这就是近代中国社会"新女性"的命运写照。

小　结

吴贻芳作为中国社会第一批接受了近代高等教育的"新女性",其个人经历虽有特殊性,却也彰显了那个时代"新女性"承载历史命运的共性。"五四"运动中以男性为主体的知识分子对个性解放、民主自由、平等博爱的倡导,对近代国家建设的向往,体现出其对西方文化的憧憬,希望借此抗衡旧有的儒家家父长制文化的决心,一言以蔽之,是对人的近代化的追求和向往。但是,西方的知识和价值体系却也同时生产着文化优越性和侵略性,当中国被裹挟着步入近代时,这一点显得尤为突出。

作为"新女性"的吴贻芳,她的"新"来自其知识体系,近代科学知识、人文关怀、近代国家意识、民族主义等等,构成了她价值判断体系中不可或缺的重要组成部分。这些知识背景使她成为西方知识生产的载体和传播者,也正因为如此,"新"与"旧"、"西方"与"东方"之间的碰撞在她身上得到集中体现。尽管她也曾试图把西方的近代科学知识、古典的博雅教育在金陵女大深入推广,却举步维艰,尤其在国难当头之际,碰撞与冲击显得简单而真实,个性解放、对人性的探讨被放置到了边缘,如何面对外侮成为第一要务。作为精英阶层,拯救民族国家成为责无旁贷的使

---

① 针对该问题的相关研究还可参见胡钦晓、徐婷婷:《解读金陵女大:文化冲突的视角》,《华东师范大学学报》(教育科学版)2014年第126期,第112~117页。

命和职责,留给这位"新女性"的选择变得简单明了,以金陵女大为载体的知识生产就此带上了浓厚的历史性及政治性色彩。这其中有历史必然性,却也遮蔽了对西方进行多样性思考和理性思辨的可能,以及将问题简单化处理背后隐含的逻辑暴力,而思维的历史惰性与惯性又叠加其中,这一切都为日后的知识生产埋下了障碍及隐患。

PART
6

第六章

近代女学在日本的本土化
进程及其特点
——以下田歌子的女子教育理念及实践为例

　　"近代"作为源于西方的舶来之物,在被东亚各国引介、传播的过程中,与"传统"的对话与碰撞在所难免,清末民初的中国如此,明治维新后掀起学习西方热潮的日本亦不例外。从社会性别学角度来看,女性被纳入近代教育体系是"女性"这一社会性别被重新书写、赋予"近代"内涵的过程。探究日本近代女子教育的形成及实践,是我们思考日本"女性"被纳入近代化轨道的重要手段,也是审视日本直至东亚近代性的又一重要路径。此外,近代以降,日本在介绍、导入西方的学术概念之时,思考如何用传统的语汇与其对接,为此他们创造性地完成了许多古汉语词汇的重释工作,而后这些语汇又被重新介绍到中国来,此种情况不在少数。"贤妻良母""家政学"等语汇都经历了这样的演变及传播过程。

　　明治维新后涌现出一批有志于发展近代女子教育的人士,津田梅子(1864—1929)、鸠山春子(1863—1938)、迹见花蹊(1840—1926)、吉冈弥生(1871—1959)等都是其中的佼佼者,形成了一道蔚为可观的历史风景。其中备受瞩目的,无疑是因贵族女子教育起家而后蜚声海内外的下田歌子(1854—1936)。作为跨越江户、明治、大正、昭和四个时期的著名女子教育家及活动家,下田的教育理念及实践活动社会影响深远,为近代日本女子教育的发展写下浓重的一笔。不仅如此,她对近代中国女子教育的确立也起到了一定影响。

　　时至今日,日本的学术界对彼时那个叱咤风云、举足轻重的教育家似乎已甚少关注,充满封建色彩的国家至上主义贤妻良母女子教育论者——是对下田歌子的历史定位,由此她也被贴上了封建、反动的标签。下田再次闯入大众视野,缘于

1990年当代日本著名作家林真理子以下田为题材的写实小说[①]，下田与伊藤博文等一众高官之间暧昧不清的关系，唤起人们猎艳的好奇心。更耐人寻味的是，尽管下田终其一生致力于女子教育，大力宣扬"贤妻良母"对国家、社会的积极意义，但她本人除了一段短暂的婚姻之外，直至去世一直独身。她的个人经历与其主张的教育理念之间相去甚远。

回望近代中国，女子教育发轫于清末，在第一个颁布并实施的学制——《癸卯学制》中，涉及女学的《奏定蒙养院章程及家庭教育法章程》规定："应令各省学堂将《孝经》《四书》《列女传》《女诫》及《教女遗规》等书，择其最切要而极明显者，分别次序浅深，明白解说，编成一书，并附以图，至多不得过两卷，每家散给一本；并选取外国家庭教育之书，择其平正简易，与中国妇道、妇职不相悖者(若日本下田歌子所著《家政学》之类)，广为译书刊布。"[②]清政府将下田歌子编撰的书籍作为家庭教育教科书加以推荐，对其认可及重视程度可见一斑。之所以如此，与时任京师大学堂总教习的服部宇之吉及其夫人繁子的多方努力不无关系。曾是下田歌子学生的服部繁子与下田素有深交，服部宇之吉极力促成下田觐见慈禧，以求改变西太后对女学所持的怀疑及消极态度[③]。服部的努力最终获得成效，西太后表示希望得到下田歌子的帮助，愿将清朝的女子教育交由下田歌子全权负责，提供自己的皇家居所作为校舍，并许诺承担全部资金开销[④]。可惜慈禧太后于1908年病逝，这一计划就此搁浅。

韩铧等的研究显示[⑤]，就在《癸卯学制》颁布实施前的一两年间，清末外交官钱恂的夫人单士厘、康有为的门徒汤钊、曾国藩的六女曾纪芬等均积极将下田的著述介绍到中国来，下田所著的《新选家政学》(1900年再版)在中国就曾出现过四个译本，其中两个译本都再版过。由此不难看出，当女子教育仍限于民间办学、尚未实

---

① 林真理子:《ミカドの淑女》，東京:新潮社，1990年。

② 《奏定蒙养院章程及家庭教育法章程》，璩鑫圭、唐良炎编:《中国近代教育史资料汇编·学制演变》，上海:上海教育出版社，1991年，第395～396页。

③ 小野和子:《下田歌子と服部宇之吉》，竹内好、橋川文三編:《近代日本と中国(上)》，東京:朝日新聞社，1974年，第213页。

④ 小野和子:《下田歌子と服部宇之吉》，竹内好、橋川文三編:《近代日本と中国(上)》，東京:朝日新聞社，1974年，第217页。

⑤ 韩韡:《中国近代女子教育における日本受容》，名古屋大学博士論文，2014年，第75页。相关研究还可参见:黄湘金:《从"江湖之远"到"庙堂之高"——下田歌子〈家政学〉在中国》，《山西师大学报》(社会科学版)2007年第9期，第88～92页。

现制度化突破的阶段,这本书对关注女子教育的国人带来极大的冲击。同时,能够成为学务大臣的推荐书目,显示出该书已不仅被民间的有识之士所认同,也受到清朝官方的关注。换言之,下田歌子的女子教育理念在清末的中国获得了民间及官方的认可,其著述连接起中日两国的女子教育。此外,下田歌子创办的实践女学校曾开设"清国女生部",专门招收来自中国的女留学生,这一举措不仅开启了近代日本面向女性的留学生教育之门,也为日后近代中国女子教育的发展培养了众多人才。革命家秋瑾东渡日本最初选择的学校,就是下田创办的实践女学校[①]。此外,曾担任《妇女杂志》第二卷主编的胡彬夏赴日留学入读的学校也是实践女学校,由此可见这所女学在中国留学生中享有较高的声望。

可以说,对于尚处于启蒙阶段的近代中国女子教育而言,下田歌子带来的影响极大,探讨近代中国早期女子教育的起步,下田歌子是一个不容忽视的存在。本章将聚焦其女子教育理念的形成及其特点,剖析日本女性价值观从"前近代"向"近代"转型的历史瞬间,亦希望以此为切入点,挖掘更多有助于思考中国近代化的线索和路径。

第一节　"贤妻良母"话语在日本社会的植入

众所周知,明治维新后日本自上而下掀起学习西方的热潮,从西方的思想观念到制度设计,都成为日本竞相追逐效仿的对象,日本社会由此开启了近代化历程。值得注意的是,日本的西化道路,既是传统与近代对话的结果,亦表明了其取舍的价值取向及标准,是我们理解其近代性特点的重要手段。近代教育作为近代化的重要一环,一开始就受到明治政府的高度重视,近代女子教育正是借助这一平台迎来从无到有的发展,"女性"角色的转换也由此拉开了帷幕。

一　明治初期的"贤母论"

1868年,以长州、萨摩、土佐诸藩中具有维新思想的藩主为首的军事联盟成功推翻德川幕府,建立了以天皇为核心的维新政府,取中国古籍《易经》中"圣人南面

---

① 下田的办学宗旨与秋瑾所要追求的革命理想相去甚远,失望之余一年后秋瑾便离开了实践女学校。参见李卓:《中日家族制度比较研究》,北京:人民出版社,2004年,第453页。

而听天下,向明而治",改年号为"明治",翌年迁都东京。明治伊始,"文明开化"浪潮席卷日本,学习西方的热情高涨,从交通、军事、教育等各个领域延伸到与每个人的生活息息相关的文化习惯、宗教信仰等诸多方面。之所以出现这样的局面,明治政府及开明知识分子的大力倡导与推动功不可没。

由著名兰学家内田正雄翻译、开成学校出版的《荷兰学制》(1869年),小幡甚三郎翻译、庆应义塾出版的《西洋学校规范》(1870年),河津祐之、佐沢太郎翻译,文部省刊行出版的《法国学制》(1873—1876年)等译著相继问世,反映出启蒙知识分子及明治政府渴望了解、推介西方教育理念及教育制度的初衷。这些译著为明治政府制定教育政策提供了重要依据,同时也为导入欧式女子教育理念做好了思想上的铺垫。

以法国学制为蓝本,文部省于1872年颁布了日本近代第一个全国性教育法令《学制》,至此近代学校制度在日本得以确立,这反映出明治政府在教育制度上积极效仿欧美的决心。《学制》汲取了欧美崇尚个人主义、自由主义、男女平等、实用主义等近代教育思想,而对于传统的儒家教育理念,则以"趋于辞章记诵之末,陷于空理虚谈之途"[①]为由加以批判及排斥。《学制》强调女性应与男性一样接受学校教育,确立了女子初等教育制度。不仅如此,《学制》颁布的前后,明治政府将培养、造就"贤母"确定为女子教育的宗旨。从对女子教育的定位及实施过程来看,此时明治政府提及女子教育,并非是真正意识到其重要性后加以关注的结果,只是在囫囵吞枣式的全盘汲取欧美教育制度时的一个"意外收获"。

如果说明治政府对女子教育的关注是"无心插柳",那么近代日本最初的启蒙学术团体——"明六社"成员对女子教育的强调则可谓是"有心栽花"。"明六社"成员多有游历欧美的经历,日本与欧美女性之间存在的巨大差异,令其痛感学习西方的必要。他们从天赋人权的角度批判男尊女卑的传统观念,宣扬欧美的男女平等思想,并从"为人母"的角度强调发展女子教育的重要性。森有礼[②]的《妻妾论》

---

① 太政官布告第214号:《学事奖励ニ关スル被仰出书》(学制序文),三井为友编:《日本妇人问题资料集成,第4卷,教育》,东京:ドメス出版,1977年,第146页。

② 森有礼(1847—1889),日本明治时期的外交官、政治家。1873年(明治六年),在其动议之下成立了近代日本第一个启蒙学术团体——"明六社",出任首任社长。福泽谕吉、加藤弘之、中村正直、西周、西村茂树等为"明六社"的主要成员。1885年成为伊藤博文内阁成员,出任近代日本第一任文部大臣。他崇尚西方,致力于在日本建立一套完善的近代学校教育制度。大力提倡女子教育,主张废除传统的妻妾制度,倡导模仿西方建立一夫一妻制。

(1874年)及中村正直①的《造就善母说》(1875年)等是这一时期的代表性论述。总之,明治初期,在政府及启蒙思想家的倡导之下,日本自上而下兴起学习西方、大力发展女子教育的热潮。《学制》的颁布将欧式的"贤母论"女子教育思想正式导入日本,成为明治初年政府发展女子教育的指导理念。培养身强体健的母亲,使其掌握并灵活运用近代科学知识教育子女,为培养国家栋梁之材尽其职责和义务,是当时欧式"贤母论"的核心内容。这种教育指导思想的确立,标志着女子教育的"全盘西化"就此铺开。

　　正如"脱亚入欧"这一语汇所浓缩的历史情绪一般,作为一个时时感受到欧美各国觊觎的新政权,明治政府的危机意识可想而知,在社会进化论盛行的时代背景下,学习西方实现近代化似乎是唯一的希望和出路所在。为此,明治政府一改江户时代的锁国政策,高唱殖产兴业、富国强兵、文明开化等口号,从政治、经济、教育、文化、建筑、服装、饮食等各方面学习西方,在一片建设近代国家的氛围中迎来了全盘西化的热潮。渴望尽快摆脱"落后"的亚洲,建设与欧美诸国比肩的近代国家,这种焦躁与兴奋之情蔓延于明治初期的日本,学习西方的过程中也就难免盲目偏激甚至过激的倾向。在这样的历史脉络下诞生的女子教育理念基本褪去了儒家的伦理规范,充溢着浓厚的欧美色彩。在一味效仿西方憧憬欧美的过程中,没有余裕重新审视、反思传统,这一点在明治初期的女子教育理念上反映得淋漓尽致。换言之,明治初期的女子教育理念集中体现了明治初期政府急于从儒教的束缚中完全挣脱出来,将参照系由中华思想转向西方近代的迫切心情,它被重重地打上了"脱亚入欧"的烙印。

二　贤妻良母主义话语权的确立

　　然而,随着自由民权运动的兴起,尤其是经历了明治十四年政变——自由民权

---

　　①　中村正直(1832—1891),号敬宇,日本明治时期的启蒙思想家、教育家。"明六社"成员之一,曾留学英国,将英国塞缪尔·斯迈尔斯(Samuel Smiles)的《自助论》(Self-Help)翻译成日文《西国立志编》,将约翰·斯图尔特·穆勒(John Stuart Mill)的《自由之理》(On Liberty)翻译成日文。对明治时期民权思想的形成产生了很大影响。近代日本倡导女子教育的先驱,反对儒家男尊女卑思想,提倡男女平等。曾出任东京女子高等师范学校(御茶水女子大学前身)校长等职。

运动的高潮之后,启蒙思想家的言论被边缘化,元田永孚①、西村茂树②等保守派粉墨登场。他们批判完全排斥儒家理念的教育方针,积极致力于复活传统价值观,并希望借此重建意识形态教育。值得留意的是,这些所谓的保守派并不是完全的"复古",他们既不主张放弃近代学校教育,更反对将儒家的伦理道德全部摒弃,如何通过学校教育更好地贯彻意识形态教育,更好地将"传统"继承下去,培养效忠于天皇国家的臣民,是保守派倡导的核心。当然,其中亦不乏保守派人士一度被边缘化之后重返话语权力中心之时对自我价值、存在感的确认及宣扬的色彩。

1890 年 10 月,明治天皇亲自签发由元田永孚等人参与起草的《教育敕语》,宣扬国民对天皇的忠诚是"国体之精华""教育之渊源"③,同时也强调子女对父母之孝顺、夫妇关系之和谐等重要性。旨在通过儒家伦理道德的回归建设天皇制国家,无疑是《教育敕语》的核心目标,要求女性恪守儒家典范也顺理成章地成为女子教育的重中之重。此后,甲午战争的结局及走向,使日本国内国家主义空前膨胀,思考取胜的原因成为当时舆论热议的话题。当人们将胜利归功于教育时,女子教育的重要性获得极大关注,"贤母"的功能再次得到确认,不仅如此,女性的"贤妻"功能也被"挖掘"出来。1899 年《高等女子学校令》颁布,宣告了以"贤妻良母"话语为核心的女子教育理念正式登上历史舞台。从建设近代国家的角度出发强调男女在人格上的平等,同时,以欧美的生物学、性差心理学等为理论依据提倡"男主外、女主内"的角色分工,要求女性恪守"贞节""柔顺"等儒家道德规范,灵活运用近代科

---

① 元田永孚(1818—1891),号东野,日本江户、明治时期的儒学家、教育家。明治天皇的侍讲。《教育敕语》起草人之一。思想上反对开明派的思想启蒙,提倡儒家仁义忠孝的伦理道德。政治上反对立宪制,力主建立一个以天皇为权力中心的专制君主制。

② 西村茂树(1828—1902),日本明治时期的启蒙思想家、教育家。参与"明六社"的创立,曾是激进的启蒙派,后开始警戒和忧虑以首相伊藤博文为首的极端欧化主义者的主张,转而倒向复古思想,积极倡导儒家伦理道德。强调重建以儒学学说为根基的道德标准的重要性。主张国家的立国之本在于国民道德观念的养成,而非制度和法律建设,将勤勉、节俭、刚毅、忍耐、信义、进取、爱国心、奉戴天皇等八条作为培养国民的指针。著有《日本道德论》等。

③ 《学制百年史 资料编》,日本文部科学省,2016-03-06,http://www.mext.go.jp/b_menu/hakusho/html/others/detail/1317936.htm。

学知识治理家政抚育孩子,以胜任"妻"与"母"的角色①。

从最初的"全盘西化"到"复古派"的回击,直至"贤妻良母"女子教育论的确立,明治十四年政变、《教育敕语》的颁布、甲午战争等一系列事件均对日本女子教育的发展产生了重要影响。经历了各种势力的此消彼长,日本最终确立了东西合璧式的女子教育。不难看出,风云突变时对"传统"与"近代"的取舍,是日本女子教育理念形成的关键所在②。当贤妻良母主义教育理念最终获得话语权之际,该如何付诸实践,考验的是教育家对教育理念及社会现实的理解及应对能力。

第二节 贤妻良母女子教育家下田歌子的生平③

下田歌子作为活跃于明治、大正时期的女子教育家、活动家,其教育理念及实践活动社会影响力深远。一方面,她积极响应明治政府的女学政策,不遗余力地鼓吹贤妻良母教育思想,同时,下田也注意到中下层女性的实际生活状况,针对她们开展了灵活多样的教育实践。

下田歌子原名平尾鉎,生于江户末年(1854年)的美浓国惠那郡岩村(今日本岐阜县惠那郡岩村),是松平藩藩士平尾鍒藏的长女。深厚的家学渊源使平尾鉎自幼熟读四书五经等汉文典籍,同时她在俳句、和歌、国文学、日本画等方面的造诣也颇深,享有神童美誉。1871年,下田追随父亲来到东京,翌年被选入皇宫做宫廷女侍。因创作和歌的天赋受到昭宪皇后的赏识,赐名"歌子"。供职于皇宫的经历不仅让歌子

---

① 小山静子:《良妻賢母という規範》,東京:勁草書房,1991年;舘かおる:《良妻賢母》,女性学研究会编:《女のイメージ〈講座女性学1〉》,東京:勁草書房,1984年;瀬地山角:《東アジアの家父長制——ジェンダーの比較社会学》,東京:勁草書房,1996年;上野千鶴子:《近代家族の成立と終焉》,東京:岩波書店,1994年;落合恵美子:《近代家族とフェミニズム》,東京:勁草書房,1989年;片山清一:《近代日本の女子教育》,東京:建白社,1984年;深谷昌志:《増補・良妻賢母主義の教育》,名古屋:黎明書房,1981年;山口美代子编:《資料・明治啓蒙期の婦人問題論争の周辺》,東京:ドメス出版,1989年等。

② 何玮:《"日本式"近代女子教育の誕生》,《日本学研究:2009年上海外国语大学日本学国际论坛论文集》,上海:华东理工大学出版社,2009年,第423~426页。

③ 編纂所:《下田歌子先生伝》,東京:故下田歌子校長先生伝記編纂所,1943年;何瑋:《下田歌子の女子教育論とその活動——下層女性教育の視点をめぐって》,《日本学論叢》2000年第11号,第241~279页;实践女子大学网站,2016-08-03,http://www.jissen.ac.jp/idea_and_tradition/shimoda_utako/biography/index.html。

结识了高崎正风、元田永孚、福羽美静、加藤弘之等一众著名的教育家,也为其与佐佐木高行、伊藤博文、山县有朋等政府高官的交往创造了契机。1879 年 10 月,歌子辞去宫廷女侍的职务离开皇宫,嫁给东京府士族下田猛雄,改名下田歌子。

1882 年,在伊藤博文、山县有朋、土方久元等政府高官的邀请及援助下,下田在自家设立私塾——桃夭女塾。"桃夭"之名取自《诗经·国风·周南》中"桃之夭夭,灼灼其华,之子于归,宜其室家"的诗句,意即该塾以培养新嫁娘为主旨,显示出歌子丰厚的汉学底蕴。学生以士族出身的政要显赫之妻女为主,吟诵和歌、品读《源氏物语》等是主要的授课内容,重在培养这些上层女性对日本传统文学及文化的理解和鉴赏。1884 年,

图 6-1　下田歌子

丈夫猛雄病逝,其间歌子受宫内省邀请,筹划创建华族女学校——一所专门为王公贵族子女设立的官立教育机构。1885 年,华族女学校正式成立,下田被聘为干事兼教授,第二年升任学监。特别值得一提的是,任教于华族女学校期间,下田专门设计了一款和服裙裤,以便女学生们能够轻松自如地参加体育活动,这一款裙裤风行一时,开创了女学生装的新时代。

为了适应新的教育思潮以比肩欧美社会,1893 年下田奉明治天皇之命赴欧洲考察。游历欧洲期间,她重点考察英国皇家公主的教育情况,同时她还造访法国、德国、瑞士等欧洲诸国,广泛探询各国的女子教育。尽管这次欧洲游历的初衷及重点在于考察上流女子的受教育状况,但此次行程却让下田得到一个意外的收获,中下层女性受教育的社会意义就此进入她的视野。换言之,欧洲考察让下田亲身感受到教育对女性带来的深刻影响,让她意识到仅仅关注皇室贵族这些上层女性的教育远远不够,如何将中下层女性也纳入到教育体系中来至关重要,这一点直接关乎国家的前途命运。

历经两年的考察生活之后,下田于 1895 年 8 月从欧洲启程途经美国返回日本。归国后的第三年(1898 年),她一手组建"帝国妇人会"并亲自出任会长,试图从"教育""文学""工艺""商业"及"社会救济"等五个方面开展教育活动,以帮助不同阶层的女性。1899 年,"帝国妇人会"创办"实践女学校"及"女子工艺学校",

下田亲自出任校长,又在这两所学校下面分别设立"附属慈善女学校"和"附属下婢养成所",自此开始了她富于阶层色彩的女子教育实践,关于这一点将在后续章节中重点探讨。

大力促进日本近代女子教育的同时,时代也赋予了下田另一项重要使命——培养清朝赴日女留学生。众所周知,甲午战争后东亚局势,尤其是中国与日本之间力量格局的转变,让众多中国的有识之士重新认识日本,由此揭起了赴日留学热潮,追随他们一同赴日的还有其家眷——夫人或是姐妹等。受此影响,如何应对、接纳这些女留学生成为当时日本需要面对的新课题。长期从事上流女子教育的下田游走于皇宫贵族达官显贵之间,积累了丰富的人脉,实践女学校在社会上赢得了口碑和声望后,顺理成章地成为中国女留学生赴日就读的首选。自 1901 年接收第一位中国女留学生起,实践女学校的留学生数量呈不断上升趋势,为此该校自 1902 年起专门设立清国留学生部,三年之后的 1905 年又设立了清国留学生分校。统计数据显示,实践女学校、女子美术学校、日本女子大学校、东京女子高等师范学校、东京女子医学校是当时招收中国女留学生的骨干学校,截至 1911 年,这五所学校的留学生毕业总数为 116 人,其中实践女子学校为 94 人。1914 年,女子美术学校、东京女子高等师范学校、日本女子大学校、东京女子医学校四所学校招收的中国女留学生合计 134 人,同一时期进入实践女子学校就读的留学生达到 200 余名[①]。显而易见,实践女学校是当时招收中国女留学生的重镇。

积极开展教育活动的同时,下田歌子还勤于笔耕,编撰了包括《和文教科书》(全十卷)、《国文小学读本》(全八卷)等教材,先后出版了《家政学》(上下卷)(1893)、《妇女家庭训》(1898)、《家事要诀》(1899)、《泰西妇女风俗》(1899)、《新选家政学》(上下卷)(1900)、《妇人常识之养成》(1910)、《妇人礼法》(1911)、《日本的女性》(1913)、《香雪丛书》(全六卷)(1931—1933)等书籍,被当时的主妇及女学生们视为案头必备书目。这其中不乏受到热捧而再版的例子,尤其值得一提的是《家政学》一书。尽管当时日本已不乏此类书籍,但多为西方著作的翻译及参照西方著述的解读,与此相异,下田所著《家政学》是第一部站在日本女性的角度思考日本家政学该如何推进的论著,首创日本家政学教育体系[②]。该书分为上下两卷,上卷共

---

① 编纂委員會:《实践女子学園八十年史》,东京:实践女子学園八十年史编纂委员会,1981 年,第 25 页;周一川:《中国人女性の日本留学史研究》,东京:国会刊行会,2000 年,第 84～88 页。

② 飯塚幸子、大井三代子:《下田歌子と家政学》,《实践女子短期大学紀要》2007 年第 28 号,第 5 页。

分六章,包括总论、家内卫生、家事经济、饮食、衣服、住居等内容。下卷涵盖小儿教育、家庭教育、养老、看病、交际、避难、婢仆使役等七章。紧扣日常生活且颇具实践性色彩,是这部著述的最大特点。也正因如此,该书在出版四个月后即推出仅修改了排版及文字错误的改订增补版①,其受欢迎程度可想而知。此外,下田还为《日本妇人》②《女鉴》《女学世界》《妇人界》《爱国妇人》等多本杂志撰稿,以拓展其女子教育思想的社会影响。

1936 年 10 月 8 日,跨越了江户、明治、大正、昭和四个时期的下田歌子在东京病逝。她对女子教育情有独钟,毕其一生通过办学、著述等多种途径实践自身的教育理念,虽有国家主义的局限性,却为日本近代女子教育发展史写下了浓墨重彩的一笔。

第三节　下田歌子女子教育理念的形成

学养深厚再加上达官显贵的帮助,出于这些原因,自 1882 年下田在家中创办桃夭女塾起,她一直致力于上层女性的教育。1884 年,下田参与筹划华族女学校的创办工作,1885 年该校正式成立后她又历任干事、学监等要职,1906 年华族女学校与学习院合并后改称学习院女学部,下田担任该学部教授兼学部长。毋庸置疑,上层女性教育一直是下田工作的重心所在。然而,明治维新后该如何在复杂的国际环境中加紧近代化国家建设,如何定位女子教育及其社会意义,对这些问题的思考亦是左右下田女子教育理念的核心要素。欧洲考察的经历让她茅塞顿开,为她重新认识、整合自身的女子教育观提供了重要契机。

一　欧洲教育考察

1893 年 9 月,在时任天皇第六皇女常宫昌子及第七皇女周宫房子教养主任佐佐木高行的力荐之下,下田歌子启程前往欧洲考察女子教育。之后的两年中,主要在伦敦考察英国的女子教育,不仅如此,对英国女性的社会地位、风俗习惯等也收获颇多。首先来关注这次欧洲考察的时代背景。

---

① 韩桦:《中国近代女子教育における日本受容》,名古屋大学博士论文,2014 年,第 74 页。
② 《日本妇人》创刊于 1899 年,是"帝国妇人会"出版发行的会刊。

下田到达英国后的 1894 年,恰逢日英两国正在就不平等条约的修订问题进行谈判,时任驻英公使青木周藏与英方代表之间的交涉极其艰难。甲午战争的爆发,又给了下田从欧洲远眺日本乃至东亚局势的视角,这些因素都加剧了她的忧患意识。"至于日清间之种种,诸多传言已入吾耳。今欧美列强觊觎东洋之可乘之机,坐收渔翁之利,战云密布,非我等所望……日本之不可辱既已为欧美列强所目睹,如虎狼般之汝辈暗中煽动支那算计吾国,已无需赘言。愿吾国政府为国家百年建设之大计有所作为。"①甲午战争爆发时下田已离开日本一年有余,从海外远眺这场战事,让她有了与日本国内民众不同的感受和领悟。甲午战争后欧洲人又会采取何种行动? 该如何提升国民素质以改造幼稚的民众? 在下田眼中这些是比赢得战争更加棘手的问题。言语之间没有喜悦之情,忧虑和不安跃然纸上。下田本就是一名不折不扣的国粹主义者,修订不平等条约的艰辛以及甲午战争的爆发,让她愈发坚定了其对明治政府的"忠孝"意识。这种"忠孝"意识究竟该如何培养,对此她进行了诸多思考。

自幼接受的传统教育让下田对基督教近乎没有好感可言,这与其精通儒学的父亲如出一辙。但是,旅欧的经历彻底颠覆了她的认知,让她对西方的信仰及其社会作用刮目相看。下田认为,宗教信仰令西方人富于爱国精神,宗教信仰与爱国意识的结合赋予每一个体取之不竭的活力;西方人尊重自我注重个性,这些价值取向使他们富于独立精神,同时也有助于个人财富的积累,而最终受益的是国家和社会。② 换言之,在下田眼中,国家凝聚力的汇集,个体及社会充满的朝气,其源泉均来自于宗教信仰。有趣的是,下田注意到西方社会富于独立自主精神,这一点与东方截然不同,该如何解释这一现象,她活用了自己的知识资源。宗教的力量创造了爱国主义,信仰与爱国是人们富于独立精神的根基,反观缺乏基督教信仰的日本,则应通过培育"对皇室的忠诚、对国体的尊崇"③这一信仰来达到培养民众爱国的目的。这样的解释貌似牵强,但对深受儒学浸染的下田来说也许是一种水到渠成的结果,同时也为其日后女子教育理念的发展找到了理论依据。这样的解读方式一方面让她继续将基督教归为"他者",另一方面又从"他者"身上找到将自己的言

---

① 津田茂麿:《明治聖上と臣高行》,東京:自笑会,1928 年,第 876 页。

② 编纂委员会:《実践女子学園八十年史》,東京:実践女子学園八十年史编纂委员会,1981 年,第 46~47 页。

③ 编纂委员会:《実践女子学園八十年史》,東京:実践女子学園八十年史编纂委员会,1981 年,第 47 页。

论正当化的精神养料。

下田对基督教功效的理解还不止于此,她曾感慨道:彼方之道德观念源于基督教,以慈善博爱为根基,自幼便注重对孩童慈善之心的培育①。她意识到信仰与慈善、博爱之心的培育二者之间的关系,不仅如此,日后的实践活动还透露出她对宗教信仰的敏锐把握——可将不同阶层的人集结在一起的社会功效。有闲阶层发挥其物质方面的余裕,不仅可以帮助下层民众解决物质困难,而且对于下层民众而言,与上层社会跨越身份差异的交往也是一种精神上的慰藉和激励,这种社会表率和示范作用不容小觑,同时对国民性的提高亦可发挥重要作用。换言之,下田认为,充分活用下层民众对有闲阶层,尤其是上层社会的憧憬向往及模仿之情,可以有效地将不同阶层的国民统合在一起。

海外考察的重心在于女子教育,英国皇室女性的受教育状况首先进入下田的视野。女王的孙女在家庭教师的陪伴下前往女子学校读书,公主与其他学生一样,不享受任何特殊待遇。女王最小的公主出现在慈善宴会上时,以朴素的着装现身而非盛装修饰,日常生活中她与普通民众一样与店铺的主人交流并购买物品。女王的次女为了照看患白喉的孩子甚至失去了年轻的生命。② 这些场景都让下田感慨良多,成为日后回忆的素材。下田眼中,高贵的女王一家竟然如此亲民,她们任何事情都亲力亲为的生活方式,如此种种让习惯于等级制度森严的下田大为震惊。

此外,让她感到意外的,更有欧洲各国一般民众的受教育状况。虽然当初游学欧洲的目的在于考察皇室家族的女性教育,但从1894年12月起歌子开始关注普通女学校的教育状况③,这次任务之外的考察彻底改变了下田的教育观念。“海外留学的经历让余深感妇人受教育是何等重要之事,尤其是中层以下即大众妇人的受教育状况是国家兴隆之根本,余领悟到对于如今的日本而言此乃何等紧急迫切之事,回国之后定将全部精力倾注于女子教育之中。”④下田意识到中下层女性的教育对于近代国家建设而言至关重大,是日本当务之急应关注的问题,她决定回国

① 下田歌子:《泰西所见 家庭教育》,大关启子:《まよひなき道——下田歌子英国女子教育视察の轨迹》,《实践女子大学文学部纪要》1994年第36集,第17页。

② 大関啓子:《まよひなき道——下田歌子英国女子教育视察の轨迹》,《实践女子大学文学部紀要》1994年第36集,第7~8页。

·③ 城田秀雄:《英国よりの手紙——下田歌子から谷干城へ》,《实践国文学誌 りんどう》第18号,東京:实践国文学会,1992年,第76~81页。

④ 編纂所编:《下田歌子先生伝》,東京:故下田校長先生伝記編纂所,1943年,第335页。

之后从上层女子教育中抽出身来专注于此,观念的转变预示着下田的女子教育思想步入一个崭新的阶段。

> 彼方看中有益之事,也即推崇实利实益主义,而轻风雅游戏技艺之习得。举例而言,尽管身为贵族,育儿及家庭教育所需之卫生、生理、看护法及教育学等知识均须修习,(文学自不必言)对交际有裨益的各国语言也须修习。音乐舞蹈虽属风雅游戏之流,将其视作体育美育之类,故而划至教育范围之内,却可不与德智二育同日而语。①

西方教育重视卫生学、生理学、教育学等"实学",而东洋学说则"偏于悠远高尚之教诲,疏于实利实益之传授"②,下田敏感地捕捉到东西方之间对于"学问"的定义和定位的不同,认为应取他人之长补己之短,在"实学"与儒家高深的道德教诲之间获得一种平衡。游历欧洲的经历不仅让下田找到回国后应为之奋斗的方向,也让她明确了具体实施时应注重的内容。重视实利主义教育的思想在日后下田创办女学时得到充分体现,实践女学校的校名中"实践"二字,就是"能够在实际生活中发挥功效、可以践行的学问"这一价值观的反映③。同时,这一点在实践女学校、女子工艺学校的校规及课程设置等方面也得到了贯彻。

通过观察英国王室及上层社会,下田注意到女性作为母亲在家庭教育中发挥的重要作用。不仅如此,下田还发现英国女性普遍知识丰富且社会地位高,意志坚强勇于实践,如此种种皆是日本女性所望尘莫及的。至于造成这种差异的原因,下田将其归咎于教育与风俗习惯的不同,由此愈发感到教育的重要性,慨叹其不问地域之东西,无论身份高贵与卑贱④。羡慕之情溢于言表的同时,对于英国女性的状况她也并非照单全收。1894年在给佐佐木高行的信中,下田流露出对女权过于强势现象的反感,感慨东洋视温顺为妇德的可贵之处,直言找到了日后奋斗的方

---

① 下田歌子:《泰西婦女風俗》,大関啓子:《まよひなき道——下田歌子英国女子教育視察の軌跡》,《実践女子大学文学部紀要》1994年第36集,第17~18页。
② 編纂所編:《下田歌子先生伝》,東京:故下田校長先生伝記編纂所,1943年,第342页。
③ 編纂委員会:《実践女子学園八十年史》,東京:実践女子学園八十年史編纂委員会,1981年,第81页。
④ 大関啓子:《まよひなき道——下田歌子英国女子教育視察の軌跡》,《実践女子大学文学部紀要》1994年第36集,第8~9页。

向——寻找东西方之间的平衡点,探究一种东西折衷的理想状态①。

总之,身处异乡近距离地接触欧洲女性,让下田无时无刻不感受到异文化带来的冲击和震撼,东西方之间在日常生活习惯、文化习俗乃至思维方式等各方面的不同,让她时时品味不断思考,也在对比的过程中不断进行优劣对错的价值判断。

二 "帝国妇人协会"创设前的女子教育状况

明治维新后,日本政府着力于学习西方建立近代化的教育制度。自 1871 年 7 月废除大学设立文部省——日本最高的教育行政机构后,同年 11 月派出包括津田梅子等五名第一批公费女留学生赴美留学。12 月,明治政府公布拟建设官立女子学校的布告。同时,文部省成立学制调查委员会负责起草《学制》,这意味着教育的制度化建设就此搬上日程。1872 年 6 月,文部省公布《学制施行计划书》,8 月 2 日颁布《奖励学业之告谕》,次日正式发布第一个近代教育法令——《学制》。这一系列举措让人们感受到明治政府制定近代化教育蓝图的步伐之快,显示出明治政府注重女子教育并致力于制度化建设的决心②。《学制施行计划书》中论及女子教育时强调:

> 人之道男女无别,男子已有学而女子不可无学。且欲开人子学问之端绪以辨物理者,其母教育之力甚多。故一般而言,其子才与不才,端赖其母贤与不贤,此既已谓之定论。今日之女子乃为来日之人母。女子不可不学之义斯诚大矣。故兴小学之教,洗从来女子不学之弊。斯此兴学堂之事,令与男子并行也。此为兴小学之第一要义也。③

明治政府从培养造就"贤母"的角度提出"兴小学之教,洗从来女子不学之弊"。同时,推崇教育机会均等,强调学问乃安身立命之本,要求"自今以后,一般之人民(华士族农工商及妇女子)必邑无不学之户,家无不学之人"。④ 正是在这样的时代

---

① 津田茂麿:《明治聖上と臣高行》,東京:自笑会,1928 年,第 862 页。

② 详细探讨还可参见王慧荣:《近代日本女子教育研究》,北京:中国社会科学出版社,2007 年,第 71~82 页。

③ 转引自王慧荣:《近代日本女子教育研究》,北京:中国社会科学出版社,2007 年,第 75 页。

④ 太政官布告第 214 号:《学事奖励ニ関スル被仰出書》(学制序文),三井为友编:《日本婦人問題資料集成,第 4 卷,教育》,東京:ドメス出版,1977 年,第 147 页。

背景中,政府陆续创建了东京女学校等一批国公立女学校,其中又以师范学校居多。但是,由于观念习惯、学制改革等诸多原因,昙花一现或暂时关闭的情况屡屡发生,政府主导的女校建设未能取得实质性发展。不仅如此,女子初等教育的普及也未见功效。按照传统的眼光,读书、习字、吟歌赋诗、花道茶道等是有闲阶层修身养性之需,对于市井阶层而言,自小进入寺子屋修习一些日常生活所需的读写算数等技能,能够安身立命已经足够。固有的观念和成长模式让明治初期的人们,尤其是市井家庭,很难理解《学制》及其所倡导的女子学校教育的意义。不仅如此,送女孩子去学校读书,她们就无法像从前那样通过劳动补贴家用,这意味着入学读书非但没有益处可言,反而会加重家庭的经济负担。这些因素让市井阶层的人们对女子学校教育表现出消极对抗的态度。事实上,明治前期学龄女童的入学率总体偏低且发展缓慢,有时甚至呈现下降的趋势,直到明治 30 年学龄女童的入学率才勉强达到 50%(表 6-1)。

表 6-1　明治初期学龄儿童就学率

明治(年号)	西历	男(%)	女(%)	合计(%)
六	1873 年	39.9	15.1	23.1
七	1874 年	46.2	17.2	32.3
八	1875 年	50.5	18.6	35.2
九	1876 年	54.2	21.0	38.3
十	1877 年	56.0	22.5	39.9
十一	1878 年	57.6	23.5	41.3
十二	1879 年	58.2	22.6	41.2
十三	1880 年	58.7	21.9	41.1
十四	1881 年	60.0	24.7	43.0
十五	1882 年	64.7	31.0	48.5
十六	1883 年	67.2	33.6	51.0
十七	1884 年	67.0	33.3	50.8
十八	1885 年	65.8	32.1	49.6
十九	1886 年	62.0	29.0	46.3
二十	1887 年	60.3	28.3	45.0
二十一	1888 年	63.0	30.2	47.4

续表

明治(年号)	西历	男(%)	女(%)	合计(%)
二十二	1889 年	64.3	30.5	48.2
二十三	1890 年	65.1	31.1	48.9
二十四	1891 年	66.7	32.2	50.3
二十五	1892 年	71.7	36.5	55.1
二十六	1893 年	74.8	40.6	58.7
二十七	1894 年	77.1	44.1	61.7
二十八	1895 年	76.7	43.9	61.2
二十九	1896 年	79.0	47.5	64.2
三十	1897 年	80.7	50.9	66.7

资料来源:笔者根据日本文部省编:《学制百年史·资料篇》,東京:帝国地方行政学会,1972年,第 497 页整理。

明治维新后,随着资本主义的快速发展,日本对女性劳动力的需求与日俱增。1897 年,大阪府私立教育会进行了一次以劳动者为对象的教育状况调查,该调查具体考察了大阪府 22 所雇佣了 50 名以上工人的工厂。横山源之助著《日本之下层社会》中收录了该调查对女工学历状况的统计结果(表 6-2)。数据显示,在女性整体教育状况低下的情况下,女性劳动者学历低下的情况更为显著,她们大都是没有受过教育的文盲。

表 6-2　明治三十年(1897 年)女性劳动者受教育状况

年龄	未满 10 岁%	未满 14 岁%	14 岁以上%
未受教育者	71	41	43
曾稍许受教育者	29	54	47
寻常小学校毕业者	0	5	10
合计	100	100	100

资料来源:横山源之助:《日本之下层社会》,東京:中央劳働学園,1948 年,第 207～208 页。

如前所述,欧洲游学考察的经历对日后下田歌子女子教育观的确立起到至关重要的作用。日本修订不平等条约过程的艰辛及甲午战争的爆发,令下田倍感来自西方的压力,也让她意识到追赶欧美诸国、建设近代化国家是日本的燃眉之急。

该如何教育女性并让其承担起国民的责任？该如何改变女性社会地位低、教育程度差的现状？这些都成为旅欧期间乃至回到日本后萦绕在下田心头的课题。如果说之前她还满足于皇室及上层的女子教育，这次远游则给了她从欧洲远眺日本乃至东亚的视角，让她在更广阔的空间里思考女子教育的意义及功效。尽管对西方日益兴起的女权运动怀有忌惮和警戒之心，但西方女性社会地位之高，她们朝气蓬勃锐意进取的精神风貌，还是给下田留下了深刻的印象。同时，她也意识到女性的社会地位、教育状况等对于近代国家建设而言意义重大。与此相对，下田认为，"七去三从"的传统观念使日本女性只知一味隐忍，遇事唯唯诺诺消极被动，下层女性虽境遇悲惨但她们却往往不知涵养道义为何物，言谈粗鲁举止放荡。一定要改变日本女性卑微的现状，下田歌子的决心使"帝国妇人会"的成立成为一种水到渠成的结果。

第四节　下田歌子的女子教育阶层论及其实践

从 19 世纪末开始，下田歌子从建设近代国家的角度出发，宣扬以国家主义为中心的女子教育，通过设立妇女团体，开办杂志，建立学校，编纂教科书，著书投稿等多种形式开展女子教育。具体而言，她根据不同阶层女性的实际状况，制定了存在阶层差别的女子教育思想并付诸实践[①]。

一　"帝国妇人协会"的发展构想

游学归国后，下田返回华族女学校继续担任教职，同时开始负责两位公主的教育。1898 年 10 月，下田发起成立"帝国妇人协会"并亲自出任会长。谈及"帝国妇人协会"的宗旨，下田开篇道：

> 女子资质单纯，富于仁慈之心。资质单纯故而长于操守，富于仁慈之心故而能彰显淑德之品性。淑德节操之光辉定能引领一家老幼通向正确之道，获

---

① 何琤：《下田歌子の女子教育論とその活動——下層女性教育の視点をめぐって》，《日本学論叢》2000 年第 11 号，第 241～279 页；实践女子大学网站，2016-08-03，http://www.jissen.ac.jp/idea_and_tradition/shimoda_utako/biography/index.html。

得真正之幸福。国本是大家,国家名称之由来皆缘于此。正如厘正一家之风气需女子感化之力,一国风纪之至善至美亦非女子感化之力不可为。[①]

下田首先赋予女性"淑德仁慈"等品行方面的特点,以示其服务于家庭的合理性,继而运用传统的家族国家观,强调家国同构中女性对于国家而言的重要作用。在她看来,国家正经历前所未有的近代化建设,处于过渡期的家庭却没有及时跟上时代的脚步。下田感慨而今的家庭在"社交内务之事、吃饭穿衣自不必言,子女之教育、婢仆之差遣、家室之法规、秩序等等诸般事物均存在千差万别,杂沓错乱,与昔日之家庭相较,甚至有萎靡倒退之感"。[②] 尽管心存不满,但她认为重点远不在此。

> 然余等在此不欲对中流以上之女子品评议论……近年殖产兴业之风四起,雇用女工成为必需必要之事……然则此等女子多数一文不通,与禽兽之别未几,多半不知自己姓名之读法,赚钱之后趋于惰懒,钱袋空空方又外出务工……古语云"士之耽兮犹可说也。女之耽兮不可说也",深感如此。如此种种余等自友人之处听闻一二。若此等窘境限于国内,可暂且饶恕,彼等远赴海外操持贱业,辱没我日本帝国之颜面,对待此等女子该如何是好。[③]

明治中期以降,随着资本主义的发展,一方面企业对女性劳动力的需求与日俱增,另一方面许多女性因生活所迫必须外出工作。两方面原因导致女工数量激增,而她们大多学历低下,受教育的程度极其有限。在下田眼中,一个极端的例子就是在海外从事"贱业"的日本下层妇女,她们与那些自立自强的欧洲女性有着天壤之别。如何快速有效地完成对中下层妇女的教育改造,拯救她们继而挽救"日本帝国"颜面,"帝国妇人会"的成立是解燃眉之急的一剂良方。

---

① 下田歌子:《帝国婦人協会設立趣旨》,编纂所编:《下田歌子先生伝》,東京:故下田校长先生伝记编纂所,1943 年,第 338 页。
② 下田歌子:《帝国婦人協会設立趣旨》,编纂所编:《下田歌子先生伝》,東京:故下田校长先生伝记编纂所,1943 年,第 339 页。
③ 下田歌子:《帝国婦人協会設立趣旨》,编纂所编:《下田歌子先生伝》,東京:故下田校长先生伝记编纂所,1943 年,第 339～341 页。

二 "帝国妇人协会"设计的事业蓝图

"帝国妇人协会"的章程共由九部分构成,分别为第一章"总则"、第二章"事业内容"、第三章"资产"、第四章"会员"、第五章"会员徽章及礼遇"、第六章"职务分担制度"、第七章"集会"、第八章"分会制度"及第九章"财务制度"。其中第一章及第二章明确了该会成立的目的及拟开展事业的具体内容,第四章对加入该协会成为会员做了相关规定。以下是"帝国妇人协会"章程的重要部分节选。

第一章　总则

第 1 条　本会尊奉皇室成员为总裁,聘请享淑德美誉之夫人为副总裁

第 2 条　本会定名为帝国妇人协会

第 3 条　本会事务所定于东京

第 4 条　本会以提高帝国妇人道德、增进妇人知识、强健妇人体魄、相互扶持以实现妇人之本分为目的。

第二章　事业内容

第 5 条　本会为实现上述之目的,拟逐步推进如下事业:

一　教育事业

设立女子教育研究会　实践女学校　实践女学校附属慈善女学校
女子工艺学校　女子工艺学校附属下婢养成所　女子商业学校

二　文学事业

设立女子文学研究会　女子文学出版所

三　工艺事业

设立女子工艺研究会　女工养成所

四　商业事业

设立女子商业研究会　劝工厂

五　社会救济事业

设立女子救助会慈善女子病院看护妇养成所

第三章　资产

第 6 条　本会以如下金钱、物品作为资产

一　会员中有志筹措资金者之捐赠或遗赠之财物

二　本会各项事业所获收入

第四章　会员

第 7 条　本会会员定为如下三种

名誉会员　本会特别推荐之硕德博识之绅士贵妇，抑或一次性或五年内捐款五百元以上者

特别会员　一次性或五年内捐款五十元以上者

普通会员　每月捐款二十钱以上者

第 8 条　赞同本会之宗旨并捐赠财物者视为赞助人员，本会将永久传承其慈善之心

改变"以往妇女团体多限于上层女性"[①]的现象，拥戴皇室成员为总裁的同时，以"日本妇人"之名网罗上至皇室贵族下至贫民的各阶层女性，以"提高帝国妇人道德、增进妇人知识、强健妇人体魄、相互扶持以实现妇人之本分"[②]为宗旨。普及中等及职业教育，开办慈善学校，成立文学研究机构并出版相关成果，经营医院的同时培育护理人员。不仅如此，还要在各个府县设立分会组织，以使该协会发展成为全国性的组织，下田歌子为"帝国妇人协会"设计的发展蓝图可谓宏大。研究机构与培养职业技能的机构并存，不仅照顾到中上层女性的关切，更要开展对下层女性的教化及救济，这些都充分显示出下田欲将各阶层女性统括在一起的决心，同时，又要针对各阶层女性不同的状况及需求实施多元化教育。不仅如此，"帝国妇人协会"在成立的第二年创设会刊《日本妇人》，介绍、宣传"帝国妇人协会"的各种讯息，刊载以下田为首的知名女子教育家的主张，《日本妇人》成为下田宣传"帝国妇人协会"及其个人思想的重要阵地。学苑、家庭、汇报、质疑应答、文藻、小说、讲谈、购物指南、本会信息等丰富的栏目设置，兼具教育性及娱乐性，作为当时为数不多的女性杂志，《日本妇人》赢得了很高的社会关注度及口碑。

值得注意的是，从欧洲归国之后下田关注的对象从皇室贵族转移到中下层女性，对"帝国妇人协会"的定位是不问地位资格之高低贵贱，为各界女性结交友人提供机会和场所。[③]但是，"帝国妇人协会"的总裁、副总裁、名誉会员等高层仍限定为皇室贵族。同时，将加入该会成为会员的门槛设定为具备一定捐款条件的有闲阶

①　实践女子学园八十年史编纂委员会：《实践女子学园八十年史》，東京：实践女子学园，1981 年，第 57 页。

②③　下田歌子：《帝国婦人協会設立趣旨》，故下田校長先生伝記編纂所編：《下田歌子先生伝》，東京：故下田校長先生伝記編纂所，1943 年，第 345 页。

层。从这些因素来看,从设立"帝国妇人协会"之初,下田对其有十分明确的定位,即建设一个以有闲阶层的女性为中心、重点服务于中下层女性的组织机构,也就是说这是一个公益慈善组织。试图发挥社会上层的表率和示范效应,对于长期游走于贵族上层女性之间的下田而言,做到这一点似乎游刃有余。然而与此相异,该如何利用"帝国妇人协会"为中下层女性提供更多受教育及社会实践的机会对此下田显得心有余而力不足。事实上,尽管下田设计了庞大的组织机构,但"帝国妇人协会"开展的事业最终仅止步于各类学校的创办。一方面认识到统合中下层女性的重要性,要竭尽全力为她们谋求更多受教育、社会实践的机会但自身的经验及经历却未能让理想化为现实。但是,即便如此,下田一直坚持为中下层女性提供各种受教育的机会,并积极付诸实践,这对于改善中下层女性的教育状况还是发挥了积极作用。

三 下田歌子的女子教育阶层论及其实践

作为开展教育事业的企划之一,"帝国妇人协会"迅速成立实践女学校、实践女学校附属慈善女学校、女子工艺学校及女子工艺学校附属下婢养成所,迈出了该组织将教育理念付诸行动的第一步。

1899 年 5 月 7 日,这四所学校在东京市麴町区元园町二丁目四番地举行了建校典礼。如表 6-3 及 6-4 所示:实践女学校以培养"贤妻良母"为宗旨,开设了相当于当时高等女学校程度的系列课程。从阶层的角度而言,与女子工艺学校等相较,实践女学校以中上层家庭的女孩子为培养对象,重在基本教养及知识的传授。女子工艺学校旨在培养学生的"自立之道","编织""刺绣""人造花制作""速记""照相技术"等课程的设置为那些需要外出谋求生计的女性提供职业技能教育,很明显是一所面向中下层女性开设的学校。下婢养成所、慈善女学校作为女子工艺学校及实践女学校的附属机构,从创设之初其定位就要低一个档次。下婢养成所作为一所面向贫民女性的学校,旨在提供初级的职业教育,课程设置简单且针对性强,体现了低成本、快速培养的特点。慈善女学校着眼于社会最底层的女性,向她们提供最低限度的教育,帮助她们掌握生活所需最基本的知识。这四所学校的办学宗旨及课程设置充分体现了下田歌子的阶层教育思想。

表 6-3　实践女学校、女子工艺学校等四所女校的办学宗旨

校　名	培养目标
实践女学校	本校以启发本邦固有之女德,运用日进之学理,教授适用于当今社会之实学,培养贤母良妻为宗旨。
女子工艺学校	本校旨在向女性传授适当之技艺,修身齐家所需之实学,令其习得自立之道。
实践女学校附属慈善女学校	本校以孤苦贫困之女子为对象,向其教授可自谋生路之道。
女子工艺学校附属下婢养成所	本所旨在向欲成为下婢或现是他人下婢者提供必要之教育。

资料来源:笔者根据下田歌子:《私立実践女学校　女子工芸女学校設立願》,東京:日本实践女子大学图书馆馆藏,1899 年。

表 6-4 实践女学校、女子工艺学校等四所女校的课程设置

校名	课程设置
实践女学校	修身、读书、地理、历史、算术、理科、家政、裁缝、图画、习字、外国语、音乐、体操
女子工艺学校	修身、读书、算术、理科、地理历史、家事、裁缝、编织、刺绣、造花、插花、图画、插绘、速记、看护法、烹饪、照相术
实践女学校附属慈善女学校	修身、读书、算术、地理历史、习字
女子工艺学校附属下婢养成所	修身、读书、算术、习字、清扫待客行动举止、烧菜、裁缝、洗衣

资料来源:笔者根据下田歌子:《私立実践女学校　女子工芸女学校設立願》,東京:日本实践女子大学图书馆馆藏,1899 年。

　　提倡阶层教育论的同时,下田也强调针对所有"日本妇人"的总体目标,即"日本固有之女德"的培养。所谓"日本固有之女德",她认为应是"道义面前勇于献身及牺牲"[①],拥有"坚强之意志及纯美之感情"[②],"此二者为妇人千古万世不变之宝物"[③]。所谓的"道义",就是"日本国民必须明确的是,国家和皇室是统一体,侍奉皇室竭尽忠诚乃国民之第一要务,此乃是对国家的奉公尽义务之行为"[④]。概而言之,强调女性作为国民的一分子应将忠君爱国、奉公献身作为第一要务,这是下田

---

① 下田歌子:《日本の女性》,東京:実業之日本社,1913 年,第 566 页。
②③ 下田歌子:《日本の女性》,東京:実業之日本社,1913 年,第 568 页。
④ 下田歌子:《婦人常識の養成》,東京:実業之日本社,1910 年,第 570 页。

歌子在众多著述中反复强调的内容,也是她在演讲等多种场合反复倡导的价值取向。当然,这也是信奉皇室中心主义的她一直坚持并贯彻的核心观点。

(一)游走于理想与现实之间的下层女性教育

如前所述,明治初年,政府虽着力发展女子教育,但受到"女学无用论"等惯性思维的影响,直至明治中期,女学发展相对缓慢。与男性相比,学龄儿童中女性的入学率大幅滞后(表6-1),女子中等教育同样处于低迷状态。与此形成鲜明对比的是,大量中下层女性走出家庭涌向社会。事实上,随着资本主义的快速发展,一方面近代企业对女性劳动力的需求与日俱增,另一方面,大量女性迫于生计压力不得不外出谋生。

《妇人常识之养成》一书中,下田专设"妇人与职业"一章,着意探讨妇女外出工作这一崭新的社会现象。"出于种种原故,有些妇女与男性一样外出工作……特别是下层妇女,她们不能只待在家中操持家务……其收入多少可以补贴家用。像这样出于无奈而从事的职业,不能不作为例外来处理。因为如果不工作就无法度日。这就是所谓的燃眉之急。正因为如此迫切,所以如今即便说妇女做工绝对不好,她们也不能停下来。因为停下来就无法糊口。"①

将这一节的题目定为"不得已而从事之职业"(着重号为笔者所加),显示出下田反对妇女外出工作的本意。但是,她们的收入对下层家庭来说是非常重要的经济来源,意识到这一点后下田勉为其难地表示理解和接受。不仅如此,她也意识到女性外出劳动对近代国家建设发挥着不容小觑的积极意义:"虽说现在妇女外出工作不合适,但从国家的角度来讲,却不能让这些下层妇女停止做工。因为我知道在公司或工厂,妇女为国家创造的财富是相当巨大的。"②

清楚地意识到妇女外出工作对其家庭及国家的意义,尽管如此,下田紧接着却说,"考虑到对家庭、对妇女自身的身体及其道德品性的影响,我不能断言妇女能够和男性一样从事各种职业",这是因为,"首先,毫无疑问妇女的身体比男性柔弱。此外,妇女还有一项特殊任务,即完成母亲的职责……妇女决不能从事重体力劳动,或是从事那些从早到晚没有片刻空闲的工作。(然而事实却是)不管哪种职业,因为要获取薪金,大量损耗身体的现象在所难免。让单薄的身体从事繁重的劳动,终日疲劳不堪,这无异于将妇女置于危险境地。进而言之,羸弱的妇女怎能诞下健

① 下田歌子:《婦人常識の養成》,東京:実業之日本社,1910年,第176~178页。
② 下田歌子:《婦人常識の養成》,東京:実業之日本社,1910年,第178页。

康的孩子？如此看来，即便如今国家的生产力（因妇女的参与）而有所增加，但是对下一个时代而言，男女身体都会变得羸弱不堪，国家会因此丧失活力和朝气，这才是最可怕的事情"①。认为培养健康的国民是女性的首要任务，而这须以女性自身的健康为前提。不仅如此，由于精力有限外出工作会造成妇女放弃"正业"，将家务扔在一旁无暇顾及。同时，没有受过教育的年轻妇女聚集在一起又多闲言碎语，容易惹是生非。诸多理由让下田告诫道"像男性一样外出工作，对于此事妇女们一定要深思熟虑"，②委婉地表达了不满和反对之意，继而想出了一个所谓"两全其美"的折衷之策。

"如果从国家的角度来考虑，增加财富的确需要妇女从事劳动。而从妇女自身的角度来讲，如果这是必须予以否定的，又该如何调和这二者之间矛盾呢？"③下田给出的答案是：日本社会历来就有让妇女既可一边从事职业，又同时照顾家庭的工作，比如养蚕、织布，或是作为副手做些协助耕种采茶等的农活。这些职业不仅不会让精神和身体过度劳累，与工厂的工作环境相比，父子夫妇相伴在同一地点劳作，无害风纪且有益于家庭的和谐美满，可以说是各种职业中最为理想的一种。此外，由于基本不存在雇佣关系，因此不会像工厂雇主那般苛使妇女。当然，还有一项非常理想的工作，即糊信封、做裁缝等家庭副业，收入虽不及工厂的工资高，但基本不会影响家务，也不必担心风纪腐化的问题。如果说妇女必须工作的话，这些就是非常合适的职业。④

伴随着资本主义的发展，日本社会对女性劳动力的需求已是不可逆转的趋势。对近代国家建设而言，女性劳动力创造的财富无疑有着积极意义，仅从这一点来考虑，信奉国家至上主义的下田就无法反对女性外出谋生。如果说这是下田的第一层言不由衷，那么另一层原因是中下层女性的实际生活状况，即工资收入是她们维持家计不可或缺的重要经济来源。下田十分清楚地意识到这些问题，但是，内心深处却始终不愿接受这样的现实。在无可奈何地表示不加反对的情况下，却也没有消极地全盘接受，她在努力寻找一个平衡点，一个国家、中下层妇女及她本人均能接受的妥协方案——在家中做农活或者从事家庭副业。下田的探讨既描绘出一幅前近代社会小家庭生产、自给自足的画面，同时也暴露了她向现实妥协的一面，即

---

① 下田歌子：《婦人常識の養成》，東京：実業之日本社，1910 年，第 179～180 页。
② 下田歌子：《婦人常識の養成》，東京：実業之日本社，1910 年，第 180～183 页。
③ 下田歌子：《婦人常識の養成》，東京：実業之日本社，1910 年，第 183 页。
④ 下田歌子：《婦人常識の養成》，東京：実業之日本社，1910 年，第 183～188 页。

对资本主义将女性作为劳动力裹挟的认同。充满矛盾、妥协的话语之间,向我们展示了一幅日本从前近代向近代社会过渡的画面。下田的妥协退让,也勾勒出她面对现实做出回应的姿态。

这种对于现实的回应,不仅停留于文字层面,更以多种形式付诸实践。1899年创办的"女子工艺学校"充分体现了这一点,"本校旨在向女性传授适当之技艺,修身齐家所需之实学,令其习得自立之道"①,在这样的培养目标下,为期三年的课程设置包含多项培养学生实际操作技能的课程,诸如"裁缝、编织、刺绣、人造花的制作、插花、贴画的制作、速记、看护病人的方法、烹饪、照相技术"等(表6-4)。不仅如此,还专门为下层女性设立"附属慈善女学校"和"附属下婢养成所",为其谋生提供相应的知识和技能的传授及培养。

此后,下田历任多所面向中下层妇女开设的女学校的理事及校长等要职。研究显示,她直接或间接参与了七所女学校的建设,如新泻女子工艺学校、武田裁缝女学校、顺心女学校、淡海女子实务学校、明德女学校、文化夜间女学校、爱国夜间女学校等。通过多层次的课程设置、授课时间的多样化、低廉的学费等方式致力于开展针对中下层妇女的教育。② 不仅如此,针对那些因家庭经济困难等原因无法入学的底层女性,下田通过编撰《实修女学讲义录》等教材开展通信教育,③致力于为她们打开一扇学习之门。总之,下田歌子长期不懈的坚持,对推动中下层女性的教育起到了积极的促进作用。

(二)东西合璧式的中上层女子教育

幼承庭训让下田养成良好的汉学修养,对于儒家的伦理典范更是耳熟能详。深受传统价值观浸染的她,对于女性出入各种公共场所本能地抱有一种强烈的抵触和戒备心理。与下层女性外出工作的身不由己相异,中上层女性不会受经济所累,面对她们下田终于可以直抒胸臆,慨叹"身处中上层的女性,既不为生活所迫,何以如此热衷于工作"④。明确反对外出工作的现象,并将自身对女性的定位阐述

---

① 下田歌子:《私立実践女学校 女子工芸女学校設立願》,東京:日本実践女子大学图书馆馆藏,1899年。

② 何瑋:《下田歌子の女子教育論とその活動——下層女性教育の視点をめぐって》,《日本学論叢》2000年第11号,第241～279页。

③ 实践女子大学网站,2016-08-03,http://www.jissen.ac.jp/idea_and_tradition/shimoda_utako/activity/index.html。

④ 下田歌子:《婦人常識の養成》,東京:実業之日本社,1910年,第191页。

得简洁明晰。

对于女性而言,有适合女性的职业,也有女性应尽的职责。生为女性应该
对此认真研究琢磨,对于自己应尽的责任,应尽力完成不输给他人。女子应尽
的最大责任在于家庭,作为一家之核心,应努力协助丈夫管理好家庭,让他们
专注于工作而无后顾之忧,在充满风浪的社会上安身立命。不仅如此,还应在
抚养教育子女方面尽心尽力,他们是未来的国民,要致力于将其培养为优秀的
下一代。①

儒家对女性的活动空间有着严格的限制和约束,于是她按照自身固有的女性
规范解读近代社会对男女社会性别的角色定位,适应新事物的同时也让自己的论
调获得了正统性。具体而言,将"男主外,女主内"的传统两性关系模式与近代社会
的性别分工进行对接及转换,儒家伦理要求女性遵从"三从四德",强调的是对丈夫
所言的唯命是从,而下田要求女性能够独立支撑起管理家庭的重任,正如她在《家
政学》中所言,"管理家务内政乃妇女一生之本分,包括从衣食住行到钱财出纳、公
私交际以及接待宾朋、教育子女、遣使仆人等各种事务"②,从而扮演好"妻子"与
"母亲"的角色。对传统进行"近代式"改写,尽己所能让自己的观念与现实社会贴
合在一起,从而让其获得生命力和实践可操作性,是下田的用心所在。面对资本主
义不断发展的日本社会,下田一方面反对女性步入社会的职业化风潮,同时也在按
照自身的思维方式对近代社会要求的两性分工模式进行解读和判断,积极调整自
身以求适应。

1899 年实践女学校的创设正是这种论调的产物,该校以"召唤本国固有之女
德,应用日进之学理,致力于教授适用于当今社会之实学,以培养贤母良妻"③为办
学宗旨,将课程设置分为三大板块,即教养教育、科学知识的灌输及家政学教育(参
见表 6-4)。与女子工艺学校的课程设置相比,其一,增加了习字、外语、音乐、体操
课程,这表明针对那些生活优越的中上层妇女,下田希望为她们提供更丰富的授课
内容以增加知识、陶冶性情;其二,将刺绣、插花、烹饪等定为选修科目,说明下田并

---

① 下田歌子:《婦人常識の養成》,東京:実業之日本社,1910 年,第 32～33 页。
② 下田歌子:《家政学》(上卷),東京:博文館,1893 年,第 1 页。
③ 下田歌子:《私立実践女学校 女子工芸女学校設立願》,東京:日本实践女子大学图书
馆馆藏,1899 年。

不寄望她们能够掌握各种实际的操作技能,用学理知识监督管理好佣人是这些课程的意义所在。正如她在《日本妇人》中所言:"所谓主妇,就是要将在学校等学到的家政学知识,尽早在母亲膝下实践研习,认真研究学理与实践中之知识……经过此番训练,方能在日后嫁作他人妇使役奴仆时循循善诱,充分发挥其体力与智慧之才能,实现管理家政之目的。"①注重运用传统儒家伦理道德修身养性陶冶性情,强调近代科学知识的不可或缺,是实践女学校课程设置的初衷。换言之,培养在家庭生活中独当一面的知性主妇是其办学宗旨所在。

图 6-2　成立之初实践女学校校门

图片来源:实践女子大学网站,2016-08-03,http://www.jissen.ac.jp/idea_and_tradition/history/index.html.

图 6-3　实践女学校学生(后排为中国留学生)

图片来源:实践女子大学网站,2016-08-03,http://www.jissen.ac.jp/idea_and_tradition/history/list02.html.

从时间上看,实践女学校的出现并不算最早,但它却代表那个时代的大势所趋和潮流所在,很快成长为女校建设的典范和佼佼者,声名鹊起后甚至有许多追随夫君漂洋过海的中国女性也慕名而来,实践女学校后来成为第一个正式接收清朝女留学生的学校,并成长为培养女留学生的重镇,其社会影响力由此可见一斑。

小　结

通过上述分析可以看到,近代日本女子教育的兴起绝非一蹴而就,它是"传统"

---

①　《日本妇人》1900 年第 11 号,第 5 页。

与"近代"、理想与现实不断碰撞、相互妥协的结果。大体而言,近代日本女子教育的发展经历了最初的"无心栽花",以及甲午战争后高度重视、大力发展的两个阶段。内容上从最初完全效仿欧美的"贤母论",演变为后来东西合璧式的"贤妻良母主义"女子教育。下田歌子的教育理念及实践不仅连接起日本的"传统"与"近代",也将日本与中国的女子教育连接在一起。从这一角度而言,她的思想轨迹亦为我们探讨东亚近代性问题提供了有效路径。

作为跨越明治、大正等时期著名的女子教育家,下田歌子以贵族女性教育起步,而后欧洲游学考察的经历让她意识到中下层女性的受教育状况对于近代国家建设的意义所在,由此开始了阶层论式的女子教育主张及实践。一方面她积极响应明治政府倡导的女子教育政策,同时,针对不同阶层女性的实际状况,因地制宜地开展了灵活多样的教育实践活动。值得关注的是,下田自幼接受过良好的儒家教育,对一个在崇尚儒家文化氛围中成长起来的人来说,明治初期全盘西化的风潮对她的价值体系带来的冲击可想而知。但是,时代却不会因为她停下脚步。随着资本主义的发展,社会对劳动力的需求与日俱增,女性外出工作的现象也愈发普遍。如前所述,下田常以"风纪腐化"为由深感不安并试图阻止,而所谓的"风纪腐化"实质上是她在用"男女有别""男女授受不亲"等儒家伦理观念衡量、批判变动中的两性关系。换言之,"传统"无时无刻不在左右她审视事物和做出某种价值判断。尽管如此,近代化的脚步在飞速运转,社会百态的变化身不由己,诸多因素让她面对现实时既无可奈何,却也不能就此止步不前。作为一个始终活跃在达官显贵之间的精英人士,尽管培养贤妻良母是她一直以来的理想和初衷,但她也注意到不同阶层的女性身处的不同境遇,非常务实地构建并实践了一整套针对性强的阶层女子教育计划。她的言论及实践反映出日本部分精英人士敏锐地捕捉到社会变动之大势所趋,积极地调整自身观念以求适应社会现实的姿态。

概言之,下田自幼接受的是传统文化的浸润,明治伊始日本近代化的脚步有许多让她无法理解甚至难以忍受的一面。但是,持保守主义态度的她并未一味排斥拒绝,接受社会变化的事实并在妥协中积极开拓女子教育,是其教育实践中的鲜明特色。当然,作为保守派的下田歌子始终信奉天皇制国家至上主义,并将这一理念贯彻在她的女子教育思想及实践当中,其历史局限性亦一目了然。总之,无论从宏观的女子教育理念变迁过程而言,还是从微观的具体实践活动来看,"务实性"及"妥协性",国家至上主义的局限性,都是近代日本女子教育推进历程中的重要特点。

PART

结 语

　　以女性为主要题材的杂志,常被人们冠以"女性杂志"之名,对于女性史研究而言,这些所谓的"女性杂志"一直被视为是不可或缺的重要史料。但是,近代中国的女子教育长期处于滞后状态,女性的识字率、就学率及升学率均十分低下,与男性的教育水平相去甚远。不仅如此,传统的伦理道德对女性发表主张见解严加限制,"女子无才便是德"正是这种价值判断标准的缩影。因此,这些"女性杂志"其实大多出自男性之手,也就是说,从撰稿、内容的编排、审校乃至杂志封面的设计等细节处理,主导或是参与其中的绝大多数都是男性。从社会性别学角度来讲,这些所谓的"女性杂志"实质上是男性对"女性"的想象和话语建构,是以男性为主体的知识分子阶层面对近代袭来之时心路历程的真实写照,这意味着"女性杂志"是我们解读男性知识分子阶层精神史和思想史的有效路径。基于上述考量,本书使用这种全新的史料解读方式探究近代女性被书写的过程,并透过这种历史"呈现"回望书写主体走过的精神之旅。

　　具体而言,解析《妇女杂志》中的"新女性"话语,透过话语建构洞察 1920 年代男性知识分子阶层的内心世界,是本课题研究探讨的主要内容。围绕这一主题,本书大体从以下五方面展开了追问及解析。其一,"新女性"作为一个标识历史变迁的语汇,其含义具有很强的流动性、时代性及历史性特点,也正因为如此,它为我们"进入"历史,"捕捉"历史瞬间提供了有力线索。从这一角度看,"新女性"在 1920年代的中国被赋予了何种内涵,是首先要探讨的关键问题。其二,聚焦建构"新女性"话语的主体——男性知识分子阶层,探究其社会属性存在何种共性及特点? 思考 1920 年代为他们留下了何种历史舞台和空间？其三，与男性知识分子的书写相呼应的，是"新女性"自身的社会体验及实践。不同性别、不同形式的书写，相互映衬出何种历史蕴意，又交织出何种历史图景？其四，对于近代中国社会而言，1920 年代意味着什么？换言之，我们该如何定位 1920 年代的中国社会？其五，尽管历史背景、脉络各不相同，随着西学东渐的不断深入，东亚社会都先后经历了"发现"女性的过程。该如何塑造女性、教育女性，中日社会出现了很大的不同。明治维新后日本举国上下掀起了效仿西方的热潮，近代女子教育自上而下迅速蔓延开来。回望日本近代化的脚步，其对女性的重塑呈现出何种特点？中日两国的"近代性"又有何异同之处？这些都是本书关切的重要议题。

一　徘徊在历史十字路口的 1920 年代

《妇女杂志》的成长、发展及终结，其本身就暗示了 1920 年代作为两次世界大战之间所谓"战间期"的时代特点。再来品读序论中引用过的一段话。

> 自从那惊天动地的"五四运动"以后，国人大家对于女界所艳称的，和妇女界他们（她们）自己所乐道的一个名词，就是"新妇女"。却是我们万万不要误解这三个字的用意；我们说到新妇女三个字，并不是指一般年事较低的女郎；即是说到旧妇女三个字，也不是指一般年事较高的女太太们。这新旧两个字的区别，完全不是从老少上分出来的。我们所说的新妇女，是指一般妇女们从根本上讲起来是算的；这一般妇女们的眼光，定要和从前妇女们两样；他们（她们）的观念，定要和从前妇女们两样；他们（她们）的态度，定要和从前妇女们两样；他们（她们）的思想，定要和从前妇女们两样；他们（她们）的责任，定要和从前妇女们两样；他们（她们）的位置，定要和从前妇女们两样；即是他们（她们）的习惯，也要和从前妇女们两样。必定有这些要点，和从前妇女们显出不同的地方，然后不愧算得是新妇女。①

在与"旧妇女"的对比之中书写"新女性"，是"新女性"话语建构的重要特点。要求"新女性"从传统的束缚中逃离出来，摆脱以往倚赖父兄的劣根性，不做木偶，不做傀儡，具有独立自主的人格，是众多男性知识分子高声疾呼的核心内容。这

---

① 　云舫：《新妇女所应该铲除的几种劣根性》，《妇女杂志》1920 年第 6 卷 9 号，第 3 页。

里,对于"新"的向往和急于摆脱"旧"的心情传达得淋漓尽致。"新女性"已然成为一个符号,承载着男性知识分子心中急于建设一个有别于过往的、崭新的民主国家的强烈愿望。

同时,时刻要在与"旧妇女"的区别中明晰所谓"新女性"的轮廓及内涵,这一过程又透露出两重讯息。一方面是男性知识分子急于从"传统"中摆脱出来的焦躁之情,另一方面,也显示出他们时时要面对"传统"、无法自拔的无奈之情。尽管已被贴上"旧"的标签,但是儒家文化的幽灵却依然藏匿于男性知识分子的内心深处,所谓"才下眉头,却上心头",急于要摆脱的恰是无法忘却的。换言之,这是一个时时要意识到"传统"存在的年代,一个与"传统"左右为伴、难以逾越的时代。

然而,对于"传统"的全盘否定,却并不意味着对西方近代的照单全收。注重女性的学历,将其视为组建近代家庭的保障,用民族主义作为思想资源强调"健康美"对于女性的不可或缺,这其中体现出男性知识分子对于发展近代女子教育的肯定,以及对建设近代家庭和近代国家的憧憬与向往。但是,对于那些追赶时髦、沉醉于消费文化的"新女性"的痛斥,又表现出他们对于消费社会这一"近代"的另一张面孔的恐惧与不安。半封建、半殖民地的社会构造也许是导致这一局面出现的结构性原因,但是,身处其中的个人乃至一个阶层的诉求又显得微弱无力。置身于1920年代的中国社会,男性知识分子直面"近代"时既有憧憬亦倍感无奈,获得自由的同时却又体会着重陷命运摆布的脆弱。此时,"新女性"话语就成为承载这一历史情绪的载体和媒介。

总之,身处思想与文化的转换时节,试图清算"传统"并将西方的近代思想植入中国社会,这一历史位置造就了"新女性 vs.旧妇女"构图的出现。"新女性"承载着中国女性"光明"的未来,映衬出男性知识分子渴望摆脱儒家文化、确立独立人格的决心,更寓意一个充满希望的中国社会。同时,"新女性 vs.旧妇女"二项对立的话语模式,揭示出男性知识分子面对"传统"与"近代"之际进退维谷的心态,是其身处历史抉择的十字路口的精神写照。

二 1920 年代的"新女性"

"新女性"作为一个富于历史流动性的语汇,与清末民初有着截然不同的语义。《妇女杂志》创刊之初,将宣扬贤妻良母主义女子教育思想作为办刊宗旨。注重传统伦理规范的同时,亦重视对西方近代科学知识的习得,具备温良贤淑的"美德",确立近代卫生观,懂得运用近代科学知识管理家政、教育未来的国民,是这套新价值观的核心所在。此时，这个崭新的教育理念承载着拯救国家与民族的重任，"贤妻良母"也被视为有别于愚昧无知的"旧妇女"的"新女性"。清末民初的贤妻良母思想注重传统伦理道德，同时也融入了诸多"近代"元素，是一个"传统"与"近代"的结合物。

历史步入 1920 年代，"贤妻良母"演变为与"新女性"完全对立的概念。以男性为主体的知识分子阶层将其贴上"旧"的标签，认为这种价值观是对"女性"这一社会性别角色的束缚及限制，其在一片声讨和批判声中建构了崭新的"新女性"形象。当然，所谓的"新女性"并不是对"妻"与"母"角色的摒弃，家庭当然是"新女性"的重要舞台，但不应将活动空间局限于此，充分认识到自己是国家与社会的一员，力所能及地承担起相应的责任，才是所谓完美的"新女性"。

另一方面，在男性知识分子看来，与饱受儒家伦理道德浸染、以顺从贤淑为美德的"旧妇女"不同，接受了近代学校教育的"新女性"应与传统彻底诀别，近代的思想观念及科学知识重塑了她们，拥有灵动的身体并勇于展现自身的"健康美"，拒绝浮靡与奢华，追求朴素本真的自我，积极承担社会责任，投身近代国家建设。如此种种是她们的特质——一种有别于其他阶层女性的标签。步入这一历史阶段，"新女性"话语宣告了"女性"这一社会性别与"传统"的彻底决裂，同时，对于西方的近代也应持有一份审视与警惕。

此外，男性知识分子笔下"新女性"的"独立人格"问题亦值得品味。与丈夫之间的心灵沟通，灵活自主地完成家政管理，需要女性有"独立人格"方能实现。作为社会的一员，关注国家社会问题并勇于参与其中，也需要女性的"独立人格"作为前提。所谓的"独立人格"始终指向的是"家庭"及"国家和社会"两个层面，唯独缺席其对女性自身的意义。这样的喧嚣之声越大，"独立人格"的概念就愈发被空洞化处理，最终导致这一语汇完全被偷换了概念。换言之，对男性分子而言，这也许是宣泄自身对于"独立人格"的追求向往之情的代名词，而对于女性的自我认知而言，徒增一道碍人眼目的屏障，看似指向光明却让她们陷入另一种困惑与迷茫。

三　1920 年代的男性知识分子阶层及其构建的性别权力构图

导论中曾强调，本书将聚焦活跃在 1920 年代报章媒体上男性知识分子阶层作为一个社会团体的群体特点。如前所述，充满知性美且具有强烈的社会归属感及责任感，不为消费文化所迷惑保持淳朴大方等特点，是男性知识分子勾勒出的理想之中的"新女性"形象。此中映衬出男性知识分子阶层的何种精神诉求？"新女性"

话语又呈现出何种性别权力关系？

通过第三章的探讨我们看到，"新女性"话语建构中学校教育被赋予了浓重的意识形态色彩，近代教育被男性知识分子视为将妇女从封建家庭"拯救"出来的唯一有效的路径，在这层意义上，近代教育成为分辨"新女性"与"旧妇女"的风向标，是男性知识分子寻找理想配偶、组建近代家庭的重要保障。不仅如此，近代教育还是使妇女拥有近代民族国家意识、明确并积极主动地履行社会责任、远离奢侈消费等等"不良"社会风气的保证。这里，女子教育被神圣化处理，承载着男性知识分子试图将女性从封建家庭中"拯救"出来的诉求。进而言之，学历承担起此种"救赎"功能也折射出男性知识分子寻求自我认同、自我地位确认的手段，以此揭示其自身与传统知识分子的不同，昭示在新一轮性别关系构图中所处的"解放"与"领导"地位。

当然，救赎是为了与之共同奋斗，期盼能与有着相似教育经历的"新女性"一道开创近代新生活。承担不同的社会性别角色，彼此之间既是领导者与从属者的关系，也是反抗"传统"、对抗外侮时的战斗伙伴，男性知识分子阶层与"新女性"之间可谓相辅相成，相得益彰。吴贻芳作为金陵女子大学的校长，一代"新女性"的代表，以金陵女大为载体的知识生产具有鲜明的历史性及政治性特点。其对女性接受近代学校教育的重视，对近代科学知识的关注等等，很大程度上可以看作对男性知识分子女性书写的一种回应和贯彻，从这层意义来看，"新女性"是男性知识分子倡导的价值观的践行者及守候者，她们成为男性知识分子自身的一面镜子，一种隐喻。换言之，从"贤妻良母"到"新女性"，尽管"新的女性"承载的历史内涵随着时间的推移而不断流转，知识生产服务的时代主题也在不断切换，但对近代科学知识的坚守，对近代身体的倡导，对近代卫生观的推广，"新女性"这一语汇在时代变换中也有对上述种种的坚持。从另一角度来看，这种坚持也再次印证了男性知识分子对"新女性"话语主导权的控制，传递出知识生产在性别之间的权力关系。

概而言之，"五四"时期男性思想家们通过唱响"妇女解放"，将自身被排斥在权力中心之外的疏离感及不满之情发泄出来，同时也借此树立了其自身在青年中的领导地位①。如果我们这样定位男性知识分子阶层内部的权力构图的话，"新女性"话语的建构首先突出了"新女性"在女性群体中鹤立鸡群的领导地位，同时，充

---

① Wang，Zheng（王政），*Women in the Chinese Enlightenment：Oral and Textual Histories*，Berkeley and Los Angeles，California，University of California Press，1999，p.60.

满批评色彩的话语当中亦凸显了"男性知识分子 & 新女性"之间"领导者 & 被领导者"的权力关系。试图引领"新女性"步入"正轨",男性知识分子阶层作为领路人的形象得以彰显,话语间弥漫的历史使命感、责任感及满足感也随之凸现出来。不仅如此,在对"新女性"身体书写的过程中,男性知识分子流露出面对近代消费文化时的窘迫感及挫败感,其对负面情绪的倾诉、宣泄成为"新女性"话语肩负的另一重要功能。这些书写丰富了"新女性"话语的内涵,也让书写背后的权力构图跃然纸上。

指引"新女性"的时代责任感,对近代家庭及近代国家建设的憧憬与向往,背负厚重"传统"的同时又深陷近代消费文化的漩涡,无力感与焦躁感的如影随形,如此种种情绪的集结造就了"新女性"话语的诞生,也将 1920 年代男性知识分子阶层的精神状态映照得清晰可辨。此外,叠加在性别构图之上的,还有党派、阶层之间的矛盾。国共两党对待劳动妇女截然不同的态度,对"妇女解放"内涵的不同理解,客观上激化了阶层之间的对立与矛盾,也左右了中国近代史日后的走向。

四　近代女子教育与东亚近代性

中日两国作为后发的近代国家,步入"近代"时有着诸多相似之处。首先,近代女子教育作为舶来之物,在嵌入中日两国社会时经历了相同的历史背景,即在社会进化论盛行的舆论背景下,如何向西方学习近代制度以摆脱民族危机、振兴国家是相同的前提。其次,两国的近代女子教育理念也有着十分相近的内涵。强调女性作为国民应有的觉悟与应尽的职责,强调近代科学知识对塑造"妻"与"母"时不可或缺的重要性,宣扬女性恪守儒家伦理的必要性,是两国女子教育的共性所在。当被裹挟着步入"近代"之时,出于相似的历史环境、相似的文化背景,两国对"女性"这一社会角色的重新塑造与书写亦有着惊人的相似之处。

同时,两国政府对西方"近代"的态度又存在明显的温度差。如前所述,日本在明治维新后迅速揭起学习西方的热潮,囫囵吞枣式的引进西方近代教育制度时,无意识地推进了近代女子教育在日本的生根、发芽。甲午战争以清政府的惨败宣告结束,这一结果给中国带来极大冲击,反思原因所在成为朝野上下的共同关注。同时,这一结果也让日本的明治政府认真审视思考,由此明确了女子教育的重要性,并有意识地大力发展女子教育。与早期明治政府积极得过于"草率"而言,清政府对于导入近代女子教育则显得谨慎得有些"迂腐"。清末在西方传教士、维新派、革命派及开明士绅的推动下,近代女学建设迎来蓬勃发展的态势,针对这一局面,清政府从"无视"到反对再到认可,其态度在不断变化,而这种变化并非积极引领,却是一再以追认的形式被迫接受的结果。中日两国在步入"近代"时经历了相近的历史背景,但是,却在如何抉择现实与未来的道路上相去甚远。

试图将女性从前近代的大家庭带入到近代的核心家庭,用儒家伦理道德和近代科学知识武装女性,并通过国家主义将女性对于近代国家而言的意义彰显出来,是东亚地区步入近代时的一个共性所在,也是"贤妻良母"浓缩的历史情结。但同时,这一源自西方的舶来之物在中日两国本土化的过程中,遭遇了截然不同的命运。贤妻良母女子教育很快就在日本落地生根,直至二战结束一直是主导日本女子教育的核心价值观。与此相异,这种女子教育模式在近代中国基本止步于有闲阶层的消费与装饰,同时,对其评判标准的转换也来得如此之快,以至于人们在未对其完全消化之际又迅速将其挥之而去。

具体而言,培养贤妻良母无疑是步入近代之初中国女子教育的主旋律,作为一个舶来品,其深受欧美及日本的影响。而在女性的就学率及升学率长期处于十分低下的水平,仅有极少数女性能够接受中等以上教育的时代背景之下,贤妻良母女子教育实际上抛弃了大量没有受过教育或仅有短暂学校教育经历的中下层女性。换言之,源自清末的贤妻良母教育长期以来一直都是有闲阶层的专利[①]。不仅如此,"五四"运动后这种全新的女性教育理念旋即转变为知识分子笔下必须摒弃的"传统",招致了一片批评之声。此间虽有晏阳初等人倡导的平民教育运动的出现并一度迎来高潮,却由于不切实际等原因未能坚持下去。概言之,近代中国的女子教育思想及实践尽管着眼于国家、民族的振兴,但却未能直面中国的社会现实并对症下药做出有效的回应。

1920 年代中国社会的"新女性"话语构建,显示出青年知识分子首先必须直面传统的历史境遇,与此相异,日本则不曾背负过重的传统包袱,如何让女性更快地完成向近代的转型是彼时的当务之急。同时,中国社会的"新女性"话语承载着以男性为主体的知识分子对西方近代的憧憬,以及对以儒家思想为核心的传统伦理道德的背离和反抗,而在日本,西方的思想、制度等在短时间内迅速获得了正统性

---

① 参见何玮:《中国近代家庭观的建构与女子教育——以《妇女杂志》征文活动为中心》,《华东师范大学学报》(哲学社会科学版)2012 年第 3 期,第 46～52 页;何玮:《近代中日女子教育论比较研究》,《日本学研究》2005 年第 15 集,第 237～251 页;何瑋:《1920 年代中国社会における"新婦女"——〈婦女雜誌〉を主なテキストとして》,お茶の水女子大学ジェンダー研究センター編:《ジェンダー研究》2004 年第 7 号,第 53～72 页。

及话语权,近代资本主义的急速发展在客观上也带动了女性的近代化重塑。

五　本书的意义及今后有待探讨的课题

最后,对本课题研究的主要意义及今后有待解决的课题进行总结和探讨。

其一,梳理、剖析近代中国社会对"女性"——这一社会性别被赋予的历史内涵和特点,审视"近代"对于女性而言的意义所在,思考话语建构背后隐含的男性知识分子的心路历程,解析其被时代夹裹步入"近代"时的精神状态,是本书研究的要点。为此,本书以活跃在《妇女杂志》上的男性知识分子群体为例,将"新中间层"及其后备队作为一个社会属性鲜明的阶层进行解读。同时,借助社会性别学、后结构主义等理论,将"新女性"话语作为透视男性知识分子阶层对"女性"、对"近代"等问题进行思考的手段和路径。

其二,尽管日本近代化的道路与中国完全不同,中国的近代化进程因日本发动的侵略战争而被破坏、被改写,但是同为后发型近代国家,同样接受过欧风美雨的感召和熏陶,在文化、思想层面同处于西方——东方、支配——被支配的历史语境中,两国在近代化的道路上也存在诸多共性。通过中日对比阐述"女性"建构过程中的异同之处,由此剥离两国语境的特殊性,揭示近代社会对女性重塑的共性所在,为思考以"女性"话语为载体的"近代性"问题提供全新的角度与契机,是本书选题时的另一关切之处。

其三,本研究试图建构一个以新女性为轴心的立体分析框架,从当时的专题讨论、资本扩张、视觉形象塑造等多方面同时切入。探讨了包括"启蒙"话语、近代消费文化等的西方近代话语对东亚社会性别规范书写的内涵及特点。其次,关注西方资本向东亚社会的渗透以及近代都市消费文化对新女性身体的界定,并对"身体"成为近代科学知识、资本扩张载体的过程进行了解析。其三,解析了凝视"新女性"这一行为中隐含的视觉文化的政治性,揭示出视觉文化内部"看"与"被看"之中的权力运作逻辑及其特点。

今后有待于解决的主要课题,可以归纳为如下两点。

其一,本书以《妇女杂志》为主要分析文本对 1920 年代中国社会的"新女性"话语建构进行了解析,并以吴贻芳为例探讨了"新女性"自身的思考及实践过程。同时,站在国际比较的视野上对日本女性迈向近代化的重要一环——近代女子教育的兴起进行了梳理并解析了中日之间的异同。尽管如此,总体而言文本使用相对单一是本书的局限性所在。丰富文本资料挖掘有关"新女性"的叙述,将这一问题的探讨引向深入,是笔者今后关注的方向之一。

其二,关注上世纪二三十年代世界范围内同时出现的"新女性"现象,国外相关的研究已有一定程度的积累。以时任美国华盛顿大学白露教授组建的科研团队——世界新女性研究课题组(The Modern Girl Around the World Research Group),集结了来自美国、英国、日本、韩国、中国大陆、台湾、香港地区等地的学者,开启了该领域的国际比较研究[①]。此外,日本的研究团队也较早关注到这一课题。在国立御茶水女子大学性别研究中心馆薰教授的领衔下,开展了题为《东亚殖民地式近代与"新女性"》的团队研究,旨在探讨近代东亚各国的"新女性"现象。该研究团队以日本本土学者为中坚力量,同时邀请了中国大陆、台湾、香港地区、韩国等地的学者,通过数年的交流切磋,对东亚地区"新女性"现象出现的原因及其历史背景等进行了探究[②]。

关注上述研究动向及成果,植根于东亚地区的近代女性史比较研究,有助于我们探究"近代"对"女性"的重塑与书写特点。不仅如此,中国与日本作为后发型近代国家,二者都曾有过迷恋、效仿西方的倾向以及试图追赶西方的梦想,将二者进行比较,可为我们思考和理解后发型近代国家的"近代性"问题提供新的路径和思想资源。事实上,二者之间也存在诸多的共性和可比性。"贤妻良母"的出现,"新女性"的诞生,近代中国和日本走过了十分相近的历史道路。换言之,步入历史拐点的中国社会与同属于儒教文化圈的日本,遇到了极为相似的历史境遇。然而同时,围绕这些重要历史线索的话语堆积、叙事逻辑、实践过程等却存在差异,甚至是结构性、实质性的不同。这些都为比较研究的开展提供了宝贵的前提和基础。

总之,站在国际比较的视野上,梳理东亚在步入"近代"时的共性,同时,去除各国语境的特殊性,探究近代社会对于女性而言的意义所在,并以此为契机探索追问"近代性"的新的路径和资源,本书对此进行了初步尝试,相关的研究有待进一步深入下去。

---

① 相关研究成果参见:Alys Eve Weinbaum, Priti Ramamurthy Lynn M. Thomas, Uta G. Poiger, Madeleine Yue Dong, Tani E. Barlow, *The Modern Girl Around the World:Consumption, Modernity, and Globalization*,Durham:Duke University Press,2008.

② 相关研究成果参见:伊藤るりなど编:《モダンガールと植民地的近代——東アジアにおける帝国・資本・ジェンダー》,東京:岩波書店,2010 年。

参考文献

一、史料类

《大公报》,天津:大公报社,1905 年 11 月 19 日。

《妇女杂志》,上海:商务印书馆,1915—1931 年。

《教育杂志》,上海:商务印书馆,1914 年。

《良友画报》,上海:良友图书公司,1926—1941 年。

《民国日报》副刊《觉悟》,上海:民国日报社,1924 年 7 月 13 日。

《女学报》,上海,国民日日报馆,1904 年。

《申报》,上海:申报馆,1914 年。

《现代评论》,北京:太平洋社和创造社,1925 年 3 月 14 日。

《新青年》,上海、北京:青年杂志社,1915—1926 年。

《中国女报》,上海:秋瑾,1907 年。

金陵女子大学档案,南京:南京师范大学档案馆。

私立金陵女子文理学院档案,南京:中国第二历史档案馆,全卷宗六六八。

吴贻芳档案,南京:江苏省档案馆。

陈宏谋:《五种遗规》,台北:台湾中华书局,1981 年。

傅兰雅等译:《重刻〈化学卫生论〉叙》,《化学卫生论》卷首,上海:格致书室,1890 年。

傅兰雅等译:《化学卫生论·序》,《格致汇编》,上海:格致书院,1880 年第 1 卷(1880 年 2 月)。

戈公振:《中国报学史》,上海:上海古籍出版社,1927/2003 年。

金天翮:《女界钟》,上海:上海古籍出版社,1903/2003 年。

李景汉:《定县社会概况调查》,定县:中华平民教育促进会,1933 年。

李又宁、张玉法编:《近代中国女权运动史料:1842—1911》,台北:传记文学社,

1975 年。

梁启超:《饮冰室合集》,上海:中华书局,1936/1989 年。

林乐知(Allen,Young John):《万国公报》,台北:华文书局,1875—1906/
1968 年。

鲁迅:《鲁迅全集(第二卷)》,北京:人民文学出版社,1981 年。

罗志如编:《统计表中之上海》,南京:国立中央研究院社会科学研究所,
1932 年。

璩鑫圭、唐良炎编:《中国近代教育史资料汇编 学制演变》,上海:上海教育出
版社,1991 年。

申报年鉴社编:《申报年鉴(民国二十四年)》,台北:文海出版社,1935/
1973 年。

舒新城编:《中国近代教育史资料》,北京:人民教育出版社,1961 年。

唐才常、谭嗣同等撰:《湘报类纂》,台北:大通书局,1902/1968 年。

(清)学部总务司编:《第一次教育统计图表》,北京:学部总务司,1907 年。

(清)学部总务司编:《第二次教育统计图表》,北京:学部总务司,1908 年。

薛雨孙:《新闻纸与广告之关系》,上海:申报馆,1923 年。

杨西孟:《上海工人生活程度的一个研究》,北平:社会调查所,1930 年。

中国文化建设协会编:《十年来的中国》,上海:上海商务印书馆,1937 年。

朱有瓛:《中国近代学制史料》,上海:华东师范大学出版社,1986 年。

郑氏撰:《女孝经(及其他两种)》,北京:中华书局,1991 年。

Latourette, Kenneth Scott, *A History of Christian Missions in China*, New
York, The Macmillan Company, 1929.

Records of the General Conference of the Protestant Missionaries of China:
held at Shanghai, *May*, 10-24, 1877, Presbyterian Mission Press, 1878.

Ginling College, Archives of United Board For Christian Higher Education in
Asia, The Yale University Divinity School Library Special Collections.

Wu Yi-fang. A Possible Way Ahead for Our Christian Schools, *Educational
Review*, 1930.

下田歌子:《家政学》,東京:博文館,1893 年。

下田歌子:《私立实践女学校 女子工芸女学校设立願》,東京:日本实践女子
大学图书馆馆藏,1899 年。

下田歌子:《婦人常識の養成》,東京:実業之日本社,1910 年。

下田歌子:《日本の女性》,東京:実業之日本社,1913 年。

下田歌子:《家庭》,東京:実業之日本社,1915 年。

津田茂麿:《明治聖上と臣高行》,東京:自笑会,1928 年。

《日本婦人》,東京:帝国婦人協会,1900 年。

故下田校長先生伝記編纂所編:《下田歌子先生伝》,東京:故下田校長先生伝記編纂所,1943 年。

板垣弘子編:《下田歌子著作集 資料編》(全 9 卷),国分寺市:武蔵野書房,2001 年。

日本文部省:《学制百年史 資料篇》,東京:帝国地方行政学会,1972 年。

二、中文文献

鲍家麟:《辛亥革命时期的妇女思想》,《中国妇女史论集》,台北:稻乡出版社,1979 年,第 266~295 页。

鲍家麟主编:《中国妇女史论集》,台北:稻香出版社,1979 年。

贝利、保罗(Bailey, Paul J.):《20 世纪初中国的现代化保守主义:女子教育的话语与实践》("Modernizing Conservatism" in Early Twentieth Century China: The Discourse and Practice of Women's Education),张素玲译,丁钢编:《中国教育:研究与评论 第四辑》,上海:教育科学出版社 2003 年,第 1~25 页。

陈东原:《中国的女子教育——过去的历史与现在的缺点》,鲍家麟编:《中国妇女史论集续集》,台北:稻乡出版社,1991 年,第 241~258 页。

陈峰编:《中国近代思想家文库:陶希圣卷》,北京:中国人民大学出版社,2014 年。

陈景磐:《中国近代教育史》,北京:人民教育出版社,1979 年。

陈文联:《冲决男权传统的罗网——五四时期妇女解放思潮研究》,长沙:中南大学出版社,2003 年。

陈玉申:《晚清报业史》,济南:山东画报出版社,2003 年。

陈姃湲:《〈妇女杂志〉(1915—1931)十七年简史——〈妇女杂志〉何以名为妇女》,《近代中国妇女史研究》2004 年第 12 期,第 1~32 页。

程斯辉、孙海英:《厚生务实 巾帼楷模——金陵女子大学校长吴贻芳》,济南:山东教育出版社,2004 年。

德本康夫人、蔡路得：《金陵女子大学》，杨天宏译，珠海：珠海出版社，1999 年。

杜芳琴：《妇女研究的历史语境：父权制、现代性与性别关系》，《妇女研究》2001年第 5 期，第 24～29 页。

杜芳琴：《历史研究的性别维度与视角——兼谈经济—社会史和妇女—社会性别史的关系》，“社会性别视野中的中国女性史”国际研讨会发表论文（2002 年 9 月6—7 日于上海师范大学召开），2002 年。

杜丽红：《清末北京卫生行政的创立》，余新忠编：《清以来的疾病、医疗和卫生：以社会文化史为视角的探索》，北京：三联书店，2009 年。

杜学元：《中国女子教育通史》，贵阳：贵州教育出版社，1995 年。

方晓红：《中国新闻史》，南京：南京师范大学出版社，2011 年，第 17 页。

高彦颐：《闺塾师：明末清初江南的才女文化》，李志生译，南京：江苏人民出版社，2005 年。（＝ Dorothy, Ko, *Teachers of the Inner Chambers*: *Women and Culture in Seventeenth-Century China*, Stanford, California: Stanford University Press，1994.）

顾长声：《传教士与近代中国》，上海：上海人民出版社，2004 年。

郭金梅：《五四时期妇女解放理论的探讨》，《内蒙古社会科学》1999 年第 5 期，第 101～104 页。

郭如善（郭立诚）：《中国妇女生活史话》，天津：百花文艺出版社，2005 年。

郭秀文：《五四时期的妇女解放思潮》，《学术研究》1999 年第 6 期，第 5～10 页。

韩贺南：《平等与差异的双重建构——五四妇女解放思潮研究》，长春：吉林大学出版社，2005 年。

何玮：《近代中日女子教育论比较研究》，《日本学研究》2005 年第 15 集，第 237～251 页。

何玮：《“日本式”近代女子教育の誕生》，《日本学研究：2009 年上海外国语大学日本学国际论坛论文集》，2009 年，第 423～426 页。

何玮：《中国近代家庭观的建构与女子教育——以〈妇女杂志〉征文活动为中心》，《华东师范大学学报》(哲学社会科学版)2012 年第 3 期，第 46～52 页。

何玮：《“新女性”与近代中国女子教育——吴贻芳个案研究》，《苏州大学学报》(教育科学版)2016 年第 3 期，第 107～116 页。

何宗旺：《蒋维乔思想研究》，湖南师范大学博士论文，2003 年。

贺萧：《危险的愉悦：20 世纪上海的娼妓问题与现代性》，南京：江苏人民出版社,2003 年。(＝Gail, Hershatter, *Dangerous Pleasures*: *Prostitution and Modernity in Twentieth-Century Shanghai*, Berkeley, California, University of California Press，1997.）

侯艳兴:《上海女性自杀问题研究（1927—1937）》,上海:上海辞书出版社,2008 年。

胡钦晓、徐婷婷:《解读金陵女大:文化冲突的视角》,《华东师范大学学报》(教育科学版)2014 年第 126 期,第 112～117 页。

胡适:《胡适留学日记》,《民国丛书》第二编 83,上海:上海书店,1990 年。

胡思:《〈女界钟〉作者真名考》,《档案与建设》2003 年 11 月,第 25～26 页。

胡伟希选注:《论世变之亟——严复集》,沈阳:辽宁人民出版社,1994 年。

湖北中医学院编:《中医学概论（中药专业用）》,上海:上海科学技术出版社,1978 年。

华梅:《中国服装史》,天津:天津人民美术出版社,1989 年。

华平、黄亚平编:《金仲华年谱》,上海:上海孙中山故居、宋庆龄故居和陵园管理委员会,1994 年。

黄金麟:《历史、身体、国家:近代中国的身体形成（1895—1937）》,北京:新星出版社,2006 年。

黄湘金:《从"江湖之远"到"庙堂之高"——下田歌子〈家政学〉在中国》,《山西师大学报》(社科版)2007 年 9 月,第 88～92 页。

黄新宪:《基督教教育与中国社会变迁》,福州:福建教育出版社,1996 年。

黄嫣梨:《中国妇女教育之今昔》,鲍家麟编:《中国妇女史论集续集》,台北:稻乡出版社,1991 年,第 259～286 页。

黄玉涛:《民国时期商业广告研究》,厦门:厦门大学出版社,2009 年。

季鸿崑:《〈化学卫生论〉的解读及其现代意义》,《扬州大学烹饪学报》2006 年第 1 期,第 18～25 页。

江勇振:《男人是"人"、女人只是"他者":〈妇女杂志〉的性别论述》,《近中国妇女史研究》2004 年第 12 期,第 39～68 页。

金一虹等:《吴贻芳的教育思想与实践》,南京:江苏人民出版社,2005 年。

李从娜:《近代中国报刊与女性身体研究——以〈北洋画报〉为例》,北京:中国社会科学出版社,2015 年。

李华兴编:《民国教育史》,上海:上海教育出版社,1997 年。

李欧梵:《上海摩登:一种新都市文化在中国 1930—1945》,毛尖译,上海:上海三联书店,2008。(＝ Leo Ou-fan Lee, *Shanghai Modern The Flowering of a New Urban Culture in China* 1930—1945,Cambridge:Harvard University Press,1999)

李其荣:《美国文化解读》,济南:济南出版社,2005 年。

李盛平主编:《中国近现代人名大辞典》,北京:中国国际广播出版社,1989 年。

李小江等:《历史、史学与性别》,南京:江苏人民出版社,2002 年。

李小江等编:《让女人自己说话:20 世纪妇女口述史丛书》,北京:三联书店,2003 年。

李泽厚、林毓生等:《五四:多元的反思》,台北:风云时代出版公司,1989 年。

李泽厚:《中国近代思想史论》,台北:三民书局,1996 年。

李泽厚:《中国现代思想史论》,台北:三民书局,1996 年。

李瞻:《报业巨星张季鸾先生》,《国际新闻界》2010 年第 9 期,第 100～109 页。

李直飞:《历史夹缝中的编辑——论早期〈小说月报〉的编辑王蕴章》,《出版发行研究》2012 年第 11 期,第 101～103 页。

李卓:《中日家族制度比较研究》,北京:人民出版社,2004 年。

廖秀真:《清末女学在学制上的演进及女子小学教育的发展(1897—1911)》,李又宁、张玉法编:《中国妇女史论文集 第二辑》,台北:台湾商务印书馆,1988 年,第 203～255 页。

林维红:《清季的妇女不缠足运动》,鲍家麟编:《中国妇女史论集 第三集》,台北:稻乡出版社,1993 年,第 183～246 页。

刘巨才:《中国近代妇女运动史》,北京:中国妇女出版社,1989 年。

刘志琴编:《近代中国社会文化变迁录》,杭州:浙江省人民出版社,1998 年。

鲁迅:《父亲的病》,《鲁迅全集(第二卷)》,北京:人民文学出版社,1981 年。

吕芳上:《抗战时期的女权论辩》,《近代中国妇女史研究》1994 年第 2 期,第 81～115 页。

吕芳上:《另一种"伪组织":抗战时期婚姻与家庭问题初探》,《近代中国妇女史研究》1995 年第 3 期,第 97～122 页。

吕美颐:《中国近代女子服饰的变迁》,《史学月刊》1994 年第 212 期,第 47～53 页。

吕美颐、郑永福:《近代中国妇女生活》,郑州:河南人民出版社,1993 年。

吕美颐、郑永福:《中国妇女运动(1840－1921)》,郑州:河南人民出版社,

1990 年。

吕士朋：《辛亥前十余年间女学的倡导》，鲍家麟编：《中国妇女史论集　第三集》，台北：稻乡出版社，1993 年，第 247～262 页。

罗芙芸：《卫生的现代性：中国通商口岸卫生与疾病的含义》，向磊译，南京：江苏人民出版社，2007 年。（= Rogaski Ruth, *Hygienic Modernity：Meanings of Health and Disease in Treaty-Port China*, Berkeley：University of California Press, 2004)

罗检秋：《近代中国社会文化变迁录·第三卷》，刘志琴编：《近代中国社会文化变迁录》，杭州：浙江人民出版社，1998 年。

罗久蓉：《书评 *Engendering China：Women, Culture and the State*》，《近代中国妇女史研究》1995 年第 3 期，第 263～275 页。

罗苏文：《论清末上海都市女装的变迁(1880—1910)》，游鉴明主编：《无声之声(Ⅱ)近代中国的妇女与社(1600—1950)》，"中研院"近代史研究所，2003 年，第 109～140 页。

罗苏文：《女性与近代中国社会》，上海：上海人民出版社，1996 年。

罗苏文等：《上海通史第 9 卷·民国社会》，上海：上海人民出版社，1999 年。

马庚存：《中国近代妇女史》，青岛：青岛出版社，1995 年。

孟悦、戴锦华：《浮出历史地表——现代妇女文学研究》，郑州：河南人民出版社，1989 年。

潘君祥等：《上海通史第 8 卷·民国经济》，上海：上海人民出版社，1999 年。

潘懋元等编：《中国高等教育百年》，广州：广东高等教育出版社，2003 年。

戚世皓：《辛亥革命与知识妇女》，李又宁、张玉法编：《中国妇女史论文集·第二辑》，台北：台湾商务印书馆，1988 年，第 551～576 页。

钱存训：《近世译书对中国现代化的影响》，《文献》1986 年第 2 期，第 176～204 页。

秦绍德：《上海近代报刊史论》，上海：复旦大学出版社，1993 年。

商金林编：《叶圣陶年谱》，南京：江苏教育出版社，1986 年。

沈嘉荣：《中国现代化百年探索》，南京：南京出版社，1998 年。

沈茂骏编：《康南海政史文选(1880—1898)》，广州：中山大学出版社，1988 年。

舒作模、舒绍祥：《土生土长的名教授——记我国国际贸易学科创始人武堉干》，《湖南党史》1997 年第 2 期，第 11～13 页。

孙耐雪:《近十五年来五四时期妇女解放运动研究述评》,《党史文苑》2011 年 6 月下半月,第 76～78 页。

陶贤都、艾焱龙:《〈妇女杂志〉与中国近代的科技传播》,《中国科技期刊研究》2013 年第 24 卷第 6 期,第 1227～1230 页。

万发达、李卫国:《传教士与清末民初西方体育文化传播》,《体育学刊》2009 年第 6 期,第 43～46 页。

汪丹:《五四时期妇女解放观的几个层面》,《天津师范大学学报》(哲学社会科学版)1999 年第 6 期,第 45～50 页。

汪敬虞主编:《中国近代经济史(1895—1927)》,北京:人民出版社,2012 年。

吴贻芳:《金女大四十年》,中国人民政治协商会议江苏省委员会文史资料研究委员会:《江苏文史资料选辑第十三辑》,南京:江苏人民出版社,1983 年。

王慧荣:《近代日本女子教育研究》,北京:中国社会科学出版社,2007 年。

王开林:《旧上海的交际花》,《深圳特区报》2012 年 8 月 15 日。

王立新:《美国传教士与晚清中国近代化:近代基督新教传教士在华社会文化和教育活动研究》,天津:天津人民出版社,1997 年。

王奇生:《民国初年的女性犯罪(1914—1936 年)》,《近代中国妇女史研究》1993 年第 1 期,第 5～18 页。

王庆华:《高君宇传》,太原:山西人民出版社,1996 年。

王秀田:《沉寂于历史深处的报界女杰——胡彬夏》,《兰台世界》2010 年 7 月上,第 17～18 页。

王政编:《越界——跨文化女权实践》,天津:天津人民出版社,2004 年。

吴承明等编:《中国资本主义发展史》,北京:人民出版社,1985—1993 年。

吴刚:《知识演化与社会控制——中国教育知识史的比较社会学分析》,北京:教育科学出版社,2002 年。

夏晓虹:《晚清女性与近代中国》,北京:北京大学出版社,2004 年。

夏晓虹:《晚清文人妇女观(增订本)》,北京:北京大学出版社,2016 年。

忻平:《从上海发现历史——现代化进程中的上海人及其社会生活(1927—1937)》,上海:上海人民出版社,1996 年。

熊月之:《略论杜亚泉思想特色》,《历史教学问题》2014 年第 1 期,第 4～8 页。

熊月之:《西学东渐与晚清社会》,上海:上海人民出版社,1994 年。

熊月之等编:《上海通史》,上海:上海人民出版社,1999 年。

徐海宁：《中国近代教会女子大学办学研究——以金陵女子大学为个案》，南京：南京师范大学出版社，2008年。

徐宏慧：《金松岑传》，苏州：吴中文化，2003年。

徐松荣：《维新派与近代报刊》，太原：山西古籍出版社，1998年。

徐友春主编：《民国人物大辞典》，石家庄：河北人民出版社，1991年。

许慧琦：《"娜拉"在中国：新女性形象的塑造及其演变(1900s—1930s)》，台北：鸿柏印刷事业有限公司，2003年。

许慧琦：《女体、工作与消费——从女招待的盛行谈民初都市的女性职业与物质欲望》，中国史学会(韩国)第三次国际学术大会发表论文集，2002年，第42～49页。

许慧琦：《台湾地区有关近代中国妇女史的硕博士论文研究评介(1991—1997)》，《近代中国妇女史研究》1998年第6期，第189～204页。

许纪霖、田建业编：《杜亚泉文存》，上海：上海教育出版社，2003年。

许敏：《民国文化》，熊月之编：《上海通史·第10卷》，上海：上海人民出版社，1999年。

严中平编：《中国近代经济史：1840—1894》北京：人民出版社，1989年。

杨国荣：《科学主义：演进与超越——中国近代的科学主义思潮》，台北：洪叶文化事业有限公司，2000年。

杨剑利：《女性与近代中国社会》，北京：中国社会出版社，2007年。

杨念群：《从科学话语到国家控制——对女子缠足由"美"变"丑"历史进程的多元分析》，汪民安编：《身体的文化政治学》，开封：河南大学出版社，2004年。

杨兴梅：《观念与社会：女子小脚的美丑与近代中国的两个世界》，《近代史研究》2000年第4期，第59～92页。

杨兴梅：《身体之争：近代中国反缠足的历程》，北京：社会科学文献出版社，2012年。

杨扬：《商务印书馆与中国现代文学》，《中国现代文学研究丛刊》1999年第1期，第175～187页。

姚霏：《近代中国女子剪发运动初探(1903—1927)——以"身体"为视角的分析》，《史林》2009年第2期，第52～61页。

伊沛霞：《内闱——宋代的婚姻和妇女生活》，胡志宏译，南京：江苏人民出版社，2004年。(= Patricia Buckley Ebrey, *The Inner Quarters: Marriage and*

Lives of Chinese Women in the Sung Period，Berkeley：University of California Press，1993)

游鉴明:《超越性别身体——近代华东地区的女子体育(1895—1937)》,北京:北京大学出版社,2012年。

游鉴明:《近代中国女子健美的论述》,游鉴明主编:《无声之声(Ⅱ):近代中国的妇女与社会(1600—1950)》,台北:"中研院"近代史研究所,2003年,第141～172页。

于友:《胡愈之》,北京:人民日报出版社,1997年。

余华林:《女性的"重塑":民国城市妇女婚姻问题研究》,北京:商务印书馆,2009年。

余新忠:《晚清"卫生"概念演变探略》,《西学与清代文化国际学术研讨会论文集》(下册),北京:中国人民大学清史研究所,2006年。

余新忠编:《清以来的疾病、医疗和卫生:以社会文化史为视角的探索》,北京:三联书店,2009年。

俞庆棠:《三十五年来中国之女子教育》,李又宁、张玉法编:《中国妇女史论文集 第1辑》,台北,台湾商务印书馆,1981年,第343～377页。

曾芳苗:《民国教会女子教育——金陵女子文理学院的个案研究(1915—1951)》,台湾"中央大学"历史研究所硕士论文,1996年。

曾越:《社会·身体·性别:近代中国女性图像身体的解放与禁锢》,桂林:广西师范大学出版社,2014年。

张进藩:《中国法律的传统与近代转型》,北京:法律出版社,1997年。

张连红主编:《金陵女子大学校史》,南京:江苏人民出版社,2005年。

张三郎:《五四时期的女权运动1915—1923年》,台湾师范大学硕士论文,1986年。

张贤松:《西方文化对中国近代体育的影响》,《体育学刊》2002年第9卷第6期,第18～20页。

张晓龙:《近代国人对西方体育认识的嬗变(1840—1937)》,长春:东北师范大学出版社,2015年。

张玉法、李又宁合编:《中国妇女史论文集》第1辑,台北:台湾商务印书馆,1981年。

张玉法、李又宁合编:《中国妇女史论文集》第2辑,台北:台湾商务印书馆,

1988年。

　　张仲礼等编：《近代上海城市研究》，上海：上海人民出版社，1990年。

　　章士敫：《章锡琛与开明书店》，《出版史料》2003年第3期，第76～85页。

　　郑永福、吕美颐：《近代中国妇女与社会》，郑州：大象出版社，2013年。

　　郑在书〈韩〉：《东亚女性的起源——从女性主义角度解析〈烈女传〉》，北京：人民文学出版社，2005年。

　　中国社会科学院近代史研究所中华民国史研究室等：《孙中山全集（第二卷）》，北京：中华书局，1982年。

　　中华妇女联合会编：《中国妇女运动史（新民主主义革命时期）》，北京：春秋出版社，1989年。

　　周春燕：《女体与国族——强国保种与近代中国的妇女卫生（1895—1949）》，台北：丽文文化事业股份有限公司，2010年。

　　周利荣：《章锡琛与五四时期的妇女报刊》，《出版史料》2011年第2期，第82～85页。

　　周叙琪：《一九一〇——一九二〇年代都会新妇女生活风貌：以〈妇女杂志〉为分析实例》，台北：台湾大学出版委员会，1996年。

　　周汛、高春明：《中国五千年女性装饰史》，上海：学林出版社，1983年。

　　朱发建：《武堉干：大山里走出来的国际贸易史家》，《文史博览》（理论）2010年第12期，第20～21页。

　　朱峰：《基督教与近代中国女子高等教育——金陵女大与华南女大比较研究》，福州：福建教育出版社，2002年。

　　朱顺佐、金普森：《胡愈之传》，杭州：杭州大学出版社，1991年。

　　资耀华：《世纪足音——一位近代金融学家的自述》，长沙：湖南文艺出版社，2005年。

　　邹依仁：《旧上海人口变迁的研究》，上海，上海人民出版社，1980年。

　　《让女性的"口述"重现历史——访"20世纪妇女口述史丛书"主编李小江》，《文汇报》2003年2月14日。

　　《说文契得仓颉旨　治史采来西洋珍》，《南方都市报》2008年6月11日。

三、日本語文献

　　秋山洋子ほか編：《中国の女性学——平等幻想に挑む》，東京：勁草書房，

1998 年。

阿部洋:《中国近代学校史研究:清末における近代学校制度の成立過程》,東京:福村出版,1993 年。

飯塚幸子・大井三代子:《下田歌子と家政学》,《実践女子短期大学紀要》2007年第 28 号。

伊藤るりなど編:《モダンガールと植民地的近代——東アジアにおける帝国・資本・ジェンダー》,東京:岩波書店,2010 年。

上野千鶴子:《家父長制と資本制——マルクス主義フェミニズムの地平》,東京:岩波書店、1990 年。

上野千鶴子:《近代家族の成立と終焉》,東京:岩波書房,1994 年。

上野千鶴子:《ナショナリズムとジェンダー》,東京:青土社,1998 年。

上野千鶴子:《差異の政治学》,東京:岩波書店,2002 年。

ウルフ、ナオミ:《美の陰謀:女たちの見えない敵》,曽田和子訳,東京:TBSブリタニカ,1994 年。(＝Wolf, N, The beauty Myth, London, Vintage, 1991)

大関啓子:《まよひなき道——下田歌子英国女子教育視察の軌跡》,《実践女子大学文学部紀要》1994 年第 36 集。

落合惠美子:《近代家族とフェミニズム》,東京:勁草書房,1989 年。

小野和子:《五・四運動時期の婦人解放思想——家族制度イデオロギーとの対決》,《思想》590 号(1973),第 1175～1192 頁。

小野和子:《下田歌子と服部宇之吉》,竹内好、橋川文三編:《近代日本と中国(上)》,東京:朝日新聞社,1974 年。

小野和子:《舊中國における“女工哀史”》,《東方学報》1978 年第 50 号。

小野和子:《五四時期家族論の背景》,京都大学人文科学研究所:《五四時期の研究》,京都:同朋舎,1992 年。

何瑋:《下田歌子の女子教育論とその活動——下層女性教育の視点をめぐって》,北京日本学研究センター編:《日本学論叢》2000 年第 11 号,第 241～279 頁。

何瑋:《近代中国女性史研究における“婦女解放”の一考察》,お茶の水女子大学大学院人間文化研究科編:《人間文化論叢》,東京:お茶の水女子大学大学院人間文化研究科,2003 年第 5 巻,第 399～408 頁。

何瑋:《1920 年代中国社会における“新婦女”——〈婦女雑誌〉を主なテキストとして》,お茶の水女子大学ジェンダー研究センター編:《ジェンダー研究》

2004 年第 7 号,第 53～72 頁。

夏曉虹:《纏足をほどいた女たち》,藤井省三監修/清水賢一郎・星野幸代訳,東京:朝日新聞社,1998 年。

片山清一:《近代日本の女子教育》,東京:建白社,1984 年。

韓韡:《中国近代女子教育における日本受容》,名古屋大学博士論文,2014 年。

久保田文次:《辛亥革命の理論と実際》,野沢豊、田中正俊編:《講座中国近現代史》(第 3 巻),東京:東京大学出版会,1978 年。

グラムシ、アントニオ:《知識人と権力:歴史的・地政学的考察》,上村忠男編訳,東京:みすず書房,1999 年。(＝Gramsci, Antonio, *Alcuni temi della quistione meridionale*, Torino,1975)

洪郁如:《近代台湾女性史》,東京:勁草書房,2001 年。

小林善文:《平民教育運動小史》,京都大学人文科学研究所共同研究報告《五四時期の研究》,京都:同朋舎,1985 年。

小林善文:《中国近代教育の普及と改革に関する研究》,東京:汲古書院,2002 年。

小山静子:《良妻賢母という規範》,東京:勁草書房,1991 年。

サイード、エドワード:《オリエンタリズム》,今沢紀子訳,東京:平凡社,1986 年。(＝Said, Edward, *Orientalism*, Harmondsworth:Penguin,1985)

サイード、エドワード:《知識人とは何か》,大橋洋一訳,東京:平凡社,1998 年。

坂元ひろ子:《中国民族主義の神話――進化論・人種観・博覧会事件》,《思想》849 号(1995),第 61～84 頁。

坂元ひろ子:《恋愛神聖と民族改良の"科学"――五四新文化ディスコースとしての優生思想》,《思想》894 号(1998),第 4～34 頁。

坂元ひろ子:《中国民族主義の神話:人種・身体・ジェンダー》,東京:岩波書店,2004 年。

実践女子学園八十年史編纂委員会編:《実践女子学園八十年史》,東京:実践女子学園,1981 年。

シノット、アンソニー:《ボディ・ソシアル:身体と感覚の社会学》,高橋勇夫訳,東京:筑摩書房,1997 年。(＝Synnott, A, *The body Social: Symbolism*,

Self and Society，London：Routledge，1993）

ジェローム・チェン（Jerome Chen）：《軍紳政権——軍閥支配下の中国》，北村稔ほか訳，東京：岩波書店，1984 年。

謝黎：《チャイナドレスをまとう女性たち——旗袍にみる中国の近・現代》，東京：青弓社，2004 年。

周一川：《中国人女性の日本留学史研究》，東京：国書刊行会，2000 年。

城田秀雄：《英国よりの手紙——下田歌子から谷干城へ》，《実践国文学誌りんどう》1992 年第 18 号，第 76～81 頁。

杉本史子：《一九二〇年代中国における家事科教育——女性と家庭とをめぐって》，《立命館史学》2000 年第 21 号。

杉本史子：《民国初期における女子家事科教育——その"近代"性と限界について》，《立命館言語文化研究》2002 年第 4 期。

スコット、ジョーン・W：《増補新版　ジェンダーと歴史学》，荻野美穂訳，東京：平凡社，2004 年。

瀬地山角：《東アジアの家父長制——ジェンダーの比較社会学》，東京：勁草書房，1996 年。

ターナー、ライアン・S：《身体と文化：身体社会学試論》，小口信吉ほか訳，東京：文化書房博文社，1999 年。（＝Turner，B，*The body and Society：Explorations in Social Theory*，Oxford：Basil Blackwell，1985）

高嶋航：《天足会と不纏足会》，《東洋史研究》2003 年第 2 期。

高嶋航：《教会と信者の間で——女性宣教師による纏足解放の試み》，森时彦編：《中国近代化の動態構造》，京都：京都大学人文科学研究所，2004 年。

高橋孝助ほか編：《上海史：巨大都市の形成と人々の営み》，東京：東方書店，1995 年。

高橋哲哉：《デリダ——脱構築》，東京：講談社，2003 年。

多賀秋五郎：《近代中国教育史資料》（民国編中），東京：日本学術振興会，1972—1976 年。

舘かおる：《良妻賢母》，女性学研究会編：《女のイメージ〈講座女性学 1〉》，東京：勁草書房，1984 年，第 184～209 頁。

舘かおる：《歴史認識とジェンダー——女性史・女性学からの提起》，《歴史評論》1994 年 588 号，第 44～52 頁。

チョウ、レイ:《女性と中国のモダニティ》,田村加代子訳,東京:みすず書房,
2003 年。(＝Chow，Rey，*Woman and Chinese Modernity*:*The Politics of Read-
ing Between West and East*，the University of Minnesota Press，1991)

陳姃湲:《近代中国における伝統的女性像の変遷──"賢妻良母"論をめぐっ
て》,東京大学博士論文,2003 年。

陳姃湲:《東アジアの良妻賢母論──創られた伝統》,東京:勁草書房,
2006 年。

デユビイ、ジョルジュ、コルバン、アラン:《感性の歴史》,小倉孝誠ほか訳,東
京:藤原書店,1999 年。(＝Febre，Lucien；Duby，Georges & Corbin，Alain，
Histories dessensibilités，Sous la direction de Kosei Ogura，Tokyo，Fujiwara-
Shte，1997)

東田雅博:《纏足の発見:ある英国女性と清末の中国》,東京:大修館書店,
2004 年。

ドゥーデン、バーバラ:《新版　女の皮膚の下　十八世紀のある医師とその患
者たち》,井上茂子訳,東京:藤原書店,2001 年。(＝Duden，Barbara，Geschichte
unter der Haut : ein Eisenacher Arzt und seine Patientinnen um 1730，Stutgart，
Klett-Cotta，1987)

野村浩一:《近代中国の思想世界:"新青年"の群像》,東京:岩波書店,
1990 年。

バーロウ、タニ・E:《中国のフェミニズムにおける"女性"の問題──一九二
〇、三〇年代の優生学的言説》,加藤茂生訳,《思想》2003 年第 949 号,第 4〜22 頁。

バーロウ、タニ・E:《買うということ──一九二〇年代及び三〇年代上海に
おける広告とセクシー・モダンガールのイコン》,伊藤るり、結城淑子訳,伊藤る
りなど編:《モダンガールと植民地的近代──東アジアにおける帝国・資本・ジ
ェンダー》,東京:岩波書店,2010 年。

狭間直樹ほか:《一九二〇年代の中国》,東京:汲古書院,1995 年。

狭間直樹ほか:《データでみる中国近代史》,東京:有斐閣,1996 年。

林真理子:《ミカドの淑女》,東京:新潮社,1990 年。

バルト、ロラン:《記号学の冒険》,花輪光訳,東京:みすず書房,1988 年。(＝
Barthes，Roland，*L'aventure sémiologique*，Paris:du Seuil,1985)

バルト、ロラン:《物語の構造分析》,花輪光訳,東京:みすず書房,1979 年。

（＝Barthes，Roland，*Introduction à l'analyse structurale des récits*，Paris：Seuil，1961—1971）

バルト、ロラン：《零度のエクリチュール》，渡辺淳、沢村昴一訳，東京：みすず書房，1971 年。（＝Barthes，Roland，*Le Degré zéro de l'écriture*，Paris，1953）

フィリップ、アリュス：《〈子供〉の誕生－アンシァン・レジーム期の子供と家族生活》，杉山光信、極山恵美子訳，東京：みすず書房，1980 年。（＝Philippe Ariès，*L'Enfant et la Vie familiale sous l'Ancien Regime*，1960）

フィンケルシュタイン、ジョアン：《ファッションの文化社会学》，成実弘至訳，東京：せりか書房，1998 年。（＝Finkelstein，Joanne，*After a Fashion*，Melbourne，Melbourne University Press，1996）

フーコー、ミシェル：《性の歴史Ⅰ　知へ意志》，渡辺守章訳，東京：新潮社，1986 年。（＝Foucault，Michel，*L'histoire de la sexualité*，Ⅰ，*La volonté*，*de savoir*，Paris，Gallimard，1976）

フーコー、ミシェル：《臨床医学の誕生》，神谷美恵子訳，東京：みすず書房，1969 年。（＝Foucault，Michel，*Naissance de la clinique：une archeologie du regard medical*，Paris，Presses Universitaires de France，1963）

フーコー、ミシェル：《監獄の誕生：監視と処罰》，田村俶訳，東京：新潮社，1977 年。（＝Foucault，Michel，*Surveiller et punir：naissance de la prison*，Paris，Gallimard，1975）

フェーベル、リュシアン：《歴史のための闘い》，長谷川輝夫訳，東京：平凡社，1999 年。（＝Febvre，Lucien，*Combats pour l'histoire*，Paris，Armand Colin，1953）

深谷昌志：《増補良妻賢母主義の教育》，名古屋：黎明書房，1981 年。

ブルデュー、ピエール（Pierre Bourdieu）：《身体の社会的知覚》，桑田禮彰訳，栗原彬ほか編：《身体の政治技術》，東京：新評論，1986 年，第 79～92 頁。

ボードリアール、ジャン：《消費社会の神話と構造》，今村仁司・塚原史訳，東京：紀伊国屋書店，1979 年。（＝Baudrillard，Jean，*La Societe de Consommation：ses mythes，ses structures*，Paris：Gallimard，1970）

ホランダー、アン：《性とスーツ：現代衣服が形作られるまで》，中野香織訳，東京：白水社，1999 年。（＝Hollander，Anne，*Sex and Suits：The Evolution of Modern Dress*，New York：Alfred A. Knopf. 1994）

前山加奈子:《女性定期刊行物全体からみた〈婦女雑誌〉——近現代中国のジェンダー文化を考える一助として》,村田雄二郎編著:《〈婦女雑誌〉からみる近代中国女性》,東京:研文出版,2005 年,第 365～403 頁。

三井為友編:《日本婦人問題資料集成,第 4 巻,教育》,東京:ドメス出版,1977 年。

村田雄二郎編著:《"婦女雑誌"からみる近代中国女性》,東京:研文出版,2005 年。

山口美代子編:《資料明治啓蒙期の婦人問題論争の周辺》,東京:ドメス出版,1989 年。

山田昌弘:《近代家族のゆくえ》,東京:新曜社,1994 年。

姚毅:《中国における賢妻良母言説と女性観の形成》,中国女性史研究会編:《論集中国女性史》,東京:吉川弘文館,1999 年,第 114～131 頁。

横山源之助:《日本之下層社会》,東京:中央労働学園,1948 年。

横山宏章:《陳独秀》,東京:朝日新聞社,1983 年。

横山宏章:《中華民国——賢人支配の善政主義》,東京:中央公論社,1997 年。

林毓生:《中国の思想的危機——陳独秀・胡適・魯迅》,丸山松幸、陳正醍訳,東京:研文出版,1989 年。(＝Lin YÜ-sheng, *The Crisis of Chinese consciousness*, The University of Wisconsin Press,1979)

ルイ、アルチュセール:《マルクスのために》,河野健二・田村俶・西川長夫訳,東京:平凡社,1994 年。(＝Louis, Althusser, *Pour Marx*, Paris:Les Editions La Découverte,1965)

四、英语文献

Alys Eve Weinbaum, Priti Ramamurthy Lynn M. Thomas, Uta G. Poiger, Madeleine Yue Dong, Tani E. Barlow, *The Modern Girl Around the World: Consumption, Modernity, and Globalization*, Durham: Duke University Press,2008.

Barlow, Tani, "Theorizing Woman: Funü, Guojia, Jiating(Chinese Woman, Chinese State, Chinese Family)", Zito, Angela&Barlow, Tani (eds.), *Body, Subject, and Power in China*, Chicago, University of Chicago Press, 1994, pp. 253～289.

Barlow, Tani, "Politics and Protocols of Funnu: (Un) making National Woman", Gilmartin, Christina and Hershatter, Gail et, al., (eds.), *Engendering China: Women, Culture and the State*, Cambridge, Harverd University Press, 1994, pp. 339~359.

Bray, Francesca, *Technology and Gender: Fabrics of Power in Late Imperial China*, Berkeley, Los Angeles and London: University of California Press, 1997.

Ebrey, Patricia Buckley, *The Inner Quarters: Marriage and Lives of Chinese Women in the Sung Period*, Berkeley: University of California Press, 1993.

Hershatter, Gail, *Dangerous Pleasures: Prostitution and Modernity in Twentieth-Century Shanghai*, Berkeley, California, University of California Press, 1997.

Jacqueline, Nivard , "Women and the Womens' Press: The case of the Ladies'Journal(Funü Zazhi)1915－1931." *Republican China*, November 1984, pp. 37~55.

Ko, Dorothy, *Teachers of the Inner Chambers: Women and Culture in Seventeenth-Century China*, Stanford, California: Stanford University Press, 1994.

Ko, Dorothy , *Every Step a Lotus: Shoes for Bound Feet*, Berkeley: University of California Press, 2001.

Larson, Wendy, *Writing and Women in Modern China*, Stanford, California: Stanford University Press, 1998.

Lieberman, Sally Taylor, *The Mother and Narrative Politics in Modern China*, Charlottesville: University Press of Virginia, 1998.

Wang, Zheng(王政), *Women in the Chinese Enlightenment: Oral and Textual Histories* , Berkeley and Los Angeles, California: University of California Press, 1999.

五、参考网站

上海市地方志办公室.胡寄尘,2015-07-25,http://www. shtong. gov. cn/node2/node4/node2249/luwan/node37527/node37529/node63620/userobject1ai51824. html.

百度百科.郑师许,2016-08-25,http://baike. baidu. com/link? url＝Z6g3zY_

0AdSEvLVH6sOBXvvgLgcOkqN1p1lFclWa1j0HXch—OemL9x30Zr65ql9zoW311 oV-vNO1oQMI7q35k5uWdq9JETkMFt97SQ3q3iYx2TH7bS7ZhykNYerFSf3v.

郑氏论坛.郑师许,2016-08-25,http://52zsl. com/forum. php? mod＝viewthread ＆ tid＝1354.

云南艺术学院网站.方于,2016-07-29,http://50th. ynart. edu. cn/xqxs/msjg/25919. shtml.

南京师范大学吴贻芳研究中心.吴贻芳,2016-07-31,http://ptr. chaoxing. com/course/529744. html?edit＝false＆knowledgeId＝530096＆module＝2♯content.

百度百科.龙冠海,2016-07-31,http://baike. baidu. com/link? url＝3_n0QTZ 2fl92VWV6_yTCvRNhCxqSqyQyGAryfv8cTDkHFeMjF38q-v_9FRMnKuYfn 3pWsN_ku2GAYJS5Yg_kVa.

台湾大学社会学系.龙冠海,2016-11-10,http://sociology. ntu. edu. tw/brow. php?id＝113＆fid＝41.

日本文部科学省.学制百年史,2016-03-06,http://www. mext. go. jp/b_menu/hakusho/html/others/detail/1317936. htm.

日本实践女子大学.下田歌子,2016-08-03,http://www. jissen. ac. jp/idea_and_tradition/shimoda_utako/biography/index. html.

日本实践女子大学.实践女学校,2016-08-03,http://www. jissen. ac. jp/idea_and_tradition/history/index. html.

http://www.jissen. ac. jp/idea_and_tradition/history/list02. html.

日本实践女子大学.下田歌子的教育活动,2016-08-03,http://www. jissen. ac. jp/idea_and_tradition/shimoda_utako/activity/index. html.

后　记

　　本书是以博士论文为基础,对部分章节进行删减添加后完成的。
2006 年 9 月,笔者向日本国立御茶水女子大学提交了博士论文,时光如
白驹过隙,转眼间十年的光阴匆匆而过。

　　回想起来,完成博士课程学业之初的我,好像身处迷局之中尚未清
醒。回国后,从生活到研究重新起步以及全新的环境又让我无暇反思曾
经匆匆忙忙走过的留学之路,再加之博士论文是用日文撰写,翻译本身
就是一件可想而知的艰巨工作,种种因素让我对博士论文的梳理和总结
一拖再拖。不过,记得古印第安人有一句谚语:"别走得太快,请等一等
你的灵魂";停下脚步整理思绪,坚持自己的节奏,我为此花费了相当长
一段时间,进展的速度用蜗牛爬行比喻也并不为过。投入近十年的光阴
一点一点将博士论文翻译整理、修改充实,如今到了提交书稿的时刻,心
中是一份平静和踏实。

　　当年撰写博士论文之时倍感压力,周围师友的热情帮助和鼓励,给
予我莫大力量,每每想起,感激不尽。首先要感谢的是御茶水女子大学
的恩师馆かおる教授,从理论学习到博士论文课题的选定,都离不开馆
かおる教授的悉心指教。此外,在本课题的研究过程中,御茶水女子大
学的窪添庆文教授、宫尾正树教授、伊藤美重子教授、伊藤るり教授,日
本大学小滨正子教授,东京大学渡边浩教授,北京外国语大学北京日本
学研究中心严安生教授,华东师范大学吴刚教授、唐忠毛教授,复旦大学
熊庆年教授,浙江树人大学周朝成教授等学者赐予了宝贵的意见和建

议。留学日本期间，周一川博士、铃木直子博士、丹野さきら博士、久保田育子博士、藤田和美博士、磯山久美子博士、龟口まか博士、姚毅博士、须藤瑞代博士、徐国兴博士、加美芳子女士等各位学长在科研生活中给予了我许多帮助和关照，在此谨向各位师友深表谢意。

　　前后近十年的留日生活，不仅让我在学业上收获良多，在生活、思维方式上也获得了更多的思考和锻炼。就读于历史悠久的国立御茶水女子大学，有幸近距离欣赏学养深厚的大家风范，亲身感受到许多理论思辨火花碰撞时的精彩。御茶水女子大学素以严格、严谨的学风著称，讨论课上大家对待学问的执着与精益求精，不知疲惫不停追问的态度，论文写作时的忘我投入，如此种种让我体会到从事科研工作必须持有一份敬畏之心，虚怀若谷不仅是为人之道，也是对待学问所应秉持的态度。回想起来，留学日本时经历的种种磨练，当时感触更多的是一份忐忑和压力，而今当这段求学生活成为过往，才慢慢体会到它带给我的力量。所谓日月浸润内化于心，也许是对这段求学经历最贴切的概括。

　　求学是留学生活中非常重要的一部分，但它却并非留日生活的全部。身处异乡接触异文化的体验丰富了我的人生经验，带给我更多看问题的视角，也给予我更多生活的能力。以往许多习以为常的思维及处理问题的方式变得不再理所当然，每一份关切和问候都让人觉得难能可贵。当然，生活中总会遇到困难和挫折，留学的日子也并不例外，如何应对也是汲取经验和智慧的过程，困难和挫折也让我受益良多。一点一滴均非一蹴而就，在生活的积累中感知潜移默化的改变，一段难忘的人生经历，让我从中获得了取之不尽的养分。

　　感谢教育部人文社科研究青年基金项目（项目编号：13YJCZH051）、教育部留学回国人员科研启动基金（项目编号：S100－C－1001）、中央高校基本科研业务费专项资金资助项目（项目编号：WS1322001）等对本课题研究的资助。留学日本期间，尤其在集中撰写博士论文及最后提交阶段，有幸获得日本富士施乐小林节太郎纪念基金会科研项目的资助，感谢日本富士施乐小林节太郎纪念基金会对中国留学生长期以来的鼓励和支持。

在本书最后的整理校对过程中,上海外国语大学硕士研究生贺亚茹同学给予了诸多帮助,特此感谢。本书付梓之际,承蒙厦门大学出版社王鹭鹏先生及王扬帆女士的大力支持,在此也致以由衷的感谢。

最后,要特别感谢家人一直以来的理解和支持,让我在困难与收获中不断前行,为本课题研究画上了一个圆满的句号。回首过往的点点滴滴,家人给予的温暖是我前行路上的动力之源,这份温暖陪伴我一路走来,珍惜和守护之情亦常驻我心。

感怀,感恩。

何 玮
2016 年秋于家中